運動部活動の社会学

「規律」と「自主性」をめぐる言説と実践

下竹 亮志 著

新評論

まえがき

「運動部活動」という言葉を耳にして、あなたは真っ先に何を思い浮かべるだろうか。運動部活動を経験したことがある人は、学生時代のよき思い出が甦ったかもしれないし、開放的な気分を思い出して久しぶりに運動をしたくなったかもしれない。それとは逆に、厳しい上下関係（ヒエラルキー）や練習といった辛い体験を思い出し、胸が苦しくなった人もいるだろう。

また、運動部活動を経験してこなかった人は、以前に読んだスポーツ漫画の名シーンが浮かび、その眩しいまでの青春物語に晴々とした雰囲気を感じたり、まったく逆の体育会系的な雰囲気に対する嫌悪感が湧いてきたかもしれない。

いずれにせよ、本書を手にしたみなさんは、何らかの形で運動部活動に惹きつけられたのだろう。肯定的か否定的かは別にして、そこには多くの人を惹きつける何かがあるように思える。

筆者が街の酒場などで初めて会った人に「運動部活動の研究をしている」と伝えると、堰を切ったように、自身や家族の経験を語りはじめる場面にこれまで幾度となく遭遇した。学生時代の運動部活動経験が、現在の社会人生活をいかに支えているのかについてしみじみと語るサラリーマン。子どもの運動部活動について、まるで自らの悩みであるかのように語るお母さん。親戚の子どもの応援のために、高校野球の県大会に駆けつけた様子を嬉々として語るご老人——もちろん、体罰のような辛く悲しい経験について話した人もいる。

　こうした運動部活動の経験は、日常のさまざまな場面や場所で語られ、共有されているのだろう。私たちが暮らす日本社会においては、良くも悪くも、どうやら運動部活動をめぐる「経験」や「言葉」が蓄積されてきたようだ。

　本書は、人々がつい熱を帯びて語ってしまう運動部活動が日本社会にどのように位置づけられているのかを、「規律」と「自主性」という二つの中心的構成要素に着目しながら描きだそうとする試みである。

「規律」と「自主性」という言葉は、「秩序」と「自由」に連なっている。本書では、概ね「規律」を指導者や先輩主導の秩序を重視する概念、「自主性」を生徒主導の自由を重視する概念として扱う。この一見相反する「規律」と「自主性」が巧みに結び付くからこそ、運動部活動がこれほどまでに人々を惹きつけると筆者は考えている。その詳細は本論で述べていくことにするが、手はじめとして、一冊の小説を手がかりに考えていきたい。

　三浦しをん[1]が著した小説『風が強く吹いている』（二〇〇九年、新潮文庫）は、みなさんよくご存じの「箱根駅伝」を題材とした作品である。高校時代に監督でもある父親のスパルタ指導で負った怪我を抱えつつ、無名の大学から箱根駅伝出場を目指す清瀬灰二（ハイジ）と、高校時代に「天才ランナー」と呼ばれながら指導者のスパルタ指導に反旗を翻し、陸上界から遠ざかっていた蔵原走（カケル）の出会いが物語の出発点となっている。

その出会いは、ハイジがカケルの万引を目撃したことにはじまる。万引し、店から圧倒的なスピードで逃げだすカケルの躍動する身体に魅せられたハイジは、自分が探していたのはあいつだ、と確信して後を追う。生活に困っていたカケルを自身が暮らす下宿に招き入れたハイジは、これを機に、そこで暮らす素人同然の仲間とともに箱根駅伝を目指すことを決意し、練習を重ね、予選会を突破してめでたく本戦に出場する、というのが大まかなストーリーである。

いかにも小説らしいストーリーだが、この作品が本書にとって重要なのは、ハイジが魅せられたカケルの躍動する身体が、実は過去の記憶や経験に束縛されたうえで成り立っていることにある。たとえば、初めてハイジに声をかけられたカケルは「あんたなにもの？」と訝しがるが、相手が同じ大学に通う四年生だと分かると、半ば無意識に敬語になってしまっている。軍隊並みの縦社会で暮らしてきたカケルは、「先輩」という存在にめっぽう弱いのだ。

（1）東京生まれの小説家。二〇〇六年『まほろ駅前多田便利軒』で直木賞、二〇一二年『舟を編む』で本屋大賞、二〇一五年『あの家に暮らす四人の女』で織田作之助賞を受賞。ここで紹介する『風が強く吹いている』は、二〇〇九年に小出恵介と林遣都を主演に映画化されたほか、二〇一八年にはテレビアニメ化もされている。

さらに象徴的なのは、タイムばかりに気を取られ、チームメイトのだらしなさを責め立てるカケルに、それでは高校時代の指導者と同じではないかとハイジが諌める場面である。運動部活動で経験した「規律」の記憶は、カケルの身体からそう簡単には消えないということだ。

小説では、こうした葛藤にカケルが自分なりの答えを見いだしていくのだが、ここではこれ以上言わないでおこう。とはいえ、次のことだけは指摘しておきたい。

カケルの躍動する身体が読者にも魅力的に映るのは、高校時代の記憶や経験との葛藤の最中で、「自由でありたい」ともがいていたからではないだろうか。おそらく、何にも縛られない無邪気な自由に人々が魅せられることはないだろう。また、現実の運動部活動が「自主性」を軽視していると見なされているからこそ、読者はカケルのような溌剌とした自由な身体をフィクションに求めたと思われる。

しかし、現実はというと、それほど単純ではない。運動部活動は、「規律」を求める日本社会の姿を映しだす鏡のようなものである。事実、「部活は小さな社会だ」などと言われながら、厳しい「規律」にさらされている生徒が大勢いることだろう。しかし、その「規律」には「自主性」が皆無であるというわけでもない。運動部活動が常に指導者や先輩に支配され、「自由のない青春の牢獄」だとすれば、多くの人が情熱を傾けることはないからである。こうした微妙なバランスのもと、運動部活動は私たちの社会に位置づけられているのではないだろうか。

前述したように、本書では「規律」と「自主性」の関係に着目しながら、運動部活動が日本社会を生きる私たちにとって「妖しい魅力」を備えて存在していることを、その功罪も含めて考えていくことになる。

ところで、本書は学位論文をもとにして書かれたものであるが、運動部活動にかかわっている多くの人々に読んでもらうことを願って大いなる加筆修正を行っている。それでも、聞き慣れない小難しい言葉が時折出てくるかもしれない。読者のみなさんには、それに挫《くじ》けることなく最後まで読み進めていただければと思っている。その理由は、運動部活動にかかわっている当事者たちの言葉が本書に数多く登場するからである。彼／彼女らの言葉には、運動部活動について考えるヒントがきっとある。

それらの声に耳を傾けながら、「私たちの社会において運動部活動とは一体何であるのか」、「今後、運動部活動をどのようにしていけばよいのか」といった問いについて、ぜひ一緒に考えていただきたい。プロ、アマチュアを問わず、スポーツの世界では「体罰」などの問題がマスコミにたびたび登場する。そんなニュースを見るたびに、「なぜ？」と多くの人が疑念を抱いている。本書が、このような問題に向きあう手助けになれば大変嬉しい。

もくじ

第1部 指導者における「規律」と「自主性」

第2章 なぜ、指導者は冗長に語りはじめたのか？

――「規律」と「自主性」の配分問題の誕生

第3章

現代っ子への指導戦略――「規律」の日常化と「自主性」の拡張 89

第4章 教育する「指導者言説」――拡張された「人間教育」 151

運動部活動の社会学——「規律」と「自主性」をめぐる言説と実践

序章

運動部活動の妖しい魅力

> 高校野球では、野球の技術を教えるだけが目的ではない。技術より先に必要なことがある。それは、人間を鍛えるということだ。（中略）だから、野球部にはいってきた子には、野球より先に、「ものをだいじにしろ」「腹の底から挨拶しろ」と、生活指導をする。（中略）野球では、基本的に楽しくやればいいと思う。めんどうな理屈などいらん。だいたい私は、ちょこまか小細工するのが好きでないから、試合では、できるだけ選手の判断にまかせて、自由にやらせる。（中略）野球はしょせんお遊び、たかが野球、である。しかし、されど野球、でもある。じつに奥行きが深い。（蔦文也［一九八三］『攻めダルマの教育論――蔦流・若者の鍛え方』ごま書房、一一一～一一三ページ。傍点筆者）

これは、徳島県立池田高校野球部の監督として甲子園夏春連覇を果たすなど、一九七〇～一九八〇年代の高校球界を席巻した蔦《つた》文也(1)の言葉である。ここでは、運動部活動が秩序と自由を内包しつつ展開されている様子が端的に言い表されている。これが、本書で捉えようとする運動部活動を象徴する姿だ。

人間を鍛えるという目的のもと、生活指導を通して課される「規律」。その一方で、スポーツがもつ根源的な自由さのなかで「自主性」を発揮する生徒たち（ただし、蔦においてそれは試合の場面にすぎないのだが……。この点には、後で立ち戻ることにしよう）。一見相反する「規律」と「自主性」が隣りあわせであるのは、よく考えると奇妙である。

ところで、「野球はしょせんお遊び、たかが野球」と言いながら、なぜ蔦は「されど野球」とその奥深さを語ってしまったのだろうか。蔦がこのように語ってしまうのは、野球という競技の性質に由来するのではなく、学校教育に内包された運動部活動の性質に由来しているのではないかと筆者は疑っている。

野球という「たかが」スポーツの一競技でしかなかったはずのものが、運動部活動という教育的営みを経由した瞬間、もはや純粋な競技ではなくなってしまう。「されど」とその奥深さを語りたくなる何かが、スポーツにまとわりついてしまうのである。

そんな「妖しい魅力」が運動部活動には備わっているのではないだろうか。運動部活動は、妖しい魅力を携えて日本社会に位置づいている。これが本書の根底にある運動部活動のモチーフであり、問題意識である。本章では、運動部活動に関する基本的な論点をいくつか挙げながら、もう少し詳しく本書の目的に迫っていきたい。

運動部活動は止まらない

近年、運動部活動のネガティブな側面に注目が集まり、改革の機運が高まっている。研究者やジャーナリストによって、多くの問題提起や提言がなされるようにもなってきた（三輪・川口編［二〇一三］、森川編［二〇一三］、友添編［二〇一六］、島沢［二〇一七］、しんぶん赤旗「部活って何」取材班［二〇一七］、青柳・岡部編［二〇一九］、尾見［二〇一九］、佐藤ほか［二〇一九］、神谷監修［二〇二〇］、内田編［二〇二二］）。その発端となったのが、二〇一二年一二月に起こった大阪市立桜宮高校バスケットボール部の体罰問題である。[2]しかし、その後も指導者による体罰は繰り返されている。

たとえば、二〇一九年四月に尼崎市立尼崎高校バレーボール部でコーチを務めていた臨時講師

（1）（一九二三〜二〇〇一）その攻撃的なスタイルから「攻めダルマ」の異名をとり、無名だった池田高校の名を一躍全国に轟かせた。

（2）この問題については、島沢［二〇一四］の優れたルポタージュが詳しい。

が部員の顔を叩き、一時意識を失ったほか鼓膜に怪我をした。その後、野球部でも部長の教諭が練習態度などを理由に繰り返し体罰を行っていたことが発覚し、同年七月には指導者や校長ら教職員六名が懲戒処分となっている（朝日新聞大阪版、二〇一九年七月二〇日付朝刊）。言うまでもなく、これ以外の例は枚挙に暇がない。

他方で、体罰のような生徒にとってのネガティブな側面に留まらず、部活動業務が長時間労働を招いていること、未経験種目の顧問を引き受けざるを得ないことなど「ブラック部活動」と呼ばれる側面が可視化されている（内田［二〇一七］、中小路［二〇一八］）。それが理由で、教師にとってのネガティブな側面に注目が集まるようにもなった。

このように、次々と明るみに出てきた運動部活動をめぐる諸問題をあえてひと括りにして論じるとすれば、そのキーワードは「過剰さ」となるだろう。実際に、現在の運動部活動は昔と比べて過剰に肥大してきたことが指摘されはじめている。運動部活動は持続可能性が危ぶまれるほど拡大しており、生徒の生命を脅かす死亡事故や体罰・暴力、教師の生活を脅かす過酷な勤務状況を生じさせているのである（中澤［二〇一七］二二四ページ）。

このような過剰さを脱するために、ある地方都市の市立中学では、顧問の女性教諭が平日の二日と日曜日を部活の休養日にしようと試みた。ところが、保護者から「なぜやらないのか」、「生徒のためなのに」、「日曜に何をやっているのか」などと迫られたケースが報道されている（朝日

新聞東京版、二〇一八年二月一〇日付朝刊）。

こうした状況に、行政のほうも無策であったわけではない。二〇一八年三月一九日、スポーツ庁は中学校の運動部活動を対象に、活動時間を長くとも平日二時間程度、休日は三時間程度とし、週二日以上の休養日を設ける、とするガイドラインを策定した。高校についてもガイドラインを原則適用し、速やかに改革に取り組むことが目指されている（スポーツ庁［二〇一八］）。

しかし、運動部活動は現在もなお過剰さを帯びて実践されているようである。近年、スポーツ庁のガイドラインなどの影響で皮肉にも「闇部活」なるものが生まれている。決められた時刻に下校した部員らが、保護者の予約した公共の体育館やグラウンドで行う「部活後の練習会」である。新型コロナウイルスの影響で一斉休校となっていた二〇二〇年三月にも、この「闇部活」が横行していたという（島沢［二〇二〇］）。

二〇二〇年、新型コロナウイルス感染症拡大の影響で選抜高校野球や全国高校総体などの大会が中止に追い込まれるなか、「スポーツを止めるな」という言葉がＳＮＳ上に拡散され、一大ムーブメントとなった(3)。たしかに、これまで当たり前のように開かれてきた大会が軒並み中止になったのは事実である。しかし、日常の運動部活動が世界的パンデミックを目の前にしても、その過剰さを維持したまま止まることなく続けられているのもまた事実なのだ。

こうしたネガティブな側面は、これまでも繰り返し批判されてきた。運動部活動に関する代表

球児「悔しい」

センバツ中止

「幻の春」に涙

諦めも入り交じり

第92回選抜高校野球大会は11日、中止されることが決まった。新型コロナウイルスの感染拡大で社会不安が強まる中、無観客での開催がぎりぎりまで模索されたが、断念せざるを得ない状況となった。出場が決まっていた学校の選手はやりきれない様子で「悔しいが、しょうがない」と語り、監督は「甲子園の土を踏ませたかった」と部員らを思いやった。【岩壁峻、生野貴紀、妹尾直道、高橋由衣】

21世紀枠で46年ぶりの出場を決めていた磐城《いわき》（福島）の木村保監督(49)は「残念という言葉が最初に出る。ただ、社会情勢を考えたらしょうがない」と冷静に受け止めた。中止の連絡を受けると、岩間涼星主将（2年）に電話した。岩間主将はかみしめるように「分かりました」と答えたという。

県教委の方針で学校は4日から休校しており、選手は部活動を自粛してキャッチボールなどの自主練習で大会に備えていた。岩間主将は「この期間が夏につながる」と話していたといい、「ジーンとくるものがあった」と木村監督。「選手らには『中止は誰も悪くない。代表に選ばれたのは確かなことだ』と伝えたい」と語った。

仙台育英（宮城）の須江航監督(36)は「ぎりぎりまで（開催に）尽力いただいたことに感謝したい」と話した。この日で東日本大震災から9年。2011年春の第83回大会を「ライバルの東北高が出場していた。まだ食事もちゃんと取れない、風呂も入れない状態で試合を見て、喜び、楽しみや勇気をもらった」と振り返り、「こういう難しい時だからこそ、やってほしいという思いはあった」と打ち明けた。田中祥都主将（2年）は「もう一度全員で競争して一つの方向へ向かっていきたい」と気持ちを切り替えていた。

健大高崎（群馬）の戸丸秦吾主将（2年）は「正直悔しいが、他の全国大会も中止になっているのでしょうがない。（気持ちの変化が）追いつかず、心と体が別々のような感じ」と複雑な心境を語った。「（夏に向けて）もう一回甲子園に来たいという気持ちをどれだけ強く持てるか。前を向いて進みたい」と力を込めた。

21世紀枠で初のセンバツ出場を決めていた帯広農（北海道）は、前田康晴監督(44)が「選手に甲子園の土を踏ませたかったが、このような状況なので決定を支持するだけ。21世紀枠に選ばれてから、いろいろな経験をさせていただき、プラスしかない」とのコメントを出した。道内では100人を超える感染者が発生した。学校は2日から休校となり、部活動も中止に。選手たちは7日からは少人数による自主練習を始め、開催の最終判断を待っていた。

8強入りした2018年以来のセンバツとなるはずだった創成館（長崎）の稙田龍生監督(56)は「見えない敵に負けた」と無念さをにじませた。

稙田監督から知らせを受けると涙を流す選手たちも。上原祐士主将(2年)は「中止は考えていなかった。ずっと目標にしてきた場所だったので悔しい。夏に向け気持ちを切り替えるだけ」と声を震わせた。

帰国者・接触者相談センター

新型コロ

夏につなげて／やらせてあげたかった

中止 致し方ない

監督で歴代最多となる甲子園68勝の高嶋仁・前智弁和歌山監督の話　（感染状況が）いい方向に向いていないので、この状況での中止は致し方ない。むしろ、日本高野連や主催者は何とか開催しようと努力し、ここまで（判断を）引っ張ってくれた。感謝している。

（高校3年間で）1度しか甲子園に出られない子もいるだろうから、かわいそうだとは思う。（孫が今回出場予定だった智弁和歌山の選手で）残念だが、これぱかりはどうしようもない。（選手たちは）気持ちの動揺もあるだろうが、こうなったら次に切り替えて夏（の甲子園）を目指すしかないだろう。

現段階ではやむを得ず

東海大の金谷泰宏教授（公衆衛生学）の話　選手のことを考えるとやらせてあげたいが、日本は感染拡大を防ぐためにゆるゆるな対応ではなく真摯（しんし）に取り組んでいることを示すのは重要だ。感染防止の対策を取れば、無観客で開催することに問題ないと考えていた。公共交通機関を使う場合には生徒を4、5人に分散して移動させたり、宿舎は1人1部屋にしたりと、不特定多数が長時間密集している状況を作らないことが大事だった。万が一感染者が出た場合も、保健所や病院と連携をしっかり取っていれば怖がることはないが、この段階では中止にせざるを得なかったのではないか。

部活動継続が問題

中澤篤史・早稲田大准教授（スポーツ社会学）の話　中止の決定を支持する。学校が休校になっている中で、課外活動である部活動を継続することに大きな問題があった。野球だけ開催ありきで議論が進んだのは部活動の肥大化を象徴している。東日本大震災後の選抜は入場料収入の一部と募金を義援金として被災地に送り、理解も得られた。今回開催していたらリスクを増やすだけだった。今後は出場校の選手たちのフォローが重要になってくる。

球児も事情理解

東日本大震災直後の第83回大会（2011年）で創志学園（岡山）主将として選手宣誓した野山慎介さんの話　残念だが、世界的な感染の広がりを見ると仕方ない。球児たちにとって甲子園は憧れの場所だが、彼らも事情を理解していると思う。自分たちの時も開催が危ぶまれ、「試合がある」という気持ちで過ごした。他の部活動は全国大会が中止になるなどし、悔し涙を流していた同級生らの姿を覚えている。私は選手宣誓をさせていただき、プレーして、大きな経験をさせてもらえた。球児たちは春と夏しかない大きなチャンスを失い、悲しいかと思うが、これを糧に夏につなげてほしい。

開催 説明つかない

名古屋大大学院の内田良准教授（教育社会学）の話　大会の中止は、現時点では最善の判断だったと受け止めている。そもそも部活動は教育の中では付加的なものだ。文部科学省が授業の自粛（休校）を要請しているにもかかわらず、付加的なものであるはずの部活動の大会を開催するのは説明がつかない。また、他の競技の大会が中止になっている中で、高校野球だけ開催してしまうことは「特権」になってしまうのではないか。

過剰反応では

タレントのデーブ・スペクターさんの話　中止はどう考えても「アウト」。甲子園はオリンピックと違って高校の3年間しか出場のチャンスがない。それにどんな強豪校でも、次に出るなんて保証はない。選手たちにも「出られなかった」というしこりが一生残ると思う。「甲子園」は日本にしかない伝統あるもので、（世論は）過剰に反応しすぎではないか。今回は無観客での開催を準備していた。（感染症などの）専門家を呼んで、何らかの対策をして開催できたのではないか。出場できなかった選手たちには、何らかの配慮をしてほしい。

第92回選抜高校野球大会の中止を伝える毎日新聞（2020年3月12日付朝刊）

的論者の一人である中村敏雄[4]は、次のように述べている。

（運動部活動の関係者は：筆者補記）伝統的に部活を支配している思考・行動様式―今日それは体育会系的などと侮蔑的に呼ばれている―に拘束されてその〈不自由〉に気づかず、部活における自主性・主体性とは何かということを考えたこともなく、また考えようともしていない。（中村［一九九五］一九六ページ、傍点ママ）

この一節には、運動部活動をめぐる問題の根幹を指し示す典型的な語りが集約されている。彼は、運動部活動に本来備わっているはずの「自主性」が、「体育会系的」と呼ばれる伝統的思考や行動様式によって抑圧されることの不自由さを批判しているのである。

（3）大会中止の影響で進学に向けたアピールの場を失った高校生アスリートに機会を提供するため、ラグビー元日本代表の野澤武史、廣瀬俊朗を中心にはじまったムーブメント。高校生が自身のプレー動画に「#ラグビーを止めるな2020」を付けてツイッターにアップすることで、進学のチャンスにつなげる仕組みであった。このムーブメントはその後種目の垣根を越えて、同年七月に「一般社団法人スポーツを止めるな」が設立されて活動が続けられている。この活動は朝日スポーツ賞などに選出され、ローレウス世界スポーツ大賞にもノミネートされた。

（4）（一九二九～二〇一二）元広島大学教育学部教授。東京教育大学付属高校で教鞭をとり、体育実践の現場から運動部活動論に留まらず体育授業論、スポーツのルール学、スポーツ思想・文化論など多くの業績を残した。

ここで、体育会系的と総括されている運動部活動のありようについては、勝利至上主義、封建的組織運営、非科学的練習、少数精鋭主義などの問題として、これまで多くの批判にさらされてきた（今橋ほか編［一九八七］、森川・遠藤編［一九八九］、城丸・水内編［一九九一］、内海［一九九八］）。言い換えれば、「規律」中心の運動部活動が勝利への志向や「指導者－選手」、「先輩－後輩」といった非対称な関係性、行きすぎた練習などと結び付きながら、本来あるべき「自主性」を抑圧していることが批判されてきたのである。

たしかに、「しごきといっしょに、軍隊と同じような秩序が、学校の運動部に持ち込まれ、先輩、後輩、上級生、下級生の序列を中心とする運動部の特異な体質ができあがった」というように、運動部活動における「先輩－後輩」の非対称な関係性は運動部活動を象徴すると同時に批判の矛先にもなってきた（川本［一九八一］一七〇ページ）。「四年神様、三年天皇、二年平民、一年奴隷」という運動部活動をめぐる格言（?）も、私たちには耳慣れた言葉である。

さらに近年では、「ブラック部活－ブラックバイト－ブラック企業」の連鎖のなかで、運動部活動が上意下達の人間関係や理不尽な要求を強いる組織のありようを学ぶ場となっていることも指摘されはじめている（大内・今野［二〇一七］二九九～三〇二ページ）。

しかし、「規律」を中心としたネガティブな要素が繰り返し批判されてもなお、運動部活動は日本社会でポジティブに受け入れられてきたのではないだろうか。(5) なぜなら、運動部活動は当たり前のように、私たちの身近に、かつ大規模に存在しているからである。

運動部活動という曖昧な制度

放課後のチャイムが鳴り響く土のグラウンドを「ザッ、ザッ」と駆ける足音。呼応しあう大きな掛け声。「カキーン」と響く金属音。体育館の床が「キュッ、キュッ」と小気味よく擦れる音。こうした放課後の風景に違和感を抱く人はあまりいないだろう。運動部活動は、それほどまでに放課後のありふれた風景として、私たちの身近に当たり前のように存在しているのだ。

　実際、運動部活動を体験したことがない人でも、さまざまなメディアを通してその情景に触れたことがあるだろう。プライベートな時間をいとわず、スポーツを通して全身全霊で生徒に立ち向かう熱血教師の青春ドラマ。過酷な練習や環境にも挫けることなく、主人公が仲間とともに成長していくスポーツ漫画などに熱狂した人もいるはずである。

　そのほかにも、正月早々、眠い目をこすりながら早起きし、おせち料理を頬張りながら箱根駅伝の放送をかじりつくように観る人。夏の甲子園ともなれば、「今年はどこの高校かな？」と地

（5）ネガティブに捉えられる「規律」の側面をポジティブに捉える主張もある。たとえば、「上下関係がしっかりしている」、「打たれ強い」、「きちんと挨拶をし、約束を守る」、「仕事を辞めない」といった体育会系学生を肯定する言葉は巷《ちまた》にあふれている（百瀬ほか［二〇一二］）。

元の出場校をチェックし、ついつい肩入れしてしまう人。私たちの日常に連なる運動部活動の例を探せばきりがない。ところが、このような日常風景から制度面に目を移してみると、私たちにとって当たり前の運動部活動が別の姿を現すことになる。

たしかに、現状では中学校で約六割、高校で約四割の生徒が参加し、およそ三〇〇万人の生徒が年間七〇〇時間を費やすほど運動部活動は大規模なものとなっている（友添［二〇一六］二ページ）。それにもかかわらず、運動部活動は制度的に極めて曖昧な位置づけしかもっていない。

実は、運動部活動が制度的な根拠をもたなかった時期がある。その歴史を簡単に振り返っておこう。

一九八九年に改訂された学習指導要領では、いわゆる「部活代替措置」が設けられた。当時、授業科目だった必修クラブ活動の履修が、部活動への参加をもって代替されるという措置である。これを機に、授業時数の確保に苦慮する多くの学校が時間割から必修クラブ活動をなくし、部活動への加入を義務づけるようになった。

ところが、一九九八～一九九九年の学習指導要領の改訂によって部活代替措置が廃止され、制度的根拠を失った部活動は学校の裁量に委ねられるようになった。実際、これを機に、運動部活動は総合型地域スポーツクラブや地域社会との積極的連携を目指したこともある（大竹・上田［二〇〇一］、高村・高橋［二〇〇六］）。しかし、こうした多様なあり方や外部化が模索されたに

もかかわらず、運動部活動は現在も学校に留まり続けている。(6)

現在、運動部活動は以下のような曖昧な位置づけを与えられている。たとえば、運動部活動は体育の授業とは異なり、「教育課程外」の活動である。体育が時間割に組み込まれていても、運動部活動が時間割に組み込まれることはなかったはずだ。すなわち、運動部活動はいわゆる授業科目とは違って、教育目標や内容、授業時数などが学習指導要領によって決められているわけではない。

他方で、運動部活動は学習塾などとは異なり、「学校教育内」の活動である。言うまでもなく、放課後に学校で教員の指導に基づいて行われているからだ。それは、二〇〇八〜二〇〇九年に改訂された学習指導要領にようやくかろうじて記されるようになった。

生徒の自主的、自発的な参加により行われる部活動については、スポーツや文化及び科学等に親しませ、学習意欲の向上や責任感、連帯感の涵養等に資するものであり、学校教育の一環として、教育課程との関連が図られるよう留意すること。(文部科学省［二〇〇九］一九三ページ)

(6) 運動部活動の政策的位置づけの歴史に関して詳しくは、中澤［二〇一四］、神谷［二〇一五］を参照のこと。

ここでは、運動部活動は生徒の自主的、自発的な参加により行われるものであるため、学校教育の一環として正規の教育過程との関連が図られるよう留意することが促されている。すなわち、運動部活動は完全に学校教育の内側にあるわけではなく、完全に学校教育から切り離されているわけでもない「グレーゾーン」に位置づけられている。必須ではなく、自主的な活動にすぎず、かろうじて学校教育に位置づけられる曖昧な制度なのである。「自主性」の理念が運動部活動の独自性であると同時に、制度的に曖昧であらざるを得ない理由でもあるということだ。

この「自主性」という理念に基づき、学校教育の一環として行われるからこそ、運動部活動には歯止めが利かず、「自主性」と正反対の「強制」と「過熱」が起こると指摘されている。事実、望んでもいない運動部に強制的に入部させられたり、全教員が強制的に顧問に就かなければならなかったりする場合がある。(7) こうした制度的欠陥を取り除く必要があるのは言うまでもない。

けれども、「規律」を中心とした現実がさまざまな批判に晒され、制度的な欠陥を抱えているにもかかわらず、なぜ多くの人が運動部活動にのめり込んでいくのだろうか。そこには、批判や欠陥を越えて運動部活動をポジティブに受け入れる何らかのメカニズムがあるはずだ。

本書の目的と構成

そこで本書は、ネガティブな側面が批判されてきたにもかかわらず、私たちの身近で大規模に展開されている運動部活動の「妖しい魅力」について、「規律」と「自主性」という二つの中心的構成要素に着目しながら明らかにすることを目的に、議論を展開していきたい。

「妖しい」という言葉を調べてみると、どうやら二つの意味があるようだ。一つは、「不思議な力がある」、「神秘的な感じがする」といった意味。もう一つは、「不気味な感じがする」、「気味が悪い」という意味である。「妖しい」という言葉には、神秘的で不思議な力といったポジティブな要素と、そこにまとわりつく気味の悪さのようなネガティブな要素が同時に含意されている。

時には、体罰を振るう指導者に対して、どういうわけか尊敬の念を抱いてしまう。過酷な練習に嫌気が差しながら、その場所や時間に愛着を感じる。理不尽で厳しい上下関係や規則を経験しても、それが何かの糧《かて》になると確信する。生徒の成長を目の当たりにできる喜びと引き換えに、「ブラック部活」と呼ばれる厳しい労働環境に自ら進んで身を置いてしまう。そして、このような経験の先にある、スポーツを通した何ものにも代え難い解放感や爽快な気分。

ネガティブな要素を多分に含みつつも多くの人々が情熱を傾けてきた運動部活動は、まさにこうした「妖しい魅力」を携えて私たちの社会に組み込まれているように思える。この「妖しい魅力」を解き明かす際に、運動部活動を権力装置として捉える視点が重要になる。

（7）　運動部活動の制度的位置づけや問題について詳しくは、内田［二〇一七］を参照のこと。

ミシェル・フーコー(8)によれば、「装置」とは「不均質なある全体であって、もろもろの言説や、制度や、建築上の整備や、法規に関する決定や、法や、行政的措置や、科学的言表や、哲学的・道徳的・博愛的命題を含んだもの」であり、「これらの要素間に作ることのできるネットワーク」であるという。

また、装置において「ポジティヴなあるいはネガティヴな、意図されたあるいは意図されないそれぞれの効果は、他の諸効果と共鳴関係あるいは対立関係に入り、そこここに出現する相互に異質な要素を捉えなおし、再調整」される。

そしてそれは、「さまざまな力関係の一定の操作が問題となっていること、それらをしかじかの方向に発展させたり、遮断したり、安定させたり、利用したり等々のために、そうした諸力の関係のなかに合理的で準備された仕方で介入する」がゆえに、「つねに権力の働きのなかに書き込まれて」もいる(フーコー[二〇〇〇]四一〇〜四一三ページ)。

要するに、装置はポジティブ、ネガティブといった異質な要素を調整しながら、権力を作動させるネットワークをあらゆるところに張りめぐらせるのである。第1章で詳しく述べるように、これまでの運動部活動をめぐる議論では、「規律」と「自主性」が「教育的価値」として対立させられてきた。しかし、運動部活動を権力装置と見なせば、「規律」と「自主性」は対立する異質な要素ではなく、むしろ人々をある特定の振る舞いに導くための「教育的技法」として、その関係性を捉えることが可能となる。

一見相反する「規律」と「自主性」が結び付きながら語られ、実践されてきたからこそ、運動部活動は多様な人々を惹きつける「妖しい魅力」を備えた権力装置として、私たちの社会に位置づいてきたのではないだろうか。この問いに答えるために、本書は指導者と生徒の双方に着目する。指導者と生徒の存在が運動部活動において重要なのは間違いないが、実はこれまでの議論において両者は十分に検討されていないからである。

本論では、第1部で指導者における「規律」と「自主性」の関係を、第2部で生徒における「規律」と「自主性」の関係をそれぞれ描きだし、運動部活動の「妖しい魅力」に迫っていきたい。あらかじめ各部の概要を示しておこう。

第1部、指導者における「規律」と「自主性」では、一九七五年〜二〇一三年に出版された指導者が著した書籍、単一の指導者や運動部を丹念に追ったノンフィクションなど一四五冊を「指導者言説」として対象化し、分析を試みる。そこでは、指導者たちが「人間教育」をめぐって「規律」と「自主性」を対立させるのではなく、時の生徒や時代状況に合わせて両者を配分する技法

（8）（Michel Foucault, 1926〜1984）元コレージュ・ド・フランス教授。ポスト構造主義の哲学者、思想家として「言説」、「権力」、「主体」などの主題について論じ、後世に大きな影響を与えた。『狂気の歴史』、『言葉と物』、『監獄の誕生』、『性の歴史』など主著多数。

を生みだす様相とその変容を描きだす。最終的には、「指導者言説」が運動部活動を越えた多様な関係性における「人間教育」の指針と同時に、「人間であること」の指針をも私たちに授けることが可能な位置づけにあることを明らかにする。

第2部、生徒における「規律」と「自主性」では、ある高校運動部を事例に部員が「規律」と「自主性」をどのように関係づけているのかを記述する。そこでは、「自主性」が部の伝統に基づく「規律」と親和的である一方、部の伝統を組み替える契機にもなっているという意味で両義性をもっていること。とはいえ、部員は「自主性」を発揮しているにもかかわらず、「忍耐力」といった「規律」の効果を認識してしまっていること。さらには、競技への取り組みから逸脱している生徒にとっても有意義な体験を形づくるからこそ、部の「規律」が消え難く残り続けることなどを明らかにする。

これらの分析へと踏みだす前に、次章では本書の具体的課題、視点、対象と方法について詳しく論じていくことにする。

第1章 「規律」と「自主性」の対立を乗り越えるために

1 運動部活動は「自主性」が大事？

序章において、「自主性」という理念が運動部活動の独自性であり、さまざまな問題を引き起こしている要因にもなっている現状について述べた。たしかに、自主的だからこそ加熱してしまうという「自主性」の罠が存在している（内田［二〇一七］、中澤［二〇一七］）。自主的な活動であるがゆえに、明確なルール設定がなされないまま当事者の意向次第で活動が歯止めなく行われてしまうというわけだ。

その一方で、「スパルタよりも自主性が大事だ」といったフレーズを耳にしたこともあるのではないだろうか。自主的に活動することが運動部活動の独自性でもあるのだから、それは当然である。「自主性」の理念は現在に至るまで、もっとも信憑《しんぴょう》されてきた運動部活動の理念であると言っても過言ではない。

実は、「自主性」の理念が大切にされるようになったのはそれほど古い話ではない。きっかけは、戦前の軍国主義を否定する形で行われた戦後民主主義教育の推進にある。そこでは、子どもの自由と自主性に高い価値が与えられ、それを最大限に発揮させる場として教育課程外の運動部活動に期待が寄せられた。それゆえ、自発的に行われるスポーツに大きな価値が付与され、運動部活動が奨励されたのである（中澤［二〇一四］）。

これ以降、運動部活動における「自主性」が理想化されるようになる。「自主性」が理想化されるに伴い、戦前の軍隊的秩序がいまだ運動部活動で維持されていることに厳しい目が向けられるようになるのである。いくつか例を挙げてみよう。

元千葉大学教授の城丸章夫《しろまるふみお》は、(1)運動部活動が「真の自治ではない」と指摘している。なぜなら、そこには「民主主義的ルールのひとかけらも無いからである」。すなわち城丸は、「スポーツクラブが軍隊的規律を戦後も維持しようとしたことは、明らかに日本社会の民主化に逆行する」と批判しているのである（城丸［一九八〇］一二六～一二七ページ）。

そこで城丸は、他書で「クラブ活動は、その発生を自由な同好者団体や社交組織にもっている」

と捉え、「クラブの成立と発展が、実はクラブが所属する学校社会の自由と自主性とに深く依存している」と指摘した。だからこそ、「逆にクラブは同好者集団内部の自主性を発展させながら、同時にまた学校社会の民主主義の発展に貢献しなければならない」（城丸［一九六三］一九九～二〇八ページ）。つまり、城丸は運動部活動の本質に自由や「自主性」を見いだし、運動部活動を通した学校の民主主義化、ひいては生徒の民主的人格形成を模索したのである。

また、序章で触れた中村（九ページ参照）は、スポーツが戦前「全体主義的な総力戦思想」のなかに組み込まれたことを指摘している。そのうえで、一九七九年八月に日本で行われた「世界ユースサッカー選手権」で「日の丸」の小旗を振る若者の姿から、スポーツは国民の自由・自主・自治を権力支配に抗して守りぬく思想的強靭さを養い得ていない、と述べている。中村は、クラブ活動が試合に勝つことを中心的な目標とした一つの結論が、この「日の丸」の小旗に示されていると言うのである（中村［二〇〇九］一一ページ）。こうした中村の批判が、先に見たように運動部活動における不自由さに向けられていることは言うまでもない。

近年も、体育・スポーツにおける「体罰」や「シゴキ」の要因を戦前の軍国主義政策に見いだし、自主的・自発的であるはずの運動部活動がいまだにそのような状態で存続していることに対

（1）（一九一七～二〇一〇）教育学者として、自治の思想を中心に生活指導、教科外活動、体育授業などを論じた。

して批判が繰り返されている（森川［二〇一三］）。

これらの議論は、戦前の軍隊教育と戦後の運動部活動の連続性を問題視している。すなわち、戦前の不自由な社会を反省し、自由な民主主義社会を理想に掲げるがゆえに、戦後に至っても軍隊的秩序によって「自主性」が抑圧されていることを批判しているのである。(2)

他方で、彼らのように民主主義社会といった「大きな物語」を語らずとも「自主性」が抑圧されていることへの批判は根強い。運動部活動の教育的価値として、「自主性」はさまざまな形で理想化され続けている。たとえば、スポーツジャーナリストの永井洋一(3)は以下のように述べている。

スポーツでは自分の判断、考えを駆使する中で試行錯誤することが重要です。また、その試行錯誤から自分なりの答えを見つけ出し、プレーに反映させることに喜びがあります。しかし、例えば日本の学校の部活動などでは、しきたりや代々継続されてきた方法などに無批判に従わされるのみで、決して自主自立の精神を醸成しているようには見えない活動も少なくありません。（永井［二〇一〇］三九ページ）

また、スポーツライターとして有名な玉木正之(4)はより明確に、次のような主張を展開している。

戦術や練習を生徒が考える（生徒に考えさせる）ことは（強豪校ほど）少なく、生徒は教師の指導（指示）で動く。そして監督の指示通り動かず（動けず）、試合に負ければ体罰……というのでは教育とは言い難い。いや、監督の指示通りに動いて勝利したとしても、それをスポーツ教育（体育教育）と言えるか？（玉木［二〇一三］五九ページ）

この玉木の主張は、重要な論点を提示している。それは次の二点である。

第一に、生徒が考えることと教師による指導や指示が対置され、後者が批判的に捉えられていることである。第二に、強豪校ほど少ないという生徒に考えさせる側面にこそ、スポーツの教育的価値が見いだされていることである。

要するに、「規律」よりも「自主性」が運動部活動本来の教育的価値であるということだ。本

（2）ただし、運動部活動に関する諸問題を戦前の軍隊に起因するものとして捉えることには一定の留保が必要である。たとえば、従来信じられてきた体罰の軍隊起源説に異議を唱える研究が近年なされている（坂上［二〇一三］、鈴木［二〇一四］、鈴木［二〇二〇］）。

（3）サッカーを中心に執筆活動を行っている。『スポーツは「良い子」を育てるか』など、子どものスポーツに関する著作も多い。

（4）『スポーツ解体新書』、『スポーツとは何か』など著書多数。数多くのテレビ番組にも出演し、スポーツの諸問題に関する発言で注目を浴びている。

節で確認してきたように、さまざまな論者がさまざまな時代や文脈のなかで運動部活動のあるべき姿を語ってきた。それを象徴する理念が「自主性」なのである。

2 「自主性」をめぐる二つのアプローチ

「自主性」は、運動部活動のもっとも重要な理念として語られ続けている。この「自主性」をめぐっては、大きく分けて二つのアプローチから研究されてきた。

一つ目は、「自主性」の理念をいかに現場で実現するかについて、その方法や実践を模索する研究である。二つ目は、理念としての「自主性」が語られたり、実践されたりすることそれ自体がいかに機能するかを分析する研究である。以下では、それぞれを代表する研究を取り上げ、本書の課題を明確にしていきたい。

「自主性」をいかに実現するか？

一つ目のアプローチに、「自主性」をいかに実現するかを模索した神谷拓の研究がある。(5) 神谷は、「運動部活動は何のためにあるのか」という問いに答えるための背景として、二つの問題を認識しておく必要がある、と述べている。

一つは、運動部活動が学習指導要領に明確に位置づけられていないという教育制度的な位置づけにおける曖昧さの問題である。もう一つは、スポーツの競技性や競技力向上の過程に教育的意義を見いだす結果、勝利至上主義、封建的組織運営、非科学的練習、少数精鋭主義などの弊害をもたらす「競技的運動部活動」論の問題である。

このような問題関心から、神谷は学習指導要領のような運動部活動を規定する教育制度的な条件と、具体的な指導方法を複眼的に考察するため、これまで学習指導要領で示されてきた方針からどのような指導方法が提案されてきたのかについて総括する必要性を指摘している。

そこで彼は、「競技的運動部活動」論に対する批判理論として主張されてきた「教育的運動部活動」論の内容や課題、共通点を分析している。具体的には、①文部省の必修クラブ論、②城丸章夫の自治集団活動論、③中村敏雄の教科・体育の発展学習論が分析の対象となっている。その

(5) 現在、関西大学人間健康学部教授。専門はスポーツ教育学、体育科教育学。日本部活動学会会長。『運動部活動の教育学入門』、『生徒が自分たちで強くなる部活動指導』など運動部活動に関する著書多数。厳密には、これから検討する神谷の議論の終着点は「自治集団活動」としての運動部活動の実現にある（神谷［二〇一六］二ページ）。彼が重視する自治の内容は自主的・主体的活動に不可欠とされ、最終的には「自主性」に基づく活動に価値が置かれている（神谷［二〇一五］二七九〜二八一ページ）。その理論的なベースとなっていることから、以下では神谷［二〇〇八］を取り上げる。

結果、以下のことが明らかにされている。

まず、分析対象となったそれぞれの理論が相互補完的な関係にあり、その視点に立つことで「教育的運動部活動」論の実現が期待できることである。次に、「教育的運動部活動」論には、①誰もが参加できるクラブおよび部活動の実施方法、②学校・教師の指導、管理と子どもの自主的活動の融合、③クラブおよび部活動の生活化（学校生活の一部としてクラブおよび部活動を位置づける方策）、④対外試合に関する対策、といった共通点をもっていたことである。

このように神谷は、「競技的運動部活動」論を乗り越えるために「教育的運動部活動」論の内実を詳細に検討し、その実現可能性を模索している。とりわけ、共通点の二番目に挙げられているように、「自主性」が生徒の実践に関する重要な位置づけを占めていることは興味深い。すなわち、本書との関連で言えば、神谷の研究は「自主性」の実現に向けたあるべきモデルを打ち立てた研究である、と総括できるだろう。

「自主性」はいかに機能するか？

二つ目のアプローチは、「自主性」が語られ、実践されることの機能を分析した中澤篤史の研究に見て取ることができる（中澤［二〇一四］）(6)。中澤は、日本の運動部活動においてスポーツが学校教育の一環として編成され続けてきたことそれ自体の不思議さを指摘し、「なぜスポーツは学校教育に結び付けられるのか」という問いを立てている。

この問いを解くための補助線として導入されているのが、〈子どもの自主性〉という概念である。〈子どもの自主性〉は、「子どもが、他者からの干渉・介入を受けることなく、自らの意思で自らの行為を決めること」に与えられる教育的価値であり、教育する側が求める教育的理想だと定義されている。

重要なのは、この概念が「子ども自身の真の自主性」が本当にあるかどうかに注目するのではなく、「子どもが自主的であり、それはよいことだ」と学校や教師、保護者が思っている事実に着目する視点だということである。つまり、「自主性」が教育する側の大人たちに信憑《しんぴょう》されることで、どのような機能を果たしているのかを問うのである。

このような視点から中澤は、運動部活動に関する実態、政策、議論の戦後史、日本教職員組合と戦後運動部活動の関係の分析、中学校運動部へのフィールドワークなどを行っている。その結果、二つの結論が導きだされている。

一つ目は、戦後の運動部活動がそれを強く肯定してきた積極的な過程と、完全には否定できな

（6）現在、早稲田大学スポーツ科学学術院准教授。専門はスポーツ社会学、身体教育学、社会福祉学。近年は『そろそろ、部活のこれからを話しませんか』、『「ハッピーな部活」のつくり方』（内田良との共著）などの著書で、運動部活動の具体的なあり方を積極的に提言している。

かった消極的な過程のなかで教育活動として大規模に拡大・維持されてきたことである。二つ目は、その拡大・維持に寄与したのが、まさに〈子どもの自主性〉への教育的意味づけによることである。

とりわけ〈子どもの自主性〉の理念は、一九八〇年代の管理主義教育において空洞化の危機に陥ったにもかかわらず、新自由主義、参加民主主義を背景とした再編過程にある現在の学校で、再びその教育的価値が取り戻されようとしている、と中澤は述べている。

このように、理念としての〈子どもの自主性〉が、学校、教師、保護者などの大人によって教育的に意味づけられることで、運動部活動は戦後に拡大・維持されてきた。つまり、本書の関心に引きつけて言えば、中澤の研究は「自主性」がいかに機能するかを分析した研究と総括することができる。そして、その機能とは、戦後における運動部活動の拡大・維持なのである。

本書の課題

しかし、神谷と中澤の研究はそれぞれ限界を抱えている。その限界を明らかにしながら、ここでは本書の課題を明確にしていきたい。

まずは、神谷の研究から検討しよう。神谷の研究は、戦後の運動部活動をめぐる主な理論を詳細に検討したうえで、「教育的運動部活動」論という一つの理論にまとめあげた点に意義があるだろう。とはいえ、そこには二つの限界がある。

第一の点は、「教育的運動部活動」論以外の理論に対する評価にかかわっている。神谷は、「競技的運動部活動」論の批判理論として展開されてきた「教育的運動部活動」論の実現を模索していた。すなわち、「競技的運動部活動」論はそもそも問題のある理論として切り捨てられてしまっている。しかし、そのことによって次のような問いを立てる可能性が失われてしまう。それは、なぜ、いかにして神谷にとって問題のある理論が、「教育的運動部活動」論の傍らで説得力をもって語られ、実践され続けるのかという問いである。

この限界は、第二のそれとも密接にかかわっている。というのも、「教育的運動部活動」論をあるべきモデルとして打ち立てようとする神谷の研究戦略そのものに限界を見いだすことができるからである。端的に言えば、神谷の理論は運動部活動のあるべき絶対的理想として打ち立てられてしまっている。しかし、このような研究戦略には「理想・当為主義」の問題が潜んでいる。

理想・当為主義とは、「『これこそが真の教育だ』という理想を掲げ、『したがって教育はこうあるべきだ』と、当為（〜すべし）を声高に主張していく立場」である。この立場は、互いの理想を絶対化してしまうかぎり対立が根本的には解消できない点に問題がある（苫野［二〇一一］五五〜五七ページ）。たとえば、まさに神谷は「競技的運動部活動」論を教育的ではないとして退けるのだが、「神谷の理論こそ教育的ではない」として、「競技的運動部活動」論を支持する側も転用可能な論理と化してしまう。

このように、理想・当為主義的な主張は、各論者の理想をめぐる批判の応酬に帰結し、建設的な議論の場を創造することができない。したがって、運動部活動のあるべきモデルを打ち立てるのではなく、なぜ、いかにしてそうした理論にそぐわないように見えるものが説得力をもって語られ、実践され続けているのかを問う必要がある。とりわけ、これまで批判の的でありこそすれ、分析の対象とはなってこなかった強豪校の指導者を分析することは有益だろう。

神谷の研究が理想・当為主義の問題を抱えてしまうのに対して、中澤の研究は〈子どもの自主性〉という視点を通じて「自主性」という教育的価値や理想を絶対視することなく、それが信《しん》憑《ぴょう》されることの機能を分析したことに意義がある。とはいえ、中澤の研究にも以下に挙げるように三つの限界がある。

第一に、「自主性」のみが焦点化されている点である。中澤自身も、戦後の運動部活動では「スポーツへの解放論的意味づけ」と「スポーツへの訓練論的意味づけ」という二つの領域が存在しており、自らの研究を前者に焦点化したものとしてその限界を指摘している（中澤、前掲書、三二四～三二八ページ）。したがって、「訓練論的意味づけ」の領域を視野に入れる必要があるだろう。本書で言えば、「規律」に関する語りや実践である。(7) 無論、本書においては「規律」と「自主性」の関係性も含めて分析していく。

第二に、学校や教師、保護者といったように「自主性」を信憑《しんぴょう》する大人たちにしか分析の射程が及んでいないことである。しかし、大人が語る「自主性」の理念が生徒によって想定どおり実践されるとはかぎらない。大人が語る「自主性」の理念を生徒が解釈し、実践していく過程が存在しているはずであり、その過程は重要な分析課題となる。

第三に、「自主性」が「価値」の水準で把握されていることである。中澤は、〈子どもの自主性〉を教育的価値や理想として定義していた。しかし、あらかじめ確固たる定義を与えてしまうがゆえに、「自主性」に充当される意味を一義的にしか把握していない。むしろ、「自主性」がどのような意味や文脈で用いられてきたのか、その歴史性を捉える必要がある。

以上を踏まえ、改めて本書の課題を整理すると以下の三点に集約することができる。

❶運動部活動のあるべきモデルを打ち立てるのではなく、なぜ、いかにしてそれにそぐわないように見えるものが語られ、実践され続けるのかを問うこと。

---

(7)　中澤とは反対に、「規律」に関する問題の一つである「体罰」に焦点化したものとしてミラー［二〇二一］の研究がある。しかし、体罰という問題に焦点化したところにミラーの限界がある。なぜなら、体罰は「規律」の一つの手段にすぎないからである。おそらく、運動部活動における「規律」に関する語りは、体罰にかぎらない形で存在しているはずだ。ミラーもその点には触れているが、「自主性」との関係は不問に付されたままである（ミラー、前掲書、一六九～一七三ページ）。

❷大人が語る「自主性」の理念を生徒たちが解釈し、実践していく過程を分析すること。
❸「自主性」のみならず「規律」を視野に入れ、両者の関係性も含めて分析すること。

実は、これらの課題が指し示す内容は微妙に異なっている。❶と❷は、本書が分析すべき対象にかかわるものだ。まさにこれらは、運動部活動をめぐる議論で見落とされてきた論点であり、本書が分析すべき対象を照らしだしてくれる。本書の対象については第4節で詳しく論じる。それに対して、❸は本書の視点にかかわるものである。これまで分析されることがなかった「規律」と「自主性」の関係をいかに論じればよいのか。この点に関して、次節ではフーコーの議論を補助線に本書の視点を提示する。

③ 教育的価値から教育的技法へ

規律訓練権力論と運動部活動

ところで、なぜ「自主性」の理念は繰り返し理想として語られたり、研究者がつい目を引かれてしまう分析の対象となってきたのだろうか。この問いを考えることが、「規律」と「自主性」の関係性を捉えようとする本書にとっては重要な手がかりとなる。結論を先取りすれば、筆者はその理由を「自主性」という理念が内包する「解放」の意味にあると考えている。このことを、再び中澤の議論に戻って確認してみよう。

中澤は、「子どもが、他者からの干渉・介入を受けることなく、自らの意思で自らの行為を決めること」を「自主性」の定義としていた。ここで傍点を付したように、「自主性」という理念は他者からの干渉や介入を受けないことが条件となっている。つまり、理念としての「自主性」とは、何よりも他者の影響から解放されていることが重要なのだ。

ここで、中澤が戦後の運動部活動に「スポーツへの解放論的意味づけ」と「スポーツへの訓練論的意味づけ」という二つの領域を認めていたことを思い出そう。「自主性」への意味づけが「解放論的」と称され、「訓練論的意味づけ」と対置されていることは何より象徴的であろう。すなわち、「自主性」は「訓練論的意味づけ」、もっと言うなら「規律」からの解放が含意されているのである。指摘するまでもなく、「規律」は他者からの干渉や介入を意味しているからだ。

このように、「自主性」が「規律」からの解放という形式を備えて語られてきたことは何に帰結するだろうか。この考察に、フーコーの権力論が示唆を与えてくれる。

フーコーの言う権力とは、ある領域に内在する力関係に対して「行為の可能性を導き[8]、結果の可能性に秩序を与える」作用を指す（フーコー［二〇〇一b］二五ページ）。重田園江の言葉を借りれば、この概念は「人と人との関係において、互いに相手の行動を特定の方向に導こうとしてなされる戦略的な行為や実践」を意味している。つまり、フーコーにとって「権力」とは、人が所有したり譲りわたしたりすることができる「もの」ではなく、人と人との関係のなかで働く作用なのである（重田［二〇〇三］一五～一六ページ）。

なかでも、一望監視装置（パノプティコン）[9]を通して、個人が権力の眼差しを内面化するよう規律化し、従順な身体を育むのが規律訓練権力である。この権力は、近代社会において監獄、軍隊、工場、病院、そして学校などあらゆる場所に遍在している（フーコー［一九七七］）。

このように、規律訓練権力論は権力に従順な身体を育む近代社会のさまざまな領域を扱っていたことから、スポーツや学校体育にも援用されてきた。スポーツや学校体育が規律訓練権力の一端を担ってきたことが批判的に捉えられてきたのである（多木［一九九五］、清水［二〇〇一］）。

運動部活動は、学校教育においてスポーツが実践される場であるがゆえに同様の批判にさらされてきた。典型的な議論は、運動部活動で生みだされる身体が軍隊で生みだされる規律ある身体と同じであるといった次の指摘に見ることができる。

部活では、創造的で個性的な練習は禁止され、一斉的で集団的な練習が課される。ここでは、一様化された身体、パターン化された身体、パターン化された技術と戦術、体育会系と呼ばれる行動様式、暴力容認と受容等にみられるような、規律化された身体が重要視される（中略）

部活で再生産される身体技術文化側面は、いわゆる「見られて規律ある整然とした身体」という、軍隊的な規律ある身体と同根である。（舛本［二〇〇一］二七八ページ）

軍隊と同じように運動部活動で生みだされる規律化された身体には、まるで自由がないかのようである。こうした運動部活動における「規律」に対する批判を踏まえれば、「自主性」をめぐる語りの形式を次のように定式化することができる。それは、「自主性」を運動部活動の教育的価値として理想化することで、戦前から存続する規律訓練権力から生徒を解放しようとするものである、と。

この語りの形式は、運動部活動における微細な「規律」的要素を発見するたびに、それを批判的に名指し、そこからの解放を主張することができるという強度を備えている。だからこそ、「自

（8）現在、明治大学政治経済学部教授。専門は現代思想、政治思想史。『フーコーの風向き』、『統治の抗争史』などフーコーに関する著書多数。

（9）イギリスの哲学者ジェレミー・ベンサム（Jeremy Bentham, 1748~1832）が設計した刑務所の構想。中央の監視塔を取り囲むように独房が配置されており、収容者からは看守の姿が見えない設計になっている。そのため、看守にいつ見られているか分からない収容者は、自ら規則正しい生活を営むようになっていく。フーコーは、このモデルを近代社会における権力作用を説明するために用いた。

主性」は繰り返し語られるのだろう。

しかし、ここには運動部活動における「規律」のありようと向きあうことができないという重大な問題が潜んでいる。言い換えれば、この語りの形式は「規律」と「自主性」の二項対立を自明視するがゆえに、前者をただ批判されるべき事実としてしか捉えられない。そこで、フーコーの権力に対する立場が参考となる。

実は、「権力の諸関係は、そこから解放されなければならないような、それ自体で悪いものではない」と述べるように、フーコーは権力そのものからの解放には批判的であり、権力への否定的評価を議論の出発点にする態度を退けている（フーコー［二〇〇二］二四二ページ）。

さらに、フーコーが「権力とは一切を説明するものだと主張したことはけっしてありません。（中略）私にとって権力とは、説明すべきものなのです」と、権力自体を説明すべき対象として捉えていることが重要である（フーコー［二〇〇一ａ］二四九〜二五〇ページ）。「運動部活動は規律訓練権力だ！」と批判的に名指すのではなく、それがいかに作用しているのかを説明する必要があるのだ。

この権力作用を運動部活動において問うにあたって、本書は「規律」と「自主性」の関係性に着目していく。その理由は、フーコーが次のように指摘しているからである。

われわれが承認しなければならないのは、権力は何らかの知を生み出す（中略）という点であり、権力と知は相互に直接含みあうという点、また、ある知の領域との相関関係が組立てられなければ権力的関連は存在しないし、同時に権力的関連を想定したり組立てたりしないような知は存在しないという点である。（フーコー［一九七七］三一～三二ページ）

繰り返しになるが、「自主性」は運動部活動の規律訓練権力から生徒を解放する理念として語られてきた。ところが、この指摘を踏まえれば「自主性」は運動部活動の権力作用と無関係の純粋無垢な概念ではなくなる。むしろ、「規律」と不可分な知の構成要素として「自主性」を捉えていく必要があるのではないだろうか。

おそらく、これまでの議論で「規律」と「自主性」が対立してきた理由は、「規律」を中心に据えた運動部活動の実態に対して、「自主性」という理想的な教育的価値をぶつけてきたからである。すなわち、「規律」と「自主性」という教育的価値をめぐる争いが繰り返されてきたのである。

しかし、両者を教育的価値ではない別の何かとして捉えることができれば、その関係性について考えられるのではないだろうか。本書は、そのヒントを後期フーコーに見いだす。

フーコーにおける「規律」と「自由」

これまで、本書の議論を組み立てる補助線として参照してきたフーコーの研究は多様な対象をめぐって展開されている。そのため、それらを細部まで解説することはできないし、筆者にその技量はない。けれども近年、彼の仕事を一貫した視座から説明する研究が登場してきている(10)。そこで重要とされるのが、「統治」ないしは「統治性」という概念である(箱田［二〇一三］)。

本書が着目したいのは、後期フーコーにおいて権力の問題が統治の問題へと接続されることである。彼は、後年の論文「主体と権力」において、根本的に権力は統治の問題であることを指摘している(フーコー［二〇〇一b］二五ページ)。つまり、統治性の研究はそのもっとも広い意味において、「振る舞いを導くこと(the conduct of conduct)」という観点から権力の行使を吟味するプロジェクトである(ウォルターズ［二〇一六］四〇ページ)。

その際、統治の分析にあたって「権力は自由な主体、つまり人が自由であるときに限って行使される」と、常に「自由」との関係が踏まえられている点も見逃せない(フーコー、前掲書、二六ページ)。「自主性」という理念は、まさに自由に連なる概念だからだ。

このような統治性論の概要を踏まえたうえで、本書にとって極めて重要なのは、フーコーが近代における新たな統治の技法として言及する「自由と安全の作用」に関する議論である。

フーコーによれば、一八世紀に形成された自由主義における統治の技法は、一方で自由を生産し組織化する。しかし他方で、その技法はただ自由を生産するだけでは成り立たないという。なぜなら、自由主義的な実践の核心には、自由の生産と、それを制限し破壊するリスクとの関係性が備わっているからである。

そこで、フーコーが見いだすのが安全の戦略である。これは、自由の生産に伴うリスクを制限する作用を指す。そして、そうした自由の代償、自由の歯止めを構成するものが「規律」の技術であるとフーコーは指摘している（フーコー［二〇〇八］七八〜八二ページ）。

自由を生産しつつ制限する。これこそが、フーコーによって見いだされた「自由と安全の作用」という統治の仕組みである。自由の生産と制限という、一見相反する統治の技法を一つのメカニズムとして把握するフーコーの分析は、「規律」と「自主性」の関係性を捉えようとする本書にとっては示唆に富むものだ。というのも、そうした相反する二つの異質な要素を捉える視座について、フーコーは以下のような弁証法の論理に代えて戦略の論理に基づく分析を志向するからである。

（10）　フーコーの研究や生涯の軌跡については、エリボン［一九九一］、ミラー［一九九八］、ドゥルーズ［二〇〇七］、慎改［二〇一九a・二〇一九b］を参照のこと。

戦略の論理とは、(弁証法の論理のように：筆者補記) 互いに矛盾した諸項を、矛盾が一つの統一性のうちに解消することを約束するような等質的なものの領界のなかで価値づけるものではありません。そうではなくて、戦略の論理は、不調和な諸項、不調和にとどまるような諸項のあいだに、いかなる結合が可能であるかを明確に示すことをその役割とします。(フーコー、前掲書、五三ページ)

このように、後期フーコーの統治性論では権力と自由の関係に着目しながら、「人間たちの振る舞いを導くための技法や手続き」と定義される統治の技法が分析されている (フーコー [二〇一五] 三六九ページ)(11)。

そこで本書は、「規律」と「自主性」を対立する「教育的価値」ではなく、運動部活動を構成する「教育的技法」と捉えていきたい。相反する「教育的価値」ではなく、人々の振る舞いを導くための「教育的技法」として両者の関係性を捉えることで、運動部活動が権力装置としていかに日本社会に位置づいているのかについてこれから明らかにしていく。その際に具体的な分析対象となるのが、従来の議論で見落とされてきた「指導者言説」と生徒の実践である。

4 分析の対象と方法

「指導者言説」への歴史社会学的アプローチ

本書では、これまでの運動部活動をめぐる議論が見過ごしてきた「指導者言説」を取り上げる。「指導者言説」とは、指導者が著した書籍、単一の指導者や運動部を丹念に追ったノンフィクションなどに書かれたテクストの総体のことである。「指導者言説」を分析する意義は以下の三点にある。

第一に、戦後の運動部活動は制度や政策レベルで意味づけられてきたというよりも、むしろ現場の当事者を中心に意味づけられてきたと考えられるからである。序章で指摘したように、運動部活動は制度的に非常に曖昧な位置づけしかもたない。本書が着目するのは、運動部活動が制度的に曖昧であるにもかかわらず、過剰なほど大規模に成立している事実である。そこでは、当事者たちに意味づけられることによって、存在根拠の脆弱さを覆い隠すほどの「妖しい魅力」が蓄

(11)　統治の技法の分析は、他者の統治のみならず自分自身への働きかけという自己の統治が射程に含まれている点が重要である（ウォルターズ、前掲書、四九ページ）。このような分析は第4章で展開される。

積されてきたのではないだろうか。

第二に、現場の当事者の意味づけに着目するにあたって、指導者の存在を抜きに考えることはできないからである。とりわけ、「規律」と「自主性」を「教育的価値」ではなく「教育的技法」として捉える本書は、実際にその技法を用いて生徒の振る舞いを導く立場にある指導者の影響力を無視することはできない。

そして第三に、指導者の存在が極めて重要であるにもかかわらず、本書で扱う資料は見過ごされてきたからである。たとえば、神谷が扱ったのは旧文部省の政策的言説、城丸、中村といった運動部活動に関する代表的論者の学術的言説であった。それに対して中澤は、運動部活動に関するさまざまな実態調査、政策文書、書籍、雑誌、新聞など幅広い資料を用いてはいるものの、指導者自身の語りは雑誌においてわずかに取り扱われているのみである。加えて、それは運動部活動の「規律」的実態を批判的に捉える、進歩的な教師が寄稿するような体育の専門雑誌に偏っている。分析対象が、そもそも「自主性」を見いだしやすい性格をもっている可能性があるのだ。

また、未分析の資料を扱うという意義のみならず、ここで「書籍」という形式に着目して資料を抽出したことにも理由がある。たしかに、指導者は書籍だけではなく新聞などでも語っている。しかし、そのような媒体における語りのほうが、書籍よりも長い歴史をもっているかもしれない。しかし、そこで語られるのは試合に臨む前の意気込みや試合の結果に対する講評など、断片的な語りが中心であると思われる。

それに対して、本書が「指導者言説」と呼ぶ書籍は指導者自身の人となりや考え方、具体的な指導などについて、多様なエピソードを交えつつ詳細に語られている点に特徴がある。そして、のちに論じるが、ある時期を境に書籍という形式で指導者が冗長に語りはじめることそれ自体が問われるべき重要な社会現象だと捉えられる。

こうした書籍の概要は第2章のはじめに詳述する。具体的な分析に移る前に、ここでは本書の分析概念と立場を明確にしておきたい。まずは、本書が採用する言説分析の方法について簡単に触れておこう。

言説分析とは、「言表（énoncé《エノンセ》）」、「言説（discourse《ディスコース》）」、「集蔵庫（archives《アルシーヴ》）」などの概念を独自に展開した、フーコーの『知の考古学』を端緒とする歴史記述の方法論である（フーコー［二〇一二］）。これらの概念の大まかな見取り図として、次の一節を引用しておこう。

言語のもっとも小さな単位は、言表（énoncé）という。これは、社会学の最小の分析単位である行為にほぼ相当するもので、これ以上小さな単位に分解できない、ひとかたまりの発話や書字、行為（の記録）などをいう。これに対して、そうした言表が残らず集まった全体、ある時代・ある地域（社会）を満たしている言語的な活動の全体を、集蔵庫（archives）という。

この両極の中間にある、何らかの秩序をもった言表の集合が、言説である。(橋爪［二〇〇六］一九一～一九二ページ)

フーコーの最終的な目的は、ここで語られているアルシーヴに漸近《ぜんきん》することにある。しかし、ある時代・地域における言語的活動の全体とされるアルシーヴの解明には膨大な作業を伴う。したがって、特定の言説空間に依拠した分析を行うのが現実的な研究戦略となる。

言説空間とは、考察の対象となる一連の言説を含む集合のことである。もっとも単純化すれば、言説分析とは「分析者によって定義された言説空間において、一連の言説間の関係について考察する方法」であり、「言説の背後にある形成＝編制規則を明らかにする営み」と言える(鈴木［二〇〇六］二〇六ページ、澁谷［二〇一三］九一ページ)。

これらを踏まえ、本書では「個々の文章構成要素＝言表が特定の文脈に置き直され、意味が解読可能な文章となった状態をテクスト」とし、「同一の意味をもつ複数のテクストの総体を言説」と捉える(高橋［二〇一二］五六ページ)。本書で言えば、「規律」や「自主性」といった言表が特定の文脈に置き直され、意味が読解可能な文章＝テクストを分析対象として、その総体である「指導者言説」のありようとその背後にある規則を描くことが目的となる。

しかし、「指導者言説」では「規律」と「自主性」という言表が必ずしも明確に用いられないまでも、それらが用いられたテクストと同様の意味を有したものが数多く存在すると思われる。たとえば、「規律」の代わりに「管理」、「鍛錬」、「強制」、一方、「自主性」の代わりに「自発性」、「主体性」、「自立」といった言表が用いられている場合である。

そこで、「指導者の考えや判断を優先させ、生徒を何らかの目的に向かわせることを重視するテクスト」と「生徒自らが考え、判断し、行為することを重視するテクスト」に着目し、「規律」に関する前者と「自主性」に関する後者がそれぞれどのような規則のもとで言説化されているのかを第1部で記述していく。

なお、本書で用いる「規律」概念は、後期フーコーから示唆を得ている。フーコーは、「規律」を「規範こそが根本的」であり、人々の身振りや行為を規範に適合させるものとして同定している（フーコー［二〇〇七］七一ページ）(12)。したがって、本書の「規律」概念は、いわゆるパノプティコンに基づく規律訓練権力のみを指すわけではなく、ある規範に人々を導くための幅広い統治の技法を想定している。その規範を設定し、生徒に「規律」を課す重要な存在が指導者であることは言うまでもないだろう。

最後に、本書は「指導者言説」の分析に際して「弱い言説至上主義」の立場を採用する。言説

---

(12) フーコーにおける「規律」概念の詳細については、平井［二〇一五］を参照のこと。

分析をめぐっては、言説以外の要因をどのように扱うかによって立場が分かれてきた[13]。言説外要因ではなく言説内要因を重視する「言説至上主義」の立場もあるが、本書は「指導者言説」を「政治・経済・文化の関連構造の中へ位置づけ」、考察を進める柔軟な立場を取る（広田［一九九五］三六ページ）。

ただし、この立場は言説外の要因を安易に分析にもち込むことを意味しない。本書は、「資料の傾向の解釈に際しては、資料に書かれていない、または資料から直接類推できないような解釈、つまり資料外在的な解釈枠組を安易に持ちこまない」という基準に基づいて記述を進めていく（牧野［二〇一二］三一ページ）。つまり、「指導者言説」において外部の政治・経済・文化などに言及されている場合は、それらの要因も考慮しつつ分析を進めていくということである。

生徒の実践への解釈的アプローチ

すでに、大人が語る「自主性」の理念を生徒たちが解釈し、実践していく過程を分析することが本書の課題であることは指摘した。「指導者言説」をいくら詳細に描きだしても、生徒の実践に迫ることはできないだろう。さらには、「指導者言説」の歴史社会学が主に想定しているのは、「指導者－選手」間における教育的技法としての「規律」と「自主性」の分析であり、運動部活動において問題化されてきた「先輩－後輩」に代表される生徒の関係性を射程に含んでいない。

したがって、「指導者言説」とは別の方法で生徒の実践にアプローチしなければならない。

その手がかりを与えてくれるのが、教育社会学を中心に発展してきた解釈的アプローチの方法である。稲垣恭子(14)によれば、解釈的アプローチの共通の特徴は社会的相互作用を解釈過程と見なす点にあるという。つまり、行為をあらかじめ構造によって与えられているものではなく、行為者の解釈にかかっているものと見なすのである。

稲垣は、教育社会学に解釈的アプローチが受容されたことで、学校内部の行為者の観点からその行為の意味を捉えることが可能になった点を評価しつつ、その限界を指摘している。それは、相互行為自体を支える自明視された前提を問い直せない点にある。そこで、「科学的、教育的言説が、どのようにして事実として認定されるかを分析することによって、相互行為過程とそれによる秩序維持の営みに入り込み、作動している権力の微細なメカニズムを明らかにすること」が解釈的アプローチに求められると述べている（稲垣［一九九〇］）。

つまり、解釈的アプローチは言説が事実化される過程を分析することで、具体的な場の権力作用を捉えることを可能とする方法である。本書では、「先輩－後輩」の関係性を踏まえながら、「規

---

(13)　詳細は、赤川［二〇〇六］を参照のこと。

(14)　元京都大学大学院教育学研究科教授。専門は教育社会学。教師―生徒間の相互行為分析に従事し、近年は女性の教育と教養文化の歴史社会学的研究を展開している。著書に『女学校と女学生』などがある。

律」と「自主性」を事実化していく生徒の実践を記述することが具体的な課題となる。この課題を明らかにすることで、次のようないくつかの利点が生まれる。

第一に、運動部活動の「規律」と「自主性」をめぐる言説の効果を見定めることができる点である。仮に、「指導者言説」に見られた傾向を生徒の実践においても観察することができたとすれば、その言説の効果を例証する一事例として位置づけることができるかもしれない。また、「規律」や「自主性」を生徒が事実化していく過程は、指導者が語ったものとしての言説が生徒によって現実のものとされていく過程を捉えることでもある。つまり、生徒の実践に着目することで、「規律」と「自主性」が現実にはらむメカニズムを浮き彫りにできるかもしれない。

第二に、「指導者言説」それ自体の意味を問い直すことが可能な点である。具体的には、「指導者言説」では語られなかったことが、生徒の実践に見いだせるかもしれない。そして、その実践にこそ、運動部活動の可能性や限界が潜んでいるかもしれない。

すなわち、「規律」と「自主性」が事実化される過程を記述する作業は、「指導者言説」と生徒の実践を架橋する蝶番《ちょうつがい》の役割を果たすのである。これらを踏まえて、第2部ではA高校陸上競技部を事例に挙げて生徒の実践を記述していく。

第1部

指導者における「規律」と「自主性」

第2章 なぜ、指導者は冗長に語りはじめたのか？
――「規律」と「自主性」の配分問題の誕生

1 対象としての「指導者言説」

本章を含む以下三つの章では、「指導者言説」への歴史社会学的アプローチを通して、運動部活動における「規律」と「自主性」をめぐる言説の系譜を辿っていく。第1部では、指導者が著した書籍、単一の指導者や運動部を丹念に追ったノンフィクションなどを資料として分析を行うが、ここではその概要と選定理由、特性などについて述べておこう。

まず、書籍の抽出は国立国会図書館データベースとAmazon.co.jpを用い、日本高等学校体育連盟において加盟登録状況が集計されている三六種目および野球について、「高校　各種目名」

をキーワードに検索した。(1) この検索結果をもとに、指導者自身が著したもの、単一の指導者や運動部が取り上げられていると思われる書籍を抽出した。

また、抽出された書籍で取り上げられている指導者名をAmazon.co.jpにおいて検索したほか、そこで提供されている関連商品の提示サービスや抽出した書籍で紹介されているものなどにも目を配り、関連書籍をできるだけ多く抽出できるよう努めた。その結果、一九七五年から二〇一三年にかけて出版された一四五冊の書籍を抽出した。

抽出した書籍については、巻末資料として本書末尾にリスト化してある。そのなかには、のちに文庫版や改訂版が存在するものが複数あるが、とくに断りのない場合は初版本を対象としている。なお、これ以降「指導者言説」に関する書籍の引用に際しては、巻末資料に記載している資料番号をもとに「(資料番号、引用ページ)」といった形で記述することにしたい。文庫版や改訂版から引用する場合のみ、これまでの記述方式を踏襲する。

続いて、本書で扱う資料の対象年代と時期の選定理由について説明しておく。

本書が高校の指導者を対象とした理由は、端的に中学校の指導者が書籍という形式を通じて語り得る位置づけにないからである。試しに、国立国会図書館データベースを用いて高校でもっとも多かった野球について検索したところ、中学年代に特化した指導法などに関するものがいくつか見られたものの、本書の対象に近い書籍を抽出することはできなかった。これは、中学校よりも高校の指導者に何かが仮託されていることの証左である。「甲子園」、「高校サッカー」、「春高バレー」といった形でメディアに大きく報じられている現状を鑑みると、私たちは高校レベルの運動部活動からより多くの何かを受け取っていると考えられる。

これと同様に、対象とする「指導者言説」を二〇一三年で区切ったのにも理由がある。なぜなら、この年に出版された書籍において、指導者たちが初めて二〇一二年末に起こった桜宮高校の体罰問題に言及するからである。すでに触れたように、この問題以降さまざまな話題を通して運動部活動に関する問題が可視化されてきた。また、「指導者言説」に内在した視点から述べると、この事件を機に、指導者が運動部活動の問題に自己言及しはじめるという新たな側面が見いだせるようにも思える。

しかし、その分析を十分行える位置に筆者はいない。というのも、フーコーが指摘するように、自分自身を取り巻く言説を記述することには困難が伴うからである。「我々には、我々自身のアルシーヴを記述することができない」のだ（フーコー［二〇一二］二四八～二四九ページ）。と

（1）陸上競技、ラグビーフットボール、自転車競技、空手道はそれぞれ陸上、ラグビー、自転車、空手で検索し、体操競技・新体操、競泳・飛込・水球、テニス・ソフトテニスはそれぞれ体操、水泳、テニスと一括して検索した。陸上競技のみ、駅伝に関する著作が出版されていることが想定されたため「高校　駅伝」を検索ワードに加えた。なお、最初に検索を行ったのは二〇一四年九月六日であり、対象の書籍リストは適宜更新していった。

はいえ、フーコーは次のようにも述べている。

> アルシーヴ一般について今日語ることを可能にしているそのアルシーヴのシステムに接近しなければならないのではないか。（中略）それはすなわち、我々に近接していると同時に我々の現在性とは異なるものとして、我々の現在を取り囲み、その上に張り出して、それをその他性において示すような、時間の縁である。（フーコー、前掲書、二四九～二五〇ページ）

このような指摘を踏まえ、本書では運動部活動をめぐる言説空間に可能なかぎり接近する時間の縁《ふち》として二〇一三年を区切りとしたい。

それでは、資料の特性についても見ていこう。初めに、抽出された書籍における種目の内訳を見てみると、野球が八四冊、サッカーが一五冊、ラグビーが一一冊、バスケットボールが八冊、陸上競技が六冊、バレーボール、ハンドボール、柔道が四冊、登山が三冊、ボクシングと卓球が二冊、ホッケー、剣道、ソフトボール、テニスが一冊である(2)。

この結果を見ると、野球の指導者による書籍が圧倒的に多いことが分かる。けれども、これは資料の偏りを示しているというよりは、むしろ日本の運動部活動をめぐる言説が野球を中心に形成されてきたことを示唆している。その意味で、これまで高校野球や学生野球に関する多くの研究が積み重ねられてきたこともうなずける。(3) 重要なのは種目が異なるだけではなく、さまざまな差異（競技レベル、立場、環境）を内包する多様な指導者のなかで繰り返される「語り」を見いだすことである。

対象となる指導者の実績を分類すると、「全国大会優勝経験あり」が八九冊、「全国大会出場経験あり」が四〇冊、「全国大会出場経験なし」が一二冊、「不明」が四冊と、多くの指導者が全国大会での優勝、出場経験を有していることが分かる。このことから、運動部活動をめぐる議論で見過ごされてきたいわゆる強豪校を分析対象に含めようとする本書にとっては、「指導者言説」が資料として有益であることが理解できるだろう。

次に、抽出された書籍数の経年変化をグラフで示してみよう。このグラフには、大きく分けて

(2) ここでの数値の総計は一四七冊となるが、その理由は「資料57」を用いているからである。そこでは、野球、サッカー、ラグビーの指導者三名が取り上げられている。複数人の指導者を取り上げた書籍はこれのみ例外的に用いているが、それは以下三点の理由による。第一に、三名という少数の異なる種目の指導者が取り上げられているからである。第二に、ほかにも関連書籍がある指導者が取り上げられているからである。第三に、「まえがき」や「編集後記」で、異なる種目の指導者三名に通ずる点などを著者や編集者が講評している点である。とくにこの点は、種目を限定せずに運動部活動における「指導者言説」を分析しようとする本書にとっては有益である。

(3) その成果については、江刺・小椋編［一九九四］、有山［一九九七］、清水［一九九八］、坂上［二〇〇一］、中村［二〇一〇］などを参照のこと。

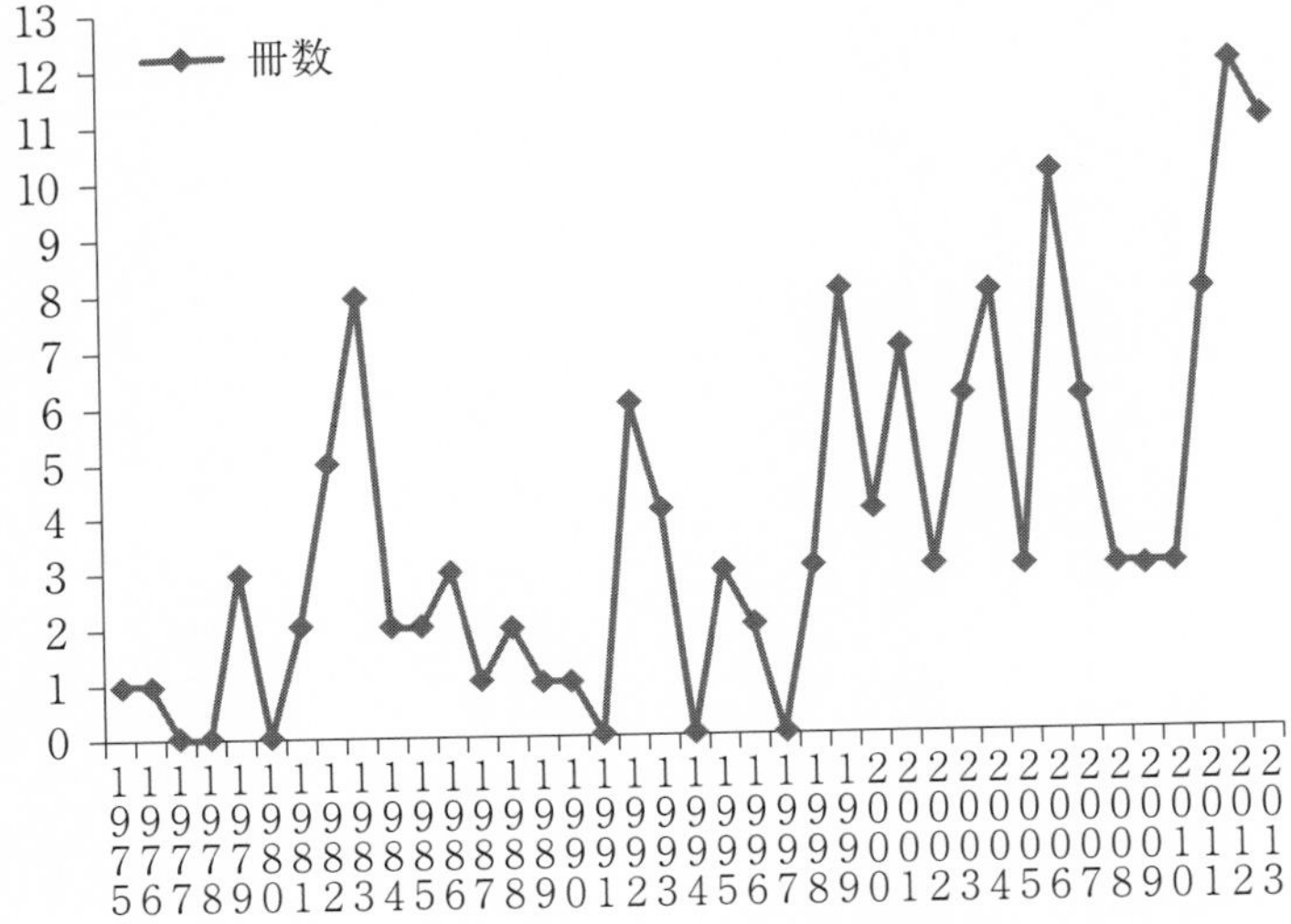

図2－1　指導者に関する書籍数の経年変化

三つの山を見いだすことができる。第一に、一九八三年を頂点とする山。第二に、一九九二年を頂点とする山。第三に、一九九九年以降の連続した山である。これらを鑑みつつ、本章では一九七〇年代半ばから一九九〇年代半ばまでの時期を、続く第3章と第4章ではその後の時期を論じていくことにする。

　本章で対象とするのは、一九七五年から一九九六年までに出版された書籍四七冊である。指導者の実績を分類すると、「全国大会優勝経験あり」が二五冊、「全国大会出場経験あり」が一二冊と、書籍全体の傾向と同様に多くの指導者が全国大会での優勝、出場経験を有していることが分かる。

　このように、資料の多くが実績のある指導

者を扱っていることは、何を示しているのであろうか。

議論を先取りすれば、おそらく私たちは、優秀な競技成績を収める指導者の言葉に何かを見いだしている。だからこそ、指導者は書籍を通じて冗長に語ることができたのだろう。では、優秀な指導者に見いだされる何か、、というのは、競技者を育成する方法や論理なのだろうか。本章では、むしろそうではないがゆえにこの時期に「指導者言説」が隆盛したことを論じていきたい。

手はじめに、「まえがき」や「あとがき」、また寄せられた推薦文などにおいて各書籍がどのような読者を想定しているのかを分析すると、「指導者、スポーツ関係者」が一九冊、「選手、生徒、若者」が一五冊、「ファン」が六冊、「教師、教育関係者」「あらゆる人々」が四冊(4)、「親」が二冊、「経営者、企業人、社会人」が一冊である。ここから分かるのは、「指導者言説」がスポーツの指導論としてのみ書かれたわけではなく、多様な人々を対象としていることだ(5)。

(4)「あらゆる人々」を対象とした書籍に集計した四冊の内一冊は「資料6」の文庫版として出版された馬場［一九八五］である。初版本と内容に変更がないうえ、文庫版出版まで四年しか経っておらず、この書籍の社会的位置づけが急激に変化したとは考えにくい。これらを踏まえ、当初においても同様の対象が想定されていたと推論できることから「あらゆる人々」を対象としたものに含めて集計した。

(5)同一書籍において複数の対象が言及されることもあるため、ここでの冊数は延数である。なお、対象として「指導者、スポーツ関係者」にのみ言及する書籍は六冊であった。また、対象について言及のない書籍は一八冊となっている。

一九七〇年代半ば以降、指導者たちは書籍を通じて冗長に語りはじめた。しかも、その多くが「批判の的」ともなってきた強豪校の指導者たちであり、その語りの宛先も多様なのである。なぜ、この時期に指導者は突如として冗長に、しかも多様な人々を対象に語ることができるようになったのだろうか。そこでは何がどのように語られたのだろうか。それが、本章の主要な問いである。

２ 荒れた学校の一九八〇年代——指導者はいかに生徒と対峙したか

「指導者言説」の分析に入る前に、本章で主に分析する一九七〇年代半ばから一九八〇年代がどのような時代であったのか、学校教育を中心に振り返ってみたい。

広田照幸によれば、一九六〇年代までの学校で生起する諸問題は単なる偶発的な出来事として処理され、世間の注目を浴びることはなかったという。しかし、一九七〇年代から一九八〇年代にかけて「社会問題としての学校」という像が立ちあがってきたと広田は指摘している。広田は、その要因を学校・教師と親との力関係に焦点化し、二つの観点から答えている。

第一に、「豊かな社会」の到来による人々の生活水準や教養水準の上昇が、旧来の学校の正当性の基盤であった地域の親や子どもに対する文化的優位性を掘り崩したことである。第二に、経済水準の上昇により、子どもに注ぐ時間的・経済的余裕を増加させ、学校内部の出来事に知識と関心をもつ親が増えたことである（広田［二〇〇一］）。

同様に、元東京大学教育学部教授の藤田英典[7]によれば、一九七〇年代半ばまでの主要な教育問題は戦後復興と高度経済成長の過程で顕在化してきた地域社会の再建、集団就職、青少年非行、暴走族といった学校外での問題が中心だったという。ところが、それ以降に問題化したのは、「校内暴力」、「対教師暴力」、「いじめ」といった「荒れる学校」の問題だった。このように、一九七〇年代半ば以降、教育問題の重点が学校外から学校内に移り、一九八〇年代には「登校拒否」、「高校中退」といった「学校教育の拒否」という問題にまで至ったのである（藤田［一九九一］）。

学校内部に問題が見いだされるようになったこの時期は、義務教育ではない高校へ誰もが進学する社会の成立とパラレルでもあった。一九五五年時点で五一・五パーセントにすぎなかった高校進学率は、一九七四年に九〇パーセントを超え、高校は「行けば得するところ」から「行かないと損するところ」に変容したのである（香川ほか［二〇一四］）。

こうした当時の状況を元森絵里子[8]は、「教育は社会や『子ども』にとっての、『子ども』は社会や教育にとっての、希望から不安へと変化した」という卓抜な表現で示している（元森［二〇〇

（6） 現在、日本大学文理学部教授。専門は教育社会学。『陸軍将校の社会史』、『日本人のしつけは衰退したか』、『教育は何をなすべきか』など著書多数。

（7） 専門は教育社会学。『子ども・学校・社会』、『教育改革』、『安倍「教育改革」はなぜ問題か』など著書多数。

九」一一一ページ)。このような不安を表すかのように、当時の子どもや若者たちは、一九七〇年代に「しらけ（アパシー)」、「無気力なモラトリアム人間」、一九八〇年代には何をしでかすか分からない「新人類」や「スキゾ・キッズ」といったように、次々とラベルが張り替えられながら問題化されてきた（小谷編［一九九三］)。

では、当時の時代的・社会的文脈のなかで、運動部活動の指導者たちは何を語っているのだろうか。それでは、指導者たちの声にいよいよ耳を傾けていくことにしよう。

「人間教育」としての運動部活動

本書が分析する「指導者言説」の端緒が、佐藤道輔《みちすけ》の『甲子園の心を求めて――高校野球の汗と涙とともに』である。甲子園出場こそ叶わなかったものの、東京都立東大和高校を率いて西東京大会を二度の準優勝に導いた指導者である。(9) 佐藤は以後五冊の著書を出版し、合計六冊の関連書籍がある（資料1、5、24、26、36、48)。

当時の新聞では、先に紹介した『甲子園の心を求めて』と、その続編である『続・甲子園の心を求めて』の出版が伝えられている（朝日新聞東京版、一九七五年七月七日、一九七九年六月四日付朝刊)。いかに佐藤が、当時の人々の耳目《じもく》を集めた指導者であったかが分かるだろう。

そんな佐藤の主張は一貫している。「真の甲子園の心は、汗の中にもがき、泥土の中に泣いた練習のグランドにあるのだ」と述べるように、練習の過程にこそ意味を見いだすのである（資料1、一ページ）。言い換えれば、「野球だけをやっていればいいのではない、青春にある者として、いや人間としての〝心〟を育てていかなければならないのだ」と、競技ではなく「人間教育」として運動部活動を捉えているのである（前掲資料、三五ページ）。このように、「指導者言説」の端緒となる書籍が「人間教育」を中心に構成されていることは興味深い。

なぜなら、「人間教育」としての運動部活動という主題は、ほかの指導者たちの間でも頻繁に語られているからである。実際、この時期に出版された書籍四七冊の内、二七冊で「人間」という言葉とともに教育としての運動部活動の重要性が語られている(10)。

たとえば、横浜高校野球部監督の渡辺元は、「常に高い目標を持ち、それに向かって努力する過程が一番大事だ。そうやって選手達は人間的にも大きく成長していく」と言っている（資料11、

(8)　現在、明治学院大学社会学部教授。専門は子ども社会学、歴史社会学。著書に『「子ども」語りの社会学』、『語られない「子ども」の近代』などがある。

(9)　ここ以後、掲載する指導者の肩書は当時のものである。

(10)　「人間」という言葉が用いられずとも、一二冊の書籍では「教育の一環としてのクラブ活動」（資料12、四一ページ）、「体で覚えた教育」（資料22、一三一ページ）、「人格の形成」（資料29、一六ページ）、「努力することに大きな意義」（資料33、一七五ページ）、「人生の基礎づくり」（資料39、一〇三ページ）、「スポーツと勉強の両立」（資料41、一一一ページ）といった形で、教育としての運動部活動の重要性が語られている。

二二八ページ）。また、天理高校柔道部を率いてインターハイ優勝に導いた加藤秀雄も、「指導者の心がまえの核は『柔道修業の目的は人間形成にある』という考えである。この考えに立って柔道を教えるというより人を育てることに主眼をおいた指導に徹してきた」と述べている（資料25、二二九ページ）。さらに、序章の冒頭で引用したように、「高校野球では、野球の技術を教えるだけが目的ではない。技術より先に必要なことがある。それは、人間を鍛えるということだ」と蔦《つた》は語っていた（資料18、一一ページ）。実は、ほかの著作において蔦は次のように述べている。

真正面から教育を語ってくれとか言われると、逃げ出したくなる（笑）。私が、私なりの教育論を語る本を出してくれと言われて往生しました。つらかった、正直いうて。苦痛ですわね、私にとっては。好きな野球を語っているのが、一番気楽でいいんですよ。『本音』で話せますから。（資料19、一六一ページ）

ここで重要なのは、「人間教育」について蔦が虚偽を語っている可能性を吟味することではない。むしろ、彼がほかの場所で社会的期待に沿って発言していたからこそ、このような本音が語られていることが重要である。すなわち、これは、「人間教育」としての運動部活動が当時の社会に求められていたことを示す重要な証言である。

このように、多くの実績ある指導者にとって運動部活動の目的は意外にも「競技者」ではなく「人間」を育てることにある。けれども、それは決して勝負を捨てることと同義ではない。佐藤は、「試合に勝つことは、『練習』という『日常性』の裏付けをしっかりと果たしてこそ、はじめて達せられるものである（中略）その意味においてこそ、はじめてグランドは教室に通じ、生徒の生活すべてに通じる、いわば『人間性』の向上を目指した『教育』の場となり得る」と言っている（資料1、一五八〜一五九ページ）。つまり、「人間」を育てることが優秀な「競技者」を育てることにもつながるというのである。

ではなぜ、この当時「人間教育」という主題が浮上したのだろうか。帝京高校サッカー部監督で、数多くの全国大会優勝経験をもつ古沼貞雄は、「いまの子どもは物質文明に毒されている」と題した箇所の冒頭で次のように語っている。

子どもたち自身の〝罪〟は甘ったれであること、わがままであること、利己主義であること、利己主義だから他人の迷惑を顧みないこと、無気力であること、無感動であること、なにごとにも無関心であること、劣等感を持つこと、いろいろ見出せると思います（中略）無気力・無感動・無関心（これは「三無主義」などともよばれます）であると、結局自分のなかで意識革命をせず、向上心も芽ばえてこないのです。（資料13、一三二ページ）

このように、指導者の間で生徒の利己主義、無気力、無感動、無関心といった問題や、豊かな時代に過保護に育てられてきた生徒たちのハングリー精神の欠如などが認識されていたのである（資料18、八〇～八三ページ）。その典型的な例として、いわゆる「落ちこぼれ」の問題が挙げられる。

一九八〇年代に高視聴率を獲得したテレビドラマ『スクール☆ウォーズ』（ＴＢＳ系）のモデルともなった伏見工業高校ラグビー部監督の山口良治が「落ちこぼれ」に立ち向かう姿は、当時求められていた指導者像を象徴している。[11]「〝三無主義〟（無気力・無関心・無感動）に汚染されていた」という、当時の部員たちには何が必要だったのだろうか（資料7、二四二ページ）。

山口は、教師と生徒、親子、コーチと選手といった関係に一番欠けているのが「信頼」という二文字で表される、本当に厳しい愛情や他人を思いやる心であるという（前掲資料、二一四ページ）。「泣き虫先生」と呼ばれながら、信頼関係を築くために全力で生徒に対峙《たいじ》し、時には「こんな親には子どもを任せておけぬ」と言って、親に代わって生徒に体罰も振るう山口は、「私自身の熱い涙をもってして、子どもが私に心を開かなかったことは一度もありませんでした」と、その成果を語っている（前掲資料、一九四～一九七ページ）。

言い換えれば、古沼が述べるような「情熱」や「気力」に基づく「体を張った教育」の重要性を指導者たちは指摘しているのである（資料13、三六ページ）。こうした姿勢について、東大和高校の佐藤も次のように述べている。

教育の場において教師が生徒に対する姿勢の根底には〝闘い〟の姿勢がなければならないと信じている。教師の心の根底にある裸の人間としての対決の姿勢なくして、生身の人間としての生徒を奮起させ、伸ばし、育てる真の指導はあり得ないのではなかろうか。教師にとっていちばん大切なことは、いわばこの〝捨て身〟の精神である。（資料1、二一一ページ）

山口の指導に典型的なように、「人間教育」としての運動部活動という主題のもとで、時には体罰も辞さない指導者の強力なリーダーシップを通じて「規律」中心の指導が行われていたかに見える。では、当時の「指導者言説」において「規律」と「自主性」はどのように語られているのだろうか。以下では、二つの特徴的な語りに着目する。一つは、「規律」と「自主性」が密接に結び付いた語りであり、もう一つは、むしろ両者を明確にすみ分けようとする語りである。

（11）山口に関連する資料6のほかに、当時タイトルに「落ちこぼれ」が含まれる書籍として、横浜高校野球部を題材とした資料8がある。いずれも、「落ちこぼれ」と呼ばれた生徒たちが、スポーツを通して日本一になる過程が記されている。

自己規律化した振る舞いにおける「自主性」

東大和高校の佐藤は、先の引用直後に「偽りの愛情や、見せかけだけの生徒の人格尊重、そして自主性の尊重という風潮の中に、いったい生徒たちは何を得て巣立っていくというのだろうか」と語っている（前掲資料、二一一ページ）。「見せかけだけの～自主性」と述べられているが、一体どういうことであろうか。

彼は、生徒を取り巻いているモノや安直な娯楽が満ちあふれている環境を「安易なもの」であると断じている。そんな状況下で、困難な道や苦難に立ち向かうことを要求するのは難しい。しかし、明解な論理と指導者自身の熱意があれば、生徒はそれに答えようとするし、実はそのような要求を望んでいるのだ、と佐藤は語っている（前掲資料、一六〇ページ）。つまり、現状の生徒に「自主性」をもちだすことは、むしろ「安易なもの」へと流れていくことになりかねないと危惧しているのである。

佐藤は「生徒を鍛え、生徒をノック・バットで変えていかねばならぬ」、「もっともっと汗の中にもがき、泥の中に泣かねばならぬ。血涙の練習を積まねばならない」と述べている（前掲資料、二〇、三四ページ）。そんな佐藤にとって「自主性」は、「練習とは、他人から言われてやるものではない。練習は、自分の意志で励むもの」という意味で用いられている（資料26、一一ページ）。つまり、ここでは、指導者が課す厳しい練習に自ら進んで打ち込むことが「自主性」として捉えられているのである。こうした語りは、ほかの指導者にも見られる。

たとえば、佐藤と同様に甲子園への出場経験こそないものの、「高校野球たるべき姿を集約して表現している」と称された千葉県立成東高校野球部監督の松戸健を挙げることができる（資料2、二ページ）。

松戸は、走ること、素振り、シャドーピッチング、直接野球に関係ないサーキット・トレーニングやウエイト・トレーニング、ウサギ跳びなどが必要なのは、野球の厳しさ、機敏さに耐えうる基礎体力を養うためだという。そして、その意味が十分に理解されれば、生徒は「厳しい練習にも自主性が持て自らに勝つ気持《ママ》が持てるだろう」と述べている（前掲資料、一六一～一六二ページ）。

また、兵庫県立尼崎北高校野球部監督で第五一回全国選抜高校野球大会にも出場した西山昌扶は、練習において実力による班別のランク付けを実施している。そのなかで、「自分は三班だから、もう少し努力すれば二班の○○を抜ける。頑張ろう」、「自分は三塁手の二班だが、○○との差は打力にあるので、家でもティー・バッティングをしたり、バッティングセンターで打ち込んで打力を伸ばそう」、「自分は今一班にいるが、うかうかすると○○に抜かれそうだ。頑張らなくちゃ」といった形で、選手の自発的な努力を期待しているという（資料10、四〇ページ）。

さらに、前掲の加藤は「練習は自主的、意欲的にやってこそ効果が上がる」と、一見「自主性」

を重んじた指導を重要視しているかのような語りを見せる。けれども、そこにあるのは生徒との間に信頼感がない練習は成果も上がらないため、猛練習の開始は生徒が必要性を感じるまで気長に待つという判断である（資料25、一一五ページ）。加藤は次のように述べている。

いくら指導者が先頭に立って引っぱっても、生徒にやる気がなければ、指導者の熱意は空まわりするだけである。生徒が自主的に練習に取り組むように持っていくのが指導者の第一の務めであるが、指導者の思いに添って生徒が自主的に練習に取り組んでくれるときほど嬉しいことはない。（前掲資料、一二〇〇ページ）

これらを読むと、指導者の意図に添った厳しい練習にも自主的に取り組む態度が重視されていることが分かる。いわば、「自己規律化した振る舞い」とでも呼べるものが指導者によって要請されているのだ。それは、単純に「規律」を課すのではなく、指導者の課す「規律」それ自体に向かって「自主性」を発揮する態度を生徒に育むことである。

しかし、このような語り方が当時の主流では決してなかった。なぜなら、指導者たちは、「規律」を課されることそのものを嫌う生徒と対峙しなければならなかったからだ。

練習と試合のすみ分け

当時の指導者を悩ませていた問題というのは、もはや「規律」一辺倒の指導では生徒がついてこないという事実である。三重県高体連山岳部長、三重県山岳連盟理事長を歴任し、長年公立高校で山岳部の顧問を務めた吉住友一は次のように語っている。

（当時の教育の荒廃は：筆者補記）肉体と精神のバランスを欠き、倫理の根本を欠落させた子どもたちが増えてきたことにあるのではないか。カネと物を万能視し、安っぽい便利さばかりを追求してきた大人社会のひずみが、そうした子どもたちをつくりあげてきた（中略）七月の夏山合宿には是が非でも引っ張り出して、グウの音もでないほどにシゴキあげてやろう、とぼくは手ぐすねを引いていた。ところが、どうしたことか、いくら誘っても誰一人乗ってこない。（資料20：六五ページ）

このような生徒たちと対峙《たいじ》するときのことを、前掲した渡辺も「私は以前スパルタ教育で選手を指導してきたが、近年その方法が間違っているのではという疑問に悩まされてきた」と率直に語るほど、「規律」的指導に対する懐疑が指導者自身の内に生じていたのである（資料11、二五三ページ）。

「人間教育」を主眼に情熱的に体を張って生徒に向きあっても、自身の指導についてきてもらえなければ意味はない。では、この問題に指導者たちはどのように対処したのだろうか。それは、「規律」と「自主性」を異なる場面ですみ分けることによってであった。蔦《つた》は以下のように明快に述べている。

選手たちに練習を指導するときは、私は徹底的にきびしい姿勢でのぞむように心がけている。つまらないミスや、ボーンヘッドを見つけたときは容赦なく叱りとばす（中略）また、ときには非情とも思えるほど、特訓を課すこともある（中略）ところが、いざ甲子園の晴れの舞台となると、私はガラッと態度を変える。もうゴチャゴチャとうるさいことはいっさい言わず、のびのびとプレーさせる。（資料18、一三三ページ）

すなわち、蔦は「規律」と「自主性」を練習と試合ですみ分けるという技法を用いたのである。(12)ここで注意すべきは、この当時「規律」が「自主性」よりも傾斜的に配分されている点である。「強い若者を育てるためには、ハングリー精神を鍛えることも必要だ」と語るように、あくまで「規律」を課し、生徒を鍛えることが重視されていた（前掲資料、八一ページ）。

たとえば古沼は、部員におもねってはならないと述べつつ、厳しすぎるのも考えものだと語っている。指導においてはアメとムチを使い分けることが必要であり、その比率はアメが二～三、ムチが七～八であるというのである（資料13、五九ページ）。

また、「規律」は運動部活動の場面を越えて、日常生活にまで及んでいる。伏見工業高校の山口は、当時の荒れた生徒たちに対してルールに対する心構え、矜持《きょうじ》を教え込むことからはじめ、その指導はラグビーだけでなく学校や社会のルールにも及んだと述べている（資料7、五九～六〇ページ）(13)。

とはいえ重要なのは、このように「規律」が傾斜的に配分されるなかで行われる指導を非合理・非科学的なものとして断じることができない点である。蔦《つた》は「体力をつけるには、ただやたらに走ったり、ウサギ跳びだけをしてみてもダメだ。ヘタをすれば体をこわす」と言い、「科学的・合理的なトレーニングシステム」の必要性を指摘した（資料18、八四ページ）。

実際、蔦は金属バットの解禁に対応するためには選手にパワーが必要であることを認識し、当時は珍しいトレーニングマシンを導入したり、国士舘大学で合理的なトレーニング方法について

(12) 同様の技法は、和歌山県立箕島高校野球部監督の尾藤公（資料3、二〇ページ）や前掲の渡辺（資料11、二三四～二三六ページ）、古沼（資料13、二一ページ）などにも見いだすことができる。

(13) その一方、体罰も辞さない指導を行っていた山口は、意外にも試合だけでなく練習でも「自主性」を重視している（資料7、一七九～一八〇ページ）。これは、のちの言説を先取りする先駆的なものである。

学んだという同僚の高橋由彦に指導を委ね、サーキット・トレーニングなどを取り入れている（資料15、一一二～一一五ページ）。

同様に、和歌山県立箕島高校野球部監督で甲子園春夏連覇を果たした尾藤公も、地元で開業医をしていた楠本博一に指導を仰ぎ、医科学に基づく水分、栄養の補給、体力測定による選手の特徴の把握などを行っている（資料4、七九～八八ページ）。このような実践が可能なのは、彼らが経験論に頼ることなく、他者の意見を柔軟に取り入れる貪欲な姿勢をもっていたからだという関係者の証言も存在する（資料3、viiiページ・資料16、一七二ページ・資料28、六～八ページ）。

ここにあるのは、「〝古くさいヤツ〟と思われると、生徒のほうでついてこない」（資料13、七六ページ）、「何ごとも精神論は通用しねえんだ。いまの子供らには」（資料23、二一八ページ）といった状況で、時代や生徒に合わせつつ工夫を凝らす指導者たちの姿である。

ただし、繰り返すが、それは単に生徒におもねることではなかった。蔦も、「〝しごき〟のような非合理的なものは排除すべきだ。そんなことをしても、だいいち今の子どもたちには通用しない」と述べている（資料18、七八ページ）。しかし実際は、ヒットを打てない生徒への罰走や、技術面では効果のない山登りなど、非合理的な練習を取り入れている（前掲資料、八〇～八一ページ）。こうしたさまざまな技法を織り交ぜつつ、当時の指導者は生徒を「人間教育」に導こうとしていたのである。

このように、あくまで試合という限定的な場面とはいえ、指導者が「自主性」を重要な技法として用いていたことは注目に値する。なぜなら、この時期は、「自主性」の空洞化の歴史として描かれてきたからである。

早稲田大学スポーツ科学学術院准教授の中澤は、一九七〇年代後半から一九八〇年代にかけて頻発した校内暴力などの問題を背景に、運動部活動が管理主義教育と結び付きながら生徒指導の手段として用いられたことを指摘している。それは、運動部活動によって生徒が管理され、抑圧されることであり、事実上も理念上も「自主性」が空洞化したという。しかし同時に、「自主性」の空洞化をもたらす管理主義にも批判が向けられ、「自主性」の理念そのものが消え去ることはなかった（中澤［二〇一四］一四四～一四五ページ）。

すなわち、「規律」が運動部活動の中心に位置づいた状況に対して、「自主性」という教育的価値の復権が目指されたのがこの時期だということである。しかし、指導者の間では「規律」と「自主性」という教育的価値の対立が問題ではなく、むしろ「規律」の限界が露呈するなかで、いかに「自主性」を取り入れつつ「人間教育」を行うかが問題となっていた。言い換えれば、この時期の「指導者言説」には、「規律」と「自主性」の二項対立それ自体が解体され、両者の配分問題が生起しているのである。その答えが、「規律」と「自主性」を練習と試合にすみ分けるという技法であった。

3 「指導者言説」の停滞——語らなくなる指導者たち

　ここまで、主に一九七〇年代半ばから一九八〇年代にかけての「指導者言説」について論じてきた。**図2－1**（五六ページ）で見たように、一九九〇年代に入ると一九九二年を頂点とする少し高い山がある。では、そこに何らかの変化を見いだすことはできるだろうか。結論から言えば、一九九〇年代前半の「指導者言説」は概ねそれ以前の言説の系譜に位置づけることが可能である。この当時の「指導者言説」は、むしろ停滞感やある種の既視感《きしかん》をもって私たちの目の前に現れる。

　たとえば、この時期には「スター指導者」とでも呼び得る存在が生みだされていない。一九八〇年代までの時期を振り返ると、蔦《つた》に関する著作がもっとも多く、一九八二年から一九八四年までの短い間に八冊出版されている（資料9、15、16、17、18、19、21、22）。

　また、この時期に複数冊の関連書籍がある指導者を挙げると、佐藤が四冊（資料1、5、24、26）、尾藤が三冊（資料3、4、28）、山口が二冊（資料6、7）、渡辺が二冊（資料8、11）、松戸が二冊（資料2、29）である。これを一九九〇年代半ばまでの時期に敷衍《ふえん》してみても、複数冊の関連書籍がある指導者は、日大三高、千葉県立千葉商業高校、千葉県立八街高校などの野球部監督を歴任した鈴木康夫が加わるのみである（資料31、37、44）(14)

このような状況で語られるのは、おおよそ一九七〇〜一九八〇年代的なものの反復である。その端的な例として、ここでは秋田県立能代工業高校バスケットボール部監督で全国大会優勝三三回（全国高校選抜一一回、インターハイ一一回、国体一一回）の実績を誇る加藤廣志の『高さへの挑戦――こうしてつかんだ栄光の全国V三三』を挙げておこう。[15] 同書籍の出版元である秋田魁新報社社長の林善次郎は、「改訂版刊行に寄せて」という文章で次のように述べている。

本書は在任中に全国優勝三十三回の偉業を打ち立てた能代工業高校バスケットボール部前監督の加藤廣志氏が、三十年余にわたる指導の足跡をたどった回顧録として、平成四年七月に発刊いたしました。以来、これまでに四刷を重ねていずれも完売、いまなお秋田県内はもとより全国から増刷の要望が寄せられております（中略）地方の無名のチームが全国の頂点に立つま

(14) 一九九〇年代全般に拡張してみても、複数冊の出版は既出の渡辺の三冊（資料55、56、57）、佐藤の二冊（資料36、48）のほかには、定時制高校でボクシングを教え、インターハイ優勝者を育てた脇浜義明の二冊（資料47、54）のみである。

(15) 同書は、初版本である資料34が一九九二年に出版されたあと、改訂版が一九九八年に出版されている。構成の変更などがあるものの内容に変更はなく、後継者の加藤三彦との対談などが加筆されていることから、以後同書籍の引用・参照は改訂版に依拠する。

では、監督対選手の域を越えた、人間対人間の、悲喜哀歓のドラマが双方にあったことを、本書は伝えています。指導者の何が、ここまで部員一人ひとりに浸透し、心を揺り動かし、高いレベルに導いたのか、本書を通してたどる能代工業というチームの軌跡は巧まずして人間教育の一つの姿を示しているように思われます。

初版が完売し、改訂版が出版されるに至る経緯から、当時非常に影響力のある書籍であったことが読み取れる。その加藤の書籍が、ここでは「人間教育の一つの姿を示している」と形容されている。では、具体的にどのような指導がなされていたのであろうか。ひと言で表せば、「厳しい練習」である。

「考えてみると、バスケットボールというのは上背を比べるものでもなく、ましてやリングへの距離の近さを競うコンテストでもない。一個のボールをめぐって縦横無尽にコートを移動しながら、互いのゴールを目指す競技なのである」と言う加藤が目指すのは、「平面バスケットボール」である。その具体的戦術として選択されたのが、敵陣内でも積極果敢にボール奪取を目指すオールコートのゾーンプレスディフェンスである。この戦術を磨きあげるために、長時間の練習は強いないまでも、四〇分間という試合時間をフルに走れる脚力とスタミナをプレーのなかで養い続けた、と加藤は述べている（加藤［一九九八］序章）。

いくら長時間の練習ではなかったとはいえ、その内容が濃密であることは想像に難くない。同書では、本文の随所に関係者からのコメントが付される構成となっているが、そこには教え子たちによる次のような回想が記されている。

「平面が立体を制す」は、私にとっては耳にタコができるほど毎日のように聞かされた言葉でした。「百点取られたら百点取り返せ。百点以上のゲームをやれば相手もスタミナが切れる」。加藤先生はもちろん、私たち選手はそれを合言葉に、オールコートゾーンプレスの完成を目指して、ひたすらコートを走り続けました。卒業時には、三年生わずか五人しか残らないほど厳しい練習でした。（前掲書、一二四ページ）

高校時代、私は加藤先生のことを「先生」と思ったことがほとんどなかった。それは、むしろ心の通わない「鬼」にすら見えたといっても過言ではない。なぜならば、授業中は勉強に集中すべし、私生活は高校生らしい態度と礼儀をもって行動すべし。さらにバスケットの練習においては、常に体力を精神力の限界まで挑戦するよう、私たちに要求したからだ。それも一年中である。（前掲書、二二九ページ）

中学のころから能代工業の練習は厳しいと聞かされていましたが、実際、初めて練習を見た時には本当に驚きました。始めから終わりまで走りっぱなし。それに先生の厳しいまなざし。私は唖然とし、この練習についていけるのかどうか不安でたまりませんでした。（前掲書、二五三ページ）

これらの語りから、練習のみならず学校生活での「規律」が厳しく求められていたことが理解できる。けれども、加藤の指導はただ厳しいだけではなく、ほかの指導者と同様に合理的・科学的な思考に基づいたものだった。たとえば、「コートでの練習が終わってからは、全員のミーティングを主体にした勉強会、アメリカから直輸入の雑誌を広げ、バスケットに対する熱い思いを語ってくれた」と、教え子が指摘している（前掲書、七七ページ）。

また、加藤自身もアメリカのケンタッキー大学で長らくコーチを務めたアドルフ・F・ラップ（Adlph Frederick Rupp, 1901～1977）の指導書『Rupps BASKETBALL』（宮本保夫・世良実訳、雄鶏社、一九五一年）に影響を受け、彼のような人を思いやり、合理的かつ進歩的な指導を理想としていたという（前掲書、五七～五八ページ、八六ページ）(16)。教え子であり後継者でもある加藤三彦は、このような加藤の指導を次のように総括している。

バスケットボールに限らず、スポーツは今、「根性もの」「ハングリー精神」といったものを中心に指導した時代から、科学的データに基づいたものを中心に指導する時代へと変わってきている（中略）マスメディアによって、本場アメリカの指導法が日本に入ってくる以前から、能代工バスケットはひとつの理念に基づいて科学的に練習して来たといえる。そこに能代工（加藤廣志先生）のバスケットの伝統が隠されているのだなあと感じずにはいられない。（前掲書、三三六ページ）

ところで、加藤の指導において「自主性」はどのように位置づけられていたのだろうか。彼は、以下のように述べている。

理論上では分かっていても、なかなか生徒は思い通りに動いてはくれない（中略）指導者がその練習方法に確固たるポリシーを持っていないと、生徒はそれを見抜き、決してついてはこ

(16) 加藤は、一九六一年の春に当時日本一だった中大杉並高校に遠征に赴いた際、「中大杉並の野口監督こそは、そうした指導方法（ラップのような合理的・進歩的指導：筆者補記）を取り入れているものと勝手に思い込んでいただけに、ギャップに戸惑った。長時間練習に加えて、疲れきった選手を集めての歌合戦。『これじゃ暴君と一緒じゃないか』、と私は思っていた」と回想している（加藤［一九九八］八六ページ）。

ない。すべて教師の責任なのである。生徒に目的意識を持たせ、この練習を継続することこそがベストだ、という暗示をかけるぐらいの気構えが指導者には必要なのだ。（前掲書、一三四ページ）

ここでは、確固たるポリシーに基づいた目的に向かって、生徒を自主的な練習へと導こうとする態度が指導者に求められている。すなわち、自己規律化した振る舞いにおける「自主性」がここでも要請されているのだ。(17)

その一方、試合で「自主性」を重視していたことも読み取れる。対談のなかで、教え子の加藤三彦が「生徒も一〇〇%は《ママ》加藤先生に従っているように見せかけておいて、実は俺はこう思っているんだ。いつかチャンスがあれば認めてもらいたい、みたいな部分を持っていると思いますよ」（前掲書、三八〇ページ）と発言したことに対して、加藤は次のように応じている。

例えば、タイムを取る時に、うちの生徒たちは私が指示しても、私の裏をかくようなことを平気でやってくる（中略）私はそういうことを許してきた。普通の監督だったら、選手がそういうことをすると「俺の言う通りにやらないなんてバカじゃないか、そんなのは得点じゃないよ」ということになる。私だったら、自分が気付かなかったプレーを生徒がやったら逆に「よくやった」と褒めてやる。野球なんかで、監督が出すサインをよまれていてもその通りに強行して負けたりなんてことがよくあるでしょう。（前掲書、三八〇ページ）

このように、それぞれのエピソードや語りは非常に印象的であるものの、それらは総じて一九八〇年代までに見られた言説の系譜に留まっているように思える。ここでもう一人、この時期の指導者で検討しておきたいのが静岡学園高校サッカー部監督の井田勝通《まさみち》である。

井田に関する書籍、『プロ育てはオレにまかせろ！――井田勝通監督の選手育成二〇年のノウハウ』のカバー袖《そで》には、当時Jリーグチェアマンで、日本サッカー協会強化委員長だった川淵三郎の「テクニックを主とした指導を目指し、昭和五一年度の高校選手権では〝華麗なテクニックのサッカー〟で準優勝。ファン関係者の耳目を集めました」という言葉が掲載されている（資料40）。言い換えれば、徹底した個人技、テクニックの指導が井田の特徴であったということだ。

この書籍は、最初の約七〇ページにおよそ五〇人に上るOBから、井田の指導に対するコメントが寄せられている。それを読むと、「先を考えた個人技中心のトレーニングだった」とか「チ

(17) この時期、同様の「自主性」を要請する指導者に、新潟県立新発田農業高校野球部監督として夏の甲子園に出場後、新潟県高野連理事長に就任した安田辰昭（資料38、四六～四七ページ）、徳島県内の中学・高校で卓球指導にあたり、全国レベルの選手を多く育てた田村泰（資料41、一〇一ページ）がいる。

ーム組織の練習より、個人技術向上の練習が多く、一人一人の能力を高める指導」と評価されており、井田の指導が個人技、テクニックを重視したものであったことが理解できる（前掲資料、一八、四六ページ）。

井田自身は、サッカーの指導を「人間」という語彙で説明することはせず、「サッカーは、テクニックの上達のみによって、発展、進歩していくもの」と、テクニック至上主義とでも呼び得る主張を展開している（前掲資料、一三八ページ）。

実際、ＯＢたちも「人間として成長できた」といった教育的な語彙で井田の指導を語ることはほとんどない。それは、「選手一人ひとりの秘められた能力や可能性を引き出し、型にはまらない、イマジネーションに富んだプレーを創り出している」、「個人技術中心の指導であり、今現在私がエスパルスでプレーしていられるのも、この指導法により、ボールコントロール、テクニック、インテリジェンスがしっかりとプレーの基盤になっている」といった、サッカーに関する語彙で語られている（前掲資料、二五、二九ページ）。

しかし、その内実は、ただ個人技やテクニックにのみ拘泥《こうでい》したものではなかったようだ。「技術中心のトレーニングに必勝こめた〝強い心と体〟作り」と形容されるように、華麗なテクニックのサッカーの根底には厳しい練習があったのだ（前掲資料、一一四ページ）。ＯＢたちも、「トレーニング時間が長くフィジカルトレーニングは特にきびしかった」、「猛練習をやった。やりすぎるほど走った。ドリブルをした。リフティングをした」、「とにかく練習はキツかったです。夏の練習はとくに」といった感想を挙げている（前掲資料、一八、二八、六八ページ）(18)。一方、「選手の自主性を大事に考えた指導」といった評価もなされている（前掲資料、四五ページ）。では、井田における「自主性」とはどのようなものであったのだろうか。

第一に、それは試合における「自主性」を指している。「試合では、自由にやらせてくれた」、「試合は、わりと自由にやらせてくれるので伸び伸びできる」と証言されているように、厳しい練習が課されるなかで「自主性」は試合に配分されていたのである（前掲資料、五二、五六ページ）。

第二に、それは自己規律化した振る舞いにおける「自主性」である。「個人技を重視した練習をあきるほどやり、練習後の自主練習で、他の人と差をつける」と語られるように、静岡学園では自主練習に重きが置かれていた。そこでの井田の指導は、「別に自主練習を『やれ』というわけではなく、自分でうまくなってプロになりたいと思うやつは、『やった方がいいぞ』と何千回もいって、自主練習も大事だということを知らしめ」るものであった（前掲資料、三〇ページ）。

---

(18) しかし、ほかのOBからは「個人を重視した練習方針で、楽しくて明るい練習、短期集中型」という評価がなされてもいる（資料40、六一ページ）。このような意見の食い違いは、個人の主観的差異によるものなのか、井田の指導が世代によって異なっていたからなのかは不明である。しかし、長時間であろうが短期集中型であろうが、その練習が非常に厳しく、内容の濃いものであったことに疑いはないと思われる。

井田にとって大切なのは、「教わる」ことではなく「学ぶ」ことなのだ。そこには、「学ぶ」という態度に「積極的に学ぶ・研究する」という意味が含意されている。「〝学ぶ〟は創造的なものだ。その姿勢から、ヒラメキや洞察力が生まれる。教えられているだけでは何も生まれない。井田の教え子たちは師を見て学んでいるから伸びて行く」と形容される指導（前掲資料、一五九ページ）。それは、生徒にとって「ユニークで自由、そして時にはハードで厳しかったが、それもよく調和していて楽し」いものだったのだ（前掲資料、六三ページ）。

こうした井田の指導は、「美しいサッカーの基礎になるものは、何といっても〝確実にボールを扱う、自由自在のテクニック〟ですね。そのテクニックを高めるには、本人の資質と絶え間のない練習が欠かせません」と自身が語るように、「規律」と「自主性」の調和の賜物だったと言えるだろう（前掲資料、一〇三ページ）。そして、本節で見てきた加藤や井田の語りは、一九七〇〜一九八〇年代における「指導者言説」の系譜の賜物でもあった。

4　若者問題との接続という論点

本章は、一九七〇年代半ばから一九八〇年代の「指導者言説」を主な対象に分析を試みてきた。そこには、三つの特徴的な語りがあった。まず、当時の生徒の利己主義、無気力、無感動、無関心といった問題が認識されるなかで、「人間教育」としての運動部活動という主題が浮上していたことである。次に、「自主性」が指導者の課す厳しい練習などの「規律」それ自体に向かって発揮されるべきものとして語られていたことである。他方で、「規律」一辺倒の指導が難しくなるなか、「自主性」を取り入れる方法を指導者たちが模索していたことが挙げられる。

そのとき、彼らによって見いだされた活路が、「規律」と「自主性」を練習と試合にすみ分けるという技法であった。ここに、「規律」と「自主性」の配分という、これまで着目されてこなかった新たな問題設定が誕生したのである。そして、このような言説の系譜は一九九〇年代半ば頃までの「指導者言説」にも引き継がれていった。

では、なぜ彼らはこの時期に突如、書籍を通じて冗長に語れるようになったのだろうか。以下で、三つの観点から考察してみたい。

第一に、当時の若者たちが抱えているとされていた「三無主義」などの問題に対して、「指導者言説」が成功譚の位置を獲得できたことである。伏見工業高校の山口に代表される「落ちこぼれ」をスポーツによって鍛え、全国優勝にまで導くという物語は、「教育は社会や『子ども』にとっての、『子ども』は社会や教育にとっての、希望から不安へと変化した」とされる当時の社会で輝きを放ったにちがいない（元森［二〇〇九］一一一ページ）。管理主義教育が横行していた事実を鑑みると、無気力でシラけた若者を鍛えてもらいたいという「規律」への欲望とも呼べるものが当時は存在したのだろう。

第二に、「指導者言説」が単に「規律」を課すだけの指導を語っていたなら、これほど注目を浴びることはなかったであろう。なぜなら、この時期、管理主義教育への批判もまた生起していたからである。そのような状況で「規律」一辺倒の指導を語ることは難しいだろうし、何より指導者自身がその困難に直面していたはずだ。そのとき、試合の場面にすぎないとはいえ指導者が「自主性」を語ることができたのは、スポーツがもっている内在的特性ゆえだと考えられる。

たとえば、吹奏楽部において個々の生徒にフリージャズのような即興を求めることは練習であっても難しいだろう（もちろん、コンクールでも）。それでは、吹奏楽という営み自体がそもそも成り立たない。ところが、スポーツでは、とくに試合においては必ず生徒自身が判断しなければならない場面がやって来る。その特性を当時の指導者、とくに勝利を渇望する強豪校の指導者が先駆けて見極め、「規律」を嫌がる生徒と対峙《たいじ》するなかにおいて、試合で「自主性」を用いることに活路を見いだしたのである。

そして第三に、「規律」と「自主性」という一見相反するものを同時に語ることができたからこそ、「指導者言説」はその位置を獲得できたのではないだろうか。この時期、もっとも多い八冊の関連書籍がある蔦《つた》を例に挙げよう[19]。

当時「のびのび野球」と称された反面、「〝ふつうの男の子〟が蔦さんによって、見違えるような〝強い男の子〟に育つ」ところに蔦野球の魅力があった（資料21、三ページ）。蔦自身も、「強うなってほしいわけですよ、やっぱり。弱い人間であってはいかん。野球が強うなるとか、そういうことじゃない」と述べている（資料19、二〇六～二〇七ページ）。

のびのびとプレーするなかに垣間見える、逞しい生徒の姿。それは、若者を鍛えてもらいたいという欲望の傍ら、管理主義教育が批判されてもいた当時の社会における矛盾を折衝《せっしょう》する理想の生徒像とも言える。

そして、ノンフィクションライターであり小説家の山際淳司[20]が「蔦文也という人は、矛盾だらけの存在である」と言うように、彼自身がそうした矛盾を内包した人物だった（前掲資料、二一三ページ）。そこに、人々は魅力を感じ、彼の言葉を読み、耳を傾けたのではなかっただろうか。

山際は、先の引用に続けて以下のように述べている。

---

(19) 資料17のカバー袖には、長嶋茂雄がコメントを寄せている。そこで長嶋は、「蔦監督は高校野球の歴史を変えた（中略）蔦監督の野球が全国制覇したことで高校野球はもちろんプロ野球にも大きな影響を与えると思う」と述べている。その語りの内容もさることながら、国民的スターである長嶋がコメントを寄せていること自体、当時の蔦がもっていた社会的インパクトを物語っている。

(20) （一九四八～一九九五）『スローカーブを、もう一球』、『逃げろ、ボクサー』などスポーツ・ノンフィクションに関する多くの著作がある。

池田高校野球部の「七禁」を掲げつつ、何にでも従順すぎる型にはまった人間は面白くないという。自分が思うとおりに、エゴイスティックなまでに強烈に生きている人間が好きだともいう。はみ出しもんはダメじゃといい、しかし、監督の思うとおりになる生徒はそれ以上は伸びないという。選手たちに精神論をぶつこともある（中略）何の矛盾もなく、すっきりまとまっている人は、存外、魅力がない。（前掲資料、二一三〜二一四ページ）

本章の締めくくりとして、そして次章以降への橋渡しとして、現時点の仮説を提示しておきたい。ここでの考察から導きだせるのは、この時期の指導者たちが当時の子どもや若者の問題に接続されることで初めて冗長に語れたのではないかということである。「指導者言説」の分析を通して、運動部活動を子どもや若者への不安を埋めあわせる権力装置として描きだしていくことができるのではないか——この仮説を念頭に置き、もう少し先の時代へ足を踏み入れてみよう。

第3章 現代っ子への指導戦略
――「規律」の日常化と「自主性」の拡張

1 「指導者言説」の切断線

再び**図2－1**（五六ページ）に戻ると、指導者に関する書籍がまったく見当たらない一九九七年を境に、言説量が増加傾向に転じることが読み取れる。一九九九年には、それまでもっとも多くの関連書籍が出版された一九八三年の八冊に並び、二〇一二年には一一冊の出版を記録する。グラフを見れば明らかなように、一九七五年から一九九七年までに三冊以上の書籍が出版された年は七回しかないが、一九九八年～二〇一三年までは常に三冊以上の書籍が出版されている。一九九八年以降、言説量が顕著に増加しているのだ。また、一九九八年～二〇一三年の間には再び

表3－1　複数冊の関連書籍を有する指導者一覧（1998～2013年）

氏名	主な肩書	関連資料番号
我喜屋優	興南高校野球部監督	117、118、123
畑喜美夫	広島観音高校サッカー部監督	110、135
加藤廣志・加藤三彦	能代工業高校 バスケットボール部監督	73、136、137
木内幸男	常総学院高校野球部監督	74、80
小嶺忠敏	国見高校サッカー部監督	81、89
野々村直通	開星高校野球部監督	126、127、140
小川良樹	下北沢成徳高校 バレーボール部監督	128、141
志波芳則	東福岡高校サッカー部監督	52、57
上田誠	慶應義塾高校野球部監督	95、96

複数冊の関連書籍を有する指導者が登場している。

たとえば、二〇一〇年の甲子園で春夏連覇を果たした沖縄県興南高校野球部監督の我喜屋優。広島観音高校サッカー部監督で二〇〇六年のインターハイ優勝に導いた畑喜美夫。前章で取り上げた加藤廣志とその後継者である加藤三彦[1]。茨城県立取手第二高校、常総学院高校野球部監督を歴任し、両校で甲子園の優勝経験がある木内幸男[2]。長崎県立国見高校サッカー部監督で数々の全国優勝を誇る小嶺忠敏[3]。島根県開星高校野球部監督で多くの甲子園出場経験をもつ野々村直通。世田谷区の下北沢成徳高校バレーボール部監督で数々の全国大会優勝経験をもち、大山加奈、荒木絵里香、木村沙織といった日本代表選手を輩出した小川良樹。一九九七年に高校サッカー史上初の三冠（インターハイ、全日本ユース、全国高校選手権）に輝いた、東福岡高校サッカー部監督の志波《しわ》芳則。二〇〇五年春の甲子園、二〇〇八年夏の甲子園でともに慶應義塾高校を「ベスト8」に導いた上田誠といった面々である。

このような状況を鑑みると、言説量の増加のみならず、何らかの質的な切断線をここに見いだしたくなる。本書が対象とする「指導者言説」そのものが出現した一九七五年を、運動部活動の言説空間をめぐる第一の切断線とするならば、一九九八年という第二の切断線をどのように捉えることができるだろうか。本章では、この時期にどのような言説が形づくられているのかについて、とくに「規律」と「自主性」の配分問題のその後に着目しながら明らかにしていく。

ところで、一九九〇年代前半の「指導者言説」は概ねそれ以前の言説の系譜を引き継ぐもので

（1）厳密に言えば、後継者である加藤三彦は一冊の著書を有するのみである。しかし、資料136では、能代工業高校バスケットボール部を題材に、加藤廣志、加藤三彦、佐藤信長の三世代に渡る指導者が取り上げられていることから、加藤三彦も複数冊の関連書籍を有する指導者として扱っている。なお、加藤廣志に関する資料73はのちに文庫版（加藤［二〇〇七］）が出版されており、以後引用の際は後者を用いる。
（2）木内は一九八〇年代の取手第二高校時代に一冊書籍を出版している（資料23）。
（3）（一九四五〜二〇二二）小嶺に関する書籍は一九九八年以前に一冊存在する（資料35）。

あることを前章で指摘した。しかし、一九九八年以降の「指導者言説」への橋渡しとなる語りは、かすかにではあるが一九九〇年代中頃に萌芽している。

たとえば、福岡県立東筑高校野球部監督で、春夏ともに甲子園に導いた実績をもつ喰田《しょくた》孝一は、「学生服を着ていると優等生だけど、ユニホームになるとピリッとしない生徒が多くなりました。以前は、悪ガキだけどユニホームを着ると素直になる生徒がいて、だからビックリするようなことが起こったものでした。まあ、あまりビックリさせられん方が精神衛生にはいいのでしょうが、そのぶん野球が面白くなくなったような気がしてなりません」と、生徒の気質の変容を語っている（資料43、七六ページ）。その裏にあるのは、おそらく次のような事態であろう。

設備、用具のみならず、選手自身の体格も大きくなりました。しかしながら、私が最も重きを置く精神面に関しては、なかなか向上が見られない、否むしろ見劣りするように感じられます（中略）今は「楽しんで野球をする」という風潮が選手たちにも、また指導者にも浸透してきているようです（中略）しかし一番精神力が求められる時、例えば九回裏に逆転されそうなピンチに立たされた時、果たして本当に普段の力を発揮することができるでしょうか。（前掲資料、二〇二ページ）

ここでは、スポーツの「楽しさ」に対して「精神力」の重要性が説かれている。「精神力」の育成は「規律」的な指導が担うのであろうが、その困難は以前の時期から指導者が直面してきたものだ。

前章で明らかになったのは、そうした困難に対して「規律」と「自主性」を練習と試合にすみ分けるという技法を指導者が用いていたことであった。この、「規律」と「自主性」の配分問題はどのような変容を迫られるのだろうか。あらかじめ例示しておくと、それは次の一節に垣間見ることができる。少し長くなるが引用しておこう。

県立の進学校で進学指導に力を入れる学校の方針もあり、運動部の練習時間も、かなりきびしい制約をうけている。放課後の補習のある日は五時半から、補習のない日は、四時半すぎから六時半までの練習時間である。野球部もこの時間で、効率ある練習をしているのである。練習時間は一～二時間である。七時前には、下校しなければならない。この平成六年のチームのキャプテンを務めた小江君は、当時を振り返り次のようにのべている。「とにかく集中しなければなりませんでした。練習をやっている時間は、必死でした。練習メニューは部員で話し合って、クールごとに自分たちできめて、それを監督に報告して、許可をもらうようにしました」。

平成六年の夏に甲子園ベスト八に輝いた理由は、ここに現れている。彼らは、日頃の練習か

> ら、他の高校がまねできないくらいの集中力で練習をしていたのである。練習時間の平均は、一時間半程度、とても甲子園に出場する学校の練習時間ではない。また、注意すべきことは、彼らが監督の指導をすべて聞いて行くという態度ではなく、自分たちで考え、工夫をして、練習をして行ったということである。このような積極的な態度が、好成績をおさめる伏線となってゆくのである。（資料46、一七ページ、傍点筆者）

これは、長崎大学教養部で教鞭をとっていた小笠原真司の『青い旋風in甲子園――県立長崎北陽台高校野球部の熱い夏』という書籍の一節である。長崎県立長崎北陽台高校野球部が、一九九四（平成六）年夏の甲子園でベスト８に勝ち進む軌跡を描いたものだ。ここでは、長崎北陽台高校の練習が強豪校に比して練習時間が短いにもかかわらず、そのハンデを、自ら考え工夫した練習によって乗り越えていった様子が描かれている。しかし、これだけを見ると県立の進学校という特殊な対象であったがゆえに、たまたま「自主性」がこのような形で前景化《ぜんけいか》しただけではないかと思われるかもしれない。

ところが、こうした語りはその後強豪校の指導者たちにまで波及していくことになる。とはいえ、そこでは、運動部活動において「自主性」が徐々に拡張されていくというような、楽観的で単線的な言説空間が形成されているのではない。むしろ、生徒の気質の変容と対峙《たいじ》するなかで、

「規律」がある種の消え難さをはらんで「自主性」とともに存在する様相が浮き彫りになるだろう。本章で描かれるのは、そのような言説の系譜である。

２ 指導者たちの再登壇

一九九八年以降に見られる顕著な出来事は、一九七〇〜一九八〇年代に関連書籍を有する指導者たちが再び登場してくることである。たとえば、蔦《つた》は自著することはないものの、評伝の形で四冊の書籍が出版されている（資料51、65、103、112）。ちなみに、蔦に関する書籍はすべての指導者のなかでもっとも多い一二冊存在している。

ここでは、この時期に多くの書籍を生みだしている二人の指導者に焦点を当てる。(4) 一人目は、伏見工業高校ラクビー部の監督であった山口である。彼は、一九九八年以降七冊の関連書籍を有する（資料50、69、72、78、85、86、142）。(5) もっとも早い、一九九八年に出版された『信は力なり――可能性の限界に挑む』を例に取ると、一九八〇年代以降のエピソードが随所に見られるも

（4） ほかに前章で取り上げた指導者のなかで、尾藤に関する書籍が三冊（資料115、120、133）、佐藤に関する書籍が一冊ある（資料48）。

のの、基本的な主張は概ね変わっていない。たとえば、以下のような「人間教育」や「体を張った教育」に関する語りである。

私は、教育のもっとも根底にある役割は、知識をたくさん詰め込むことでも、公式をたくさん覚えさすことでもなく、将来、長い人生を生きる人間としての力をつけてやることだと思う。そういう観点から考えれば、教科学習で得た知識の量や理解度を示す点数は、その生徒の極めて一部分でしかない。（資料50、四七ページ）

私は、「もっともっと愛を込めなさい」と言いたい。教育心理学や発達心理学などの教育理論をないがしろにするつもりはないが、理論だけをいくら勉強したところで、教師に本気で生徒を思う心がなかったら、そんな理論はただの〝マニュアル〟だ。「これができる子にしてやりたい」とか、「こんな子になってほしい」というようなその子に対する熱い思いがあれば、どんなことでも気にかかる。子どものちょっとした言動でも気にかかる。愛は、気にしてやること、気にかけることだ。（前掲資料、五五〜五六ページ）

ここに見られるのは、単なる「マニュアル」と化してしまうような理論ではなく、経験に基づく実践知への信頼である。そうした、実践知による「人間教育」や「体を張った教育」が重要であることを山口は熱く語っている。その山口は、子どもの「自主性」を大人たちが鵜呑みにすることの危うさを次のように警告している。

今、「子どもの意思の尊重」とよく言われる。だが「意思」というのは見えない、不確かなものだ。おとなが簡単に聞いてしまって鵜呑みにしてよいものなのか？　それは子どものわがままに合わせるだけであって、子どもを大切にしていることでは断じてない。もちろん、子どもの意志がすべて曖昧だ、いい加減だというのではない。おとなが驚くほどしっかりとした考えをもっている子どももたくさんいる。だから、その子のおかれている状況、その子の発言の背景、将来の予想など、大人の洞察が欠かせない。（前掲資料、六九〜七〇ページ）

（5）　資料142は山口の教え子による書籍であり、山口のみに焦点化したものではない。しかし、自身が受けた山口の指導に言及する箇所が多々あるため、ここでは山口の関連書籍としてカウントした。なお、著者である大八木淳史は、神戸製鋼で日本選手権七連覇の中心メンバーとして活躍し、日本代表も務めた人物である。二〇〇七年四月からは高知中央高等学校ラグビー部GMとして指導にあたり、同書の出版当時は芦屋学園中学校、高等学校長を務めていた。また、資料78はのちに文庫版（山口・平尾［二〇〇八］）が出版されており、初版本との差異が認められないことから、以後引用の際は後者を用いる。

けれども、山口は「自主性」を不必要だと切り捨てるわけではない。以前から、「シンキング・ラグビー（考えてやるラグビー）」をモットーにただ漫然と練習するのではなく、目標意識をもった練習を生徒たちに課していた山口である（資料7、一七九～一八〇ページ）。そのような指導において重視されているのは、教え子の大八木が述べるように、のびのびと自分らしくプレーする楽しさや自由と表裏一体の厳しさや義務である（資料69、一～二ページ）。

次の一節が、山口の指導観を象徴している。

最近は「自由」とか「個性」ということがもてはやされているけど、その弊害というか、いまは「自由」と「好き勝手」のバランスが非常に失われていると思う。はじめから自由ということは現実的にありえないわけでね。何もわからない子どもには、強制を必要とする時期は絶対にある。なんでもかんでも好き勝手にするというのが自由ではないだろう。自由や個性というものには、自己責任が伴わなければいけないんだ。いま、それがじつに少ない。

そういうことに気づかせるためには、教育において強制される期間というのがあって当然だし、それなくしてははじめから終わりまで自由にさせて、本当に社会に必要な人間になれるのかなっていう気はするね。（山口・平尾［二〇〇八］一五一ページ）

このように、山口は当時の子どもの指導において「規律」と「自主性」のバランスが崩れ、とくに後者に傾きがちな教育の現状に危惧を抱くのである。

次に、横浜高校野球部監督の渡辺元智を取り上げてみよう。(6) 渡辺はこの時期、八冊の関連書籍を有している（資料55、56、57、68、97、98、105、134）。前章で記したように、一九八〇年代において彼は「規律」的指導の困難について論じていた。その渡辺は、時を経て何を語っているのだろうか。ここでは、一九九八年に松坂大輔を擁して甲子園春夏連覇を果たした翌年に書かれた、『もっと自分を好きになれ！――迷っているより、歩き出せ！胸を張れ！』を繙《ひもと》いてみよう。渡辺曰く、自身の指導歴のなかで一貫していたのは以下のことである。

ただし、一つだけ一貫していることがある。すべての基本は人と人とのつながりにあるということだ。最近は、コンピュータやインターネットなどの科学技術が発達したこともあって、人間関係が希薄になりつつある。自分の人生だから、好き勝手に生きてもいいだろうという風潮もある。

しかし、いかに科学が発達しようとも、最終的に頼れるのは、やはり人しかいない。だから

(6) 渡辺はこの時期の著作以降、「元」から「元智」に改名している。

こそ、人を大事にすること、人に愛情を注ぐことが重要なのではないか。ひいてはこれが、自分を大事にすることにもつながる。個人プレーに走ってはチームは機能しない。野球を通して、私はこのことを生徒に訴え続けてきたつもりである。（資料56、四〜五ページ）

言葉が違うとはいえ、山口と同様に渡辺もまた「人間教育」や「体を張った教育」の重要性を認識していることが分かる。

ところで、この引用文が「ただし」という言葉ではじまっているのには理由がある。というのも、この引用部分の前段で渡辺の指導が時代とともに右往左往した様子が語られているのだ。この本では、山口が危惧していた「規律」と「自主性」のバランスを時々の生徒に合わせていく様子が描かれており、非常に興味深い。その指導の変遷について、渡辺は以下のように語っている。

監督に就任したての頃は、ひたすら厳しい練習に明け暮れていた。日本一になるには日本一厳しい練習が必要と信じて疑わなかった。実際、一九七三年には、春の甲子園で初の優勝ができた。

だが、それに行き詰まると、今度は指導の中に会話を積極的に取り入れることにした。その成果が現れたのが、一九八〇年夏の甲子園での優勝だった。その後、さらに生徒の自主性を重んじようと、いわゆる〝のびのび野球〟を実践した。しかし、自由がわがままを生み出し、これはあえなく挫折した。

そして今日は、〝厳しさの中に楽しさを見出す野球〟をモットーとしている。それがピタリと当てはまったのが、昨年のチームだったのだと思う。

これらはいずれも、それぞれの時代の流れに対応したものだったと自負している。社会の環境が激しく変化する中で、生徒の気質も年々変わる。いつまでも一つの指導法に固執していたのでは、それこそ時代遅れになってしまう。その意味では、数々の失敗はあったものの、このプロセスは私にとって非常に有意義だったと思う。（前掲資料、三〜四ページ）

ここで注目すべきは、甲子園での初優勝は例外として、一九八〇年と一九九八年の優勝チームが「規律」と「自主性」のいずれかにバランスが偏ったあと、それを修正するなかで生みだされている点である。とりわけ、本章とかかわりの深い後者のチームを生みだした指導を例に挙げてみよう。

渡辺は、一九八〇年夏の甲子園で優勝して以降、チームが伸び悩んでいた時期に本場アメリカの野球を視察する機会を得たという。そこで目にしたのは、怒鳴ったり殴ったりして覚えさせるのではなく、あくまでも自分で考えさせ、気づかせようとする指導であった。帰国後、渡辺はそうした生徒の「自主性」を重んじる指導を取り入れ、一時的には成功した（前掲資料、八〇～八二ページ）。しかし、それは長続きしなかった。生徒の「自由」や「のびのび」を重視する指導は、「わがまま」を生みだしたからである。

重要なのは、「規律」と「自主性」のバランスを時の生徒に合わせて見定め、配分していく必要性を山口と渡辺が相変わらず認識していることだ。では、彼らの語りに見られた生徒の気質の変化とは、そもそも具体的にどのようなものであったのだろうか。

③生徒の気質の変容――「やんちゃ」から「まじめ」へ

一九九八年以降に語られる生徒の気質の変容。それは、端的に「やんちゃ」から「まじめ」への変容である。東福岡高校サッカー部監督を長年にわたって務め、多くの全国大会優勝経験をもつ志波芳則は一九七二年に赴任した当時の生徒について、「東福岡の生徒の中には多くの猛者連中がいたし、サッカー部員は猛者の中の猛者みたいなのが在籍していた」と述べている（資料52、一九〇ページ）。当時の様子を、彼は次のように語っている。

――コーチになった時もクラス担任になった時《ママ》、なめられてたまるかという気持ちが強かった私は力で彼らを押さえつけていた。そのため生徒からはこわいとか鬼とか言われ、恐れられていた（中略）それでもこの時代、生徒や選手にとって恐れられることは、私にとって決してマイナスではなかった。別の先生の授業中では騒ぐやつも、私の授業ではおとなしい。その意味で指導はしやすかった。サッカー部も然りである。猛者連中を指導するのには、こわい先生でいたほうが良かった。そんな時代だった。（前掲資料、一九〇～一九一ページ）

それに対して、現在の生徒の気質は大きく変わってきたと志波は言う。

選手の気質というか特徴もここ一〇年くらいで大きく変わった。今、東福岡にもサッカー部にも昔のような猛者はいない。個性的なやつは多いが全体的に真面目で素直な性格の子が増えてきた。私も昔のように始終怒ることもない。もちろん手も足も出して力で押さえる必要は全くない。昔と比べれば指導しやすいだろうと思われる方もいるかもしれないが、そうでもない。練習中私の目を盗んでうまくさぼろうとするやつもいる。（前掲資料、一九一ページ）

ここでは、「猛者《もさ》」と呼ばれるような「やんちゃ」な生徒から「まじめ」な生徒たちへの変容が語られると同時に、その変化が指導を容易にしているわけではないことが指摘されている。現在の生徒たちに必要なのはモチベーションであり、長所を伸ばす指導であると志波は言う。「昔だったら、こわい顔をしてグラウンドに立って怒っていれば良かった。しかし、今はそうもいかない。怒る手間とエネルギーは必要ないが、その代りモチベーションを保つための気づかいは増えた」のである（前掲資料、一九二〜一九三ページ）。彼は、現在と以前の指導法を対比させつつ以下のように述べている。

> 思い返すと選手はくたくたになりながらも根性で練習していた。人によっては練習というものは、苦しい方がなにか頑張った気になって満足度も大きいと感じることもあるが、そんな練習をやらせると、もうこりごり、あんな練習ならもうサッカーをしない、と思わせてしまうことに気づいた。それでは選手にとって大へんなマイナスだ。練習は次の日もやろうと思えるような気持ち、つまり高いモチベーションがないと意味がない。（前掲資料、一七九ページ）

そこで、志波が実践するのは長所を伸ばす指導である。なぜなら、「できないことを修正する努力よりも、できることを伸ばす努力をした方が、選手のモチベーションも高まるし、自分のものになっていく」からである（前掲資料、一八二ページ）。

こう考える志波は、練習の目的をはっきりさせることが重要であると次のように語っている。

何のためにこの練習をするのかをよく理解させた。そうすればモチベーションもはっきりするから、選手も目標に向かって一生懸命やるし上達も早くなる。なんでこんな練習をするのか、それが分からなければ練習のための練習になる。自分はなんでこんな練習をやっているの？コーチがやれというからやっている。そんな状態では上達しないばかりか、モチベーションまで下がってくる。（前掲資料、一八一～一八二ページ）

このように、生徒の気質が「やんちゃ」から「まじめ」へと変容するなかで、志波は明確な目的を与えつつ、生徒のモチベーションを保つために気を配りながら指導していくことを心がけていたのである。(7)

志波のように、生徒の気質の変容を「やんちゃ」から「まじめ」へという形で論じる指導者はほかにも存在する。そして、そこでは生徒のまじめさや素直さは肯定されるというよりも、むし

(7)　志波と先に触れた渡辺、啓光学園高校ラグビー部監督の記虎《きとら》敏和を取り上げた『監督術』という著作の「まえがき」では、「熱血鉄拳制裁先生」だった彼らが、戦績や時代の変化、学生気質の変容に伴い、何度も指導法を模索してきたことに触れられている（資料57、七～八ページ）。

ろ指導が必要な状態として捉えられている。

たとえば、定時制高校でボクシングを教え、インターハイ優勝者を育てた脇浜義明は、「共通していえるのは、これは今の子どもの特徴でもあるのだが、何らかの自己の限界にぶつかったとき、びっくりするほど脆い。たちまち意欲を失ったり、自暴自棄になる。辛抱が足りない。言い訳が多い。シンドイ場面を避ける。普段は明るく、屈託のない素直な『いい子』ばかりだが、シーリアスな場面になると、たちまち崩壊する」と言っている（資料54、一二九ページ）。

また、全国高校選抜一〇回、インターハイ一八回、国体一四回という高校三大大会での優勝回数を誇る岐阜女子商業高校ホッケー部を題材とした『常勝への挑戦――岐阜女商ホッケー部の軌跡』という書籍では、「平成の始めころまでの選手には〝やんちゃ〟なくらいの活発な子が多かったが、時代が下るに従って、生徒全体がおとなしくなった。これは以前のようにたくましく育てられた時代と違って、少子化の影響で保護者が大事にし過ぎ、過保護化してきたからだ」と述べられている。そして、「これはホッケー、岐阜女商だけに限ったことでなく、どの高校スポーツにも共通して言える事で、従来のスパルタ式の練習方法が通用しなくなり、各競技で指導法の転換が迫られてきている」と指摘されている（資料61、一九六〜一九七ページ）。

このような、生徒の状況をもっとも端的に表現しているのが、大分国際情報高校ハンドボール部監督で、全国選抜大会やインターハイでの優勝経験を有する冨松秋實《あきみ》である。冨松の指導の軌跡を丹念に描きだした書籍に次のような記述がある。

今の部員は大人しい。真面目なのは悪くないが、向かっていく気持ちが感じられない。気持ちが前に出ないから、苦しい場面で言葉が出てこない。たまに口を開けば、文句の言い合いになる。苦しいときにお互いを助け合うことを知らない子が増えてきた。

冨松からすると、今の部員たちがどうも頼りなく映ってしまう。むしろ悪いことの一つでもしてくれたら……、と真剣に考えてしまうことさえあった。冨松は彼らのことを

「悪いことの一つもやりきらん子」

と表現する。昔は有り余るエネルギーを正しい方向に導くのが仕事だったが、今では足りないエネルギーをどうやって伸ばすか、から考えなくてはならない。年とともに丸くなり、時代にフィットしてきた冨松だが、「男になれ」と言っても響かない部員たちに歯がゆさを感じていた。（資料101、一四五ページ）

ここで述べられているのは、以前は生徒のもつエネルギーの方向性を導くだけでよかったのが、現在のまじめな生徒はそもそもエネルギー自体を生みだすところからはじめなければならないという困難である。前章で論じたように、一九七〇～一九八〇年代において問題化されていたのは、

「三無主義」と呼ばれるような無気力でシラけた生徒たちの姿だった。

一見すると、そのような生徒が抱える問題は、冨松の語る生徒の姿と地続きであるように思えるが、想起しておきたいのは一九七〇～一九八〇年代が校内暴力、対教師暴力といった「荒れる学校」の時代であったことである。冨松が「悪いことの一つもやりきらん子」と発言した背景には、このような社会的文脈があった。シラけていたのは社会や大人に対してであり、彼らにエネルギーがないわけではなかった。だからこそ、悪いことをするエネルギーを別の方向に向けることが指導者の仕事だと以前は認識されていたのだろう。

では、まじめではあるがエネルギーの足りない生徒たちに対峙《たいじ》するとき、指導者たちは「規律」と「自主性」をいかに用いるのだろうか。

④ 配分問題のその後——日常とスポーツのすみ分け

生活習慣の重要性——日常に配分される「規律」

まじめではあるがエネルギーが足りない生徒たち——その生徒たちの問題を解決するために、もはやスパルタ式の指導が役に立たないのは、これまでの議論からも明らかだろう。先に見た渡辺のように、指導の変容を語る指導者も多い。その一例を挙げよう。

「指導者というのは、赤ん坊が自然に生まれてくるときに立ち会う〝助産婦〟のようなもの。つまり、指導者の役割は選手が悩んでいるときに、『こんなこともあるよ。こんなふうにも考えられるよ』と、ヒントを出すことです。それがきっかけとなり、選手が自分で考えて、自分の力で大きく伸びていく。それが、人を育てることだと思います」と述べるのは、国見高校サッカー部監督で数々の全国優勝を誇った小嶺忠敏（九一ページ参照）である（資料81、三五ページ）。

　小嶺は、当初スパルタ教育を行い、「生徒からは『厳しい』と悪評でしたが、生徒に嫌われるくらいでないと指導者は務まらんと思っていた」という（前掲資料、五三ページ）。このように語る小嶺、人間教育のできない指導者は二流だと次のように喝破《かっぱ》する。

　サッカーにおいての「いい指導者」は、技術、戦術、体力、精神力を教えることができる人です。でも、全国の頂点に立つには、これらにプラスアルファの力がないとできません。私が見てきたなかで、「すごい指導者」は人間性を育成できる力を持っています。

　高校時代は、人間の基礎を磨く時期です。知育、体育、徳育のことですが、とくに徳育、言い換えれば、人間教育が大切になります。

　基本は、「挨拶」「返事」「後始末」がきちんとできることです。たとえば剣道や柔道にはそれが組み込まれていますが、ややもすると、いまの日本では失われつつあることです。たとえば、グラウンドにサッカー部の練習を見に来る人がいれば椅子を持っていく。体育館だったらお客様にスリッパを出す。挨拶をするときには立ち止まってお辞儀する。どれも、家庭でしつけられているような基本的なことです。（前掲資料、一二八〜一二九ページ）

ある日の遠征で旅館を出る際、小嶺は「部屋の掃除はちゃんとできたか」と生徒に聞いたところ、「はい、掃除しました」と答えたという。しかし、部屋を確認するとゴミが散らかっており、生徒がその場しのぎの返事をしただけであったことが発覚した。そこで小嶺は、コーチに対して「ピッチ外でもきちんとした指導をしていれば、グラウンドに出たときも、選手がビシッとする。いまのおまえたちが教えても、選手はついてこないぞ」と叱り飛ばしたという（前掲資料、一二九〜一三〇ページ）。

このように、日常の生活習慣に注意を向けることの重要性を小嶺は示唆しているのである。

こうした、日常の生活習慣の重要性をより徹底的に説くのが、二〇一〇年の甲子園で春夏連覇を果たした沖縄県興南高校野球部監督の我喜屋優である。彼は、生徒の日常の生活習慣を鍛え直すことによって、「ゴキブリが運動会をしている荒れ放題、散らかり放題の寮。食事は残す、好き嫌いは多い。挨拶すらちゃんとできないというありさまだった」興南高校を甲子園での優勝に導いた。その根底には、人としての「根っこ」が育まれていなければ、どんな指導をしたところで野球が強くなるはずがないという考え方がある。

そしてそれは、スポーツにかぎらず人生すべてにおいて問われることだと我喜屋は言う。だからこそ、「桜が美しい花を咲かせることができるのは、枝、幹、そして根がしっかりとしているからである。根が枯れていては、花は咲かない。人も同じである。華やかな花、つまり、成功、成果を上げるためには、どっしりとした何ごとにも揺らがない根が必要なのだ」と語る彼は、生活習慣をもっとも重要な「根っこ」として位置づけたのである(8)（資料123、四～五ページ）。『非常識──甲子園連覇監督に学ぶ勝ち続ける強いチームのつくり方』という著作の「まえがき」において、彼は端的に次のように述べている。

私の指導の根幹となっているのが〝人づくり〟だ。野球をやるのは人。だから人づくりから始めるのは当然。よい土に、よい水をやり、よい光を当て、よい風を送りながら育む。徹底させるのは、時間を守る、食事を残さず食べる、落ちているごみを拾うといった当たり前のことだ。ひとつひとつは小さなことでも、それを全力でやりきることのできる人間。面倒くさいこ

（8）同様に、日常生活を運動部活動の重要な足場として位置づけているのが、京都府立洛北高校ハンドボール部監督で、インターハイ四連覇を達成した楠本繁生である（資料119、一七〇～一七二ページ）。

とを、嫌がらずにできる人間。そういう人づくりが、子供を大人にさせ、社会で通用する人間にさせると信じている。（資料118、三ページ）

同書の第3章「チームをつくる」の副題、「ごみを拾えるようになれば、野球もうまくなる」に象徴されるように、我喜屋は技術的な指導を滅多にせず、口出しするのは野球とは直接関係ない細かなことばかりであるという。チームが崩れるのは、ほんの些細なミスからだと分かっているためだ（前掲資料、一二九ページ）。

だから我喜屋監督は言うのだ。朝の散歩、ごみ拾い、一分間スピーチ、食事……。二四時間の生活をしっかりやれと。シャツの第一ボタン、シャツのすそ、まゆ毛……。チームの約束事をしっかり守れと。選手たちに聞き飽きたといわれようと、ウザいと思われようと、何度も何度も繰り返して言うのだ。こういうことをおろそかにする選手は、我喜屋監督のもとで試合に出ることはない。（前掲資料、一二八ページ）

このような生徒の日常生活を重視する指導と、生徒の気質の変化を見事に調和させているのが全国高校駅伝で七回の優勝経験を有する、兵庫県立西脇工業高校陸上部監督の渡辺公二である。

彼は、以前の指導を回想しながら、「あの頃は闘争本能だけを煮えたぎらせ、時には水をかけたりなぐったりして、感情だけで生徒を引っ張っていた（中略）がむしゃらに長い距離を走らせ、スピードを養わせるために無理なインターバルトレーニングをさせたり、めちゃくちゃだった。たとえ一日でも練習を休ませたら負けだと思い込んでいた」と語っている（資料59、三三ページ）。

そんな渡辺がたどり着いたのが「腹八分」の練習である。渡辺は故障や貧血症状を抱える生徒が頻発したことをきっかけに、一九七七年頃から生活日誌をつけさせることにした。日誌の項目は、練習場所、練習内容、所要時間、強度、疲労具合、意欲、調子、睡眠、身長・体重、食欲・食事内容、朝練、短い所感からなり、この頃から生徒に対する目配りがよりきめ細かになっていったという。しかし、スパルタ式の練習法や練習量が変化したわけではなかった（前掲資料、九八ページ）。

その後、一九八二年に初めて全国高校駅伝で優勝した渡辺は、二回目の優勝までに八年を要することになる。その時期、期待に応えられない焦りと反省のなかから気づいたのは、勝つためだけに陸上をやるのではないということであり、次のような原点回帰であった。

そもそも、私が陸上をはじめたきっかけは、学校が荒れていたからそれを何とかしたいということだった。学力で落ちても人間性で上回るようにしたかった。その基本は挨拶です。おは

ようございます、こんにちは、さようなら、素直にそういう子を育てないといけないなと。ところが、私は二年目からは勝つことばっかり考えるようになってしまった。（前掲資料、一六六ページ）

こうした反省から練習方法を振り返り、「年中無休で練習させることが、選手たちに負荷をかけ過ぎていないか。ひいては将来、競技人生の足を引っ張る原因になるのではないか」と考えた渡辺は、「高校生はまだしっかりした内臓や筋力、骨格を持ち合わせてはいない。彼らの年齢と体力に相応な練習をさせるべきだと。そう思ってからは一八〇度方向転換して、練習内容を練り直した」のだと言う（前掲資料、一六六ページ）。

それが、**図３－１**に掲げた練習メニューの変化に表れている。以前にはなかった休養日が設けられているとともに、練習量が減少しているのは一目瞭然だろう。

また、練習量の減少のみならず、その質にも変化が見られる。具体的には、グラウンドを左回りに走ったあと、右回りに方向転換することで体にかける負荷のかけ方をよりきめ細やかにしていったという。なぜなら、「コーナーを回るときに内側の脚に負荷がかかるので強化に役立つだけでなく、気分転換にもなる」からである（前掲資料、一六九ページ）。

このような練習法の変化は、渡辺が就任して間もない一九七一年につくられた部員の心得の変

	20年前	現在
月	アップ（準備運動）して16,000m	アップして14,000m
火	インターバル1,000m×８本	1,000m×４本、（冬は2,000×２～３本）
水	インターバル500m×10本または300m×20本	14,000m ジョグ
木	12,000m ジョグ	12,000m ジョグ
金	18～25km ロードワーク	14,000m ジョグ
土	スピード（レペティッション）1,000m×８本　2,000m×５本	1,000m×４本　2,000m×２本（冬は4,000m×３本または6,000×２本　3,000m×３本のいずれか）
日	6,000m ジョグのあと、マッサージ	休み

出典：資料59、169ページを改変。

図３－１　練習内容の変化

化としても表れている。それは、「人に勝つためには『三倍の努力』が『努力が必要』と変わり、根性は『猛練習から』生まれるという部分が『普段の生活から』となったこと」である（前掲資料、一六五ページ）。

ここで注目すべきは、「普段の生活」への眼差しが生じていることだ。練習法だけではなく、「まるで私自身の性格が変わったように」、鬼から仏へと姿を変えたと形容される渡辺は、大会で結果を出しきれなかった生徒を頭ごなしに叱ることを改めている。しかし、これは生徒にどんな行動も許すということではなかった。

一九九七年に日本最高記録を出した

メンバーの一人である西田雄士は、「三年間で先生に殴られたのは一、二回でした。一度は、ストップウォッチが二個なくなったときです。ぼくはキャプテンでしたから、練習道具をそまつにするとは何事だと言って、代表でなぐられた。それから一日中探し回ったことを覚えています」と語っている（前掲資料、一六七ページ）。

たしかに、渡辺は後年になって突如、生徒の日常に気を配るようになったわけではない。それは、「この三十数年の間、退部していった生徒も何人かいるが、その理由はたいてい、後輩をいじめたとか、高校生としての生活態度が悪いといったことで、渡辺監督の怒りをかったからである」との記述にも見て取れる（前掲資料、一七六〜一七七ページ）。とはいえ、この時期により徹底した生徒の日常への眼差しが生起していることは疑いない。

このように、競技以外の日常生活に対して厳しい姿勢を取るのは、渡辺が次のようなリーダーシップをもった生徒を育てたいと考えているからである。

いま自分が考えていることを人の前でさらっと意志表示できるような人間ですね。普段はおとなしくてもいざというときに、よし、やったると。そういう腹が座った人間というのは、やはり普段の生活の中で物事をテキパキと判断してやっている。タスキリレーでも、そういう人間はちゃんと自分の役割をはたします。普段は謙虚で素直、そして試合になったら超生意気、

—その逆ではいかんのです。（前掲資料、一七六ページ、傍点筆者）

ここには、前節で否定的に捉えられていた生徒のまじめな気質を、むしろ日常生活の「規律」を徹底することが可能な領域へと読み替え、積極的に肯定しようとする渡辺の指導方針が垣間見える。他校の指導者から、「練習内容そのものより、西脇工から学びたいのはやはり生活の部分ですね」と言わしめる渡辺の指導原則とは、「普段の生活において素直で謙虚であれ」ということなのである（前掲資料、一五八、一七七ページ）(9)。

ここまでの「指導者言説」を鑑みると、「規律」はスポーツを越えた日常にまで深く浸透しているように見える。これは、以前練習に配分されていた「規律」が、より広範囲に拡張したことを示しているのだろうか。そして、そのとき、「自主性」は指導者たちによってどのように用いられたのだろうか。

---

(9) ほかにも、資料64、66、70、75、76、83、93、121、130、139で日常の生活習慣の重要性が説かれている。一方で、志波のように、挨拶や返事の仕方といった日常生活に通じる振る舞いを指導者が管理することへの違和感を示す者もいる（資料52、一八三〜一八五ページ）。

考えることと「自立」――スポーツに配分される「自主性」

まずは、前項で取り上げた指導者たちが「自主性」をどのように用いているのか順番に見ていこう。たとえば、一九九一年から二〇〇〇年まで国見高校のコーチとして指導にあたった菊田忠典は、小嶺忠敏から一番学んだことは「どうやって、子どもに判断力をつけさせるか」であったと言っている。

菊田は、一九七六年から一九九一年まで国見中学で監督をしていたとき、練習でも試合後でも気づいたことはすぐ選手に注意したり、アドバイスをしていたと述べている。ところが、小嶺と過ごす時間が増えるにつれて、「選手にあまりにも細かく教えすぎていた」ことに気づいたのだという。

小嶺の場合、選手を指導するとき、「おまえには、こういうところが足りない」と指摘したら、「一から三までは教えた。あとの四から一〇は自分の頭で考えて、自分で這い上がってこいよ」と無言のアドバイスを送っている。一方、菊田は、自分が子どもに一から一〇まで指示しており、それでは選手のイマジネーションや積極性は育たないと思い至ったのである。

このような、生徒の判断力、イマジネーション、積極性が重要なのは、サッカーが速いボールの流れのなかで、何を選択するかが問われるスポーツであるからにほかならない（資料81、七六～七七ページ）。

また、渡辺公二（西脇工業高校）も「自主性」を次のように実践している。それは、普段の練習でも合宿でも要所要所をアドバイスするに留め、できるだけ選手たちの「自主性」を引きだすことである。実際、彼は駅伝の区間オーダーの決定を選手たちの「自主性」に委ねている（資料59、一八七ページ）。

このような形で、日常生活に「規律」を配分する指導者は「自主性」を語っている。以前は試合に限定されていた「自主性」が、練習も含めたスポーツの場面に配分されるようになったのだ。実はこの時期、指導者たちが語る「自主性」にある言葉が接続するようになる。その言葉とは「自立」である。この「自立」という言葉とともに、「自主性」はどのように語られるのだろうか。

それを明確に示しているのが我喜屋優（興南高校）である。「生活態度やしつけについて日本一、口うるさい野球監督」と呼ばれる一方で、「日本一、試合中に伝令を送らない監督」とも呼ばれる我喜屋は、以前のように「規律」と「自主性」を練習と試合にすみ分ける技法を想起させもする。

たしかに、「日頃の練習の中で、伝えるべきことはすべて伝えてきた。やるべきことはすべてやったという自負が私にも選手たちにもあるから、よほどのことがなければ伝令など送る必要がない」との語りは、「自主性」を試合の内に留めているように見える（資料117、一四、九七ページ）。しかし、我喜屋は次のように述べている。

私は彼らに基本的な指示は出すが、そこから先は自分で考えてほしいと思っている。どんなことでも、他人から言われるだけでは身につかない。自分で考えて動かなければ、決して実感できないのだ。言われたことを守ることも必要だが、言われたことを自分なりに考え、行動することが何よりも大切なのだ。

いままでは、何か問題が起これば彼らは練習途中にタイムをとって、自主的に話し合う。だから試合中に監督の伝令は必要ない。グラウンドでは選手一人ひとりが、そのつど自分で考え、行動することができる。（前掲資料、九九ページ）

このような、生徒の「自主性」を育むためにこそ、我喜屋はまず人生の「根っこ」となる日常生活の「規律」を徹底するのである（前掲資料、一五ページ）。

では、自分で考え、行動することが何よりも大切だと語られるのはなぜだろうか。それは、現代における親の過保護の問題が背景にあるからだ。[10] 我喜屋は次のように指摘している。


昔のような放任主義が正しいとは言わない。しかし、いまの過保護すぎる親たちは、子どもたちに考える機会をあまりにも与えなさすぎる。

朝起きる時間だから起きなさい。食事の時間だから食べなさい。学校に行く時間だから行きなさい。塾に行きなさい。出かけるから車に乗りなさい。……まるで社長秘書のようだ。

こうやってスポイルされた子どもたちは、自分の頭で考えることをしなくなる。自分の頭で考えないということは、自分で責任をとらないで、なんでも他人のせいにする人間になってしまうということだ。そして、いくつになっても大人になれない、何もできない人間に育ってしまう。（前掲資料、一五三ページ）

彼にとって、大人になるということは「自立」を意味する。そして、子どもを育てるというのは「自立」するためのサポートをすることであり、それは甘やかすことと同じではなく、子どもと向きあい対話をすることなのだ（前掲資料、一五三ページ）。

具体的には、大人と子どもの境界線は年齢ではないと我喜屋は言う。大人とは、計画（＝まず

(10)　親の過保護という問題は、資料60、79、121などにも確認できる。親の過保護や物質的な豊かさによって精神的に弱く、甘えが目立ち、わがままな現代っ子に対しては、「心ある厳しさ」をもとに、言葉を多くして通じ合えば良いとする指導者がいる（資料67、一二五～一二六ページ）。一方、ひ弱で脆い精神力の子どもが増えた背景に親の間違った優しさを見いだし、逞しい精神力を育むための一方法として暴力を肯定する指導者もいる（資料107、六八～六九ページ）。しかし、あからさまに暴力を肯定する例は非常に珍しい。

やるべきことを自分で考える）、行動（＝計画を実行に移し継続する）、反省（＝「あれで本当によかったのか」と自分の行動を省みる）、目安（＝「次はこうしよう」と考え目標を立てる）を実践できることだ。つまり、自分で考え、実行し、反省し、目標を立てられる人間を社会で通用する大人であると見なすのである。そしてそれは、野球部において適切な自主練習を継続的に行えることだと我喜屋は指摘している（前掲資料、一一九〜一二〇ページ）。

また、「自立」という言葉を用いないまでも、我喜屋と同様「人づくり」を指導の根底に据え、選手自身によって考えられた練習を重視するのが近藤欽司である。京浜女子商業高校（現白鵬女子高校）卓球部を率いてインターハイ団体優勝八回という実績をもち、全日本女子チームの監督も務めた近藤は、「試合結果だけで卓球を見つめてしまうといつか自分の指導に行き詰まってしまいます。『人作り』も部活動の大切なポイントなのです」と語っている（資料82、一〇六ページ）。

このように語る理由は、彼もまた指導の変遷を経ているからである。一九六八年のインターハイで初優勝を果たしてから一九八三年に二度目の優勝を遂げるまで、同校は長い低迷期を経験した。優勝校という周りからの期待の目がそれまで以上の厳しい指導、叱りつける指導を招いた結果、選手が萎縮して試合で力が出せなかったからである。それは、練習をやればやるほど勝てないという「どん底」の時代であった。そのような指導の転機となったのが、一九七八年に彼が入院したことである。

その際、「今までの自分の指導をゆっくり振り返ったらどうですか」という担当医師のアドバイスを機に、近藤は「選手を怒鳴ってばかりではいけない、練習計画に選手の希望も取り入れよう」と思ったと言う。そして、この指導方針の転換をきっかけに、彼は再びインターハイでの優勝を勝ち取ったのである（前掲資料、二九～三七ページ）。このような変遷を経た近藤は、自身の指導を以下のように総括している。

> 監督と選手という立場を別の表現で置き換えるなら、それは「作者と作品」です。
> 選手は作品であり、その選手の個性や特長を引き出してあげるのが、監督の役割です。もちろん、選手は人間ですから、並行して心を育てる、つまり、作品に魂を入れる指導も必要です。ただし、選手が十人いれば十人十色で身長、体型、性格、用具が異なるので、個別の指導を心がけなければいけません。
> かつての私は、そのことに気がつかず、画一的な練習をさせていた時期がありました。しかし、多くの経験をする中で、やはり、卓球は個別の練習と指導が必要な競技だということに気づきました。（前掲資料、一六二ページ）

そんな彼がたどり着いたのが「練習内容については、指導者がすべてのメニューを考えるのではなく、練習する時間帯も含めて選手の自由意志に任せる、自分で自分の卓球を考えさせることも必要です。選手自身によって考えられた練習がないと、一人ひとりの特長が卓球スタイルに反映されない」という考えである（前掲資料、一六三ページ）[11]。

そして、ここまで見てきた新たな技法と生徒の「自立」の関係を典型的に示しているのが、広島観音高校サッカー部を二〇〇六年のインターハイ優勝に導いた畑喜美夫である。それは、彼の著書『子どもが自ら考えて行動する力を引き出す魔法のサッカーコーチング——ボトムアップ理論で自立心を養う』のタイトルに、「自立」という言葉が用いられていることからも分かる。

彼は、「これからの時代を生きていく子どもたちにとって、指示待ちの人間にならず、自由な発想で発信したり行動したりすることを育むことが、大人の役割です」と述べている（資料135、一五ページ）。そこでは、「大切な教育とは何でしょうか」と、次のような問いかけがなされている。

私は、子どもたちが将来、成人して大人の社会に直面したときのことを想像します。その現場で子どもたちが、自分の考えることに対して、ハキハキと発言をすることができたり、自分の身に起こった問題に対して、しっかりと自己解決能力を発揮できたりすることが大切ではないかと思うのです。だからこそ、子どもの自立心を引き出す指導が、いま求められている指導です。（前掲資料、一五～一六ページ）

ここで述べられている「自立心を引き出す」指導を、彼は「選手の自主性を促す『ボトムアップ』を用いた指導」と表現している（前掲資料、二ページ）。具体的には、選手登録、スタメン、システム、練習メニュー、選手交代などの決定を監督ではなく選手が話し合って決めるなど、「選手が主役」の環境を整えることである。指示、命令型ではなく、子どもたち自身に考えさせ、話し合いをさせることで、自立心を育む指導というわけだ（前掲資料、二〇ページ）。

このように、スポーツのあらゆる場面において「自主性」を徹底する畑のような指導者がついに現れるに至った。しかし、彼の指導を「自主性」の側面からのみ取り上げるわけにはいかない。なぜなら、畑もまた日常生活を重視しているからである。

畑は「サッカーと日常生活は切り離せないもので、サッカーを通して指導するという監督やコーチもいますが、私は『日常生活のなかでサッカーも指導する』という立ち位置で考えています」と述べている（前掲資料、五五ページ）。なぜなら、「サッカーだけできていればいいというような人間を育てるつもりは全くないですし、『サッカーも頑張れる、人間性の高い子どもたちを育てる』のが目的」だからである（前掲資料、九八ページ）。

（11）近藤もまた日常生活の「規律」を重視しており、学校での勉強や寮での生活、好き嫌いのない食事、上下関係などを卓球が強くなるための基本に位置づけている（前掲資料、一一二〜一一四ページ）。

奇遇にも彼は、先の小嶺と同様に、生徒を指導する上で基本となる「あいさつ」、「返事」、「後片づけ」という三つの柱を徹底して指導すると言っている。たとえば、「後片づけ」において彼がとくに重視しているのが「靴ならべ」である。畑がこれにこだわるのは、「オン・ザ・ピッチ」と「オフ・ザ・ピッチ」が対局にある概念ではなく、むしろ相互リンクする車の両輪のようなものであると考えるからだ。そのため、片方がよく、片方がだめであるならばバランスが崩れてしまい、相乗効果が出てこないことになる（前掲資料、九八ページ）。だからこそ、彼は日常生活を重視している[12]。

しかし、彼がほかの指導者と異なるのは、日常生活の「規律」のなかにも「自主性」を促す要素を埋め込もうとしていることである。たとえば、単純に靴を整頓するにしても、靴を並べるスペースを探して、全員の靴の数から何人分の靴を縦何列、横何列に並べるのか考え、判断する必要が出てくる。このような創意工夫を喚起し、靴ならべの数センチ、数ミリを揃えることが、ピッチ上のポジションの一〇センチ、二〇センチの修正やパスの精度といった「オン・ザ・ピッチ」に表れてくるのだと畑は言っている（前掲資料、四八〜五八ページ）。

また、「返事」の側面において、会話のなかでの「はい」と「いいえ」の判断が重視されている。指導者に対して、漠然と「はい」と返事をすることを求めるのではなく、むしろ「いいえ」と言えたり、「僕はこう思います」と自分の意志をはっきりと言える環境を整えることが大事なのだ

（前掲資料、五四ページ）。というのも、彼の「ボトムアップ理論」において、生徒だけで行うミーティングはもっとも重要なファクターであり、そこで意見を出しあい、身近な問題を解決するために「自ら考え、行動する」ことが大切だからである（前掲資料、八八ページ）[13]。

このように、多くの指導者が「自主性」を試合だけでなくスポーツそれ自体に配分するようになっている。そして、畑に至っては、日常生活の「規律」にさえ「自主性」を促そうとしていた。こうした変化は、運動部活動のあるべき姿として理想化されてきた「自主性」の理念に、現場が近づいていることを示しているのだろうか。

「規律」の消え難さ——厳しさ、苦しさを乗り越える「楽しさ」

たしかに、「自主性」は以前に比べると、広い範囲で配分されるようになっている。しかし、

（12）畑が言うには、広島観音高校で靴ならべを初めた当初、そのような実践はほかのチームでは見られなかったようだ。しかし、靴ならべをはじめてから戦績は上昇し、全国大会に出はじめた頃にはJリーグのサンフレッチェ広島ユースのコーチが参考にさせてほしいと、「オフ・ザ・ピッチ」の部分を視察に来たことがあったと述懐している（前掲資料、九七ページ）。

（13）生徒が「自立」することの重要性は資料54、99、121、128でも指摘されている。ただし、資料54の著者である脇浜は、自由で開放的な学校のなかで、むしろスポーツに「規律」を配分することで生徒の「自立」を促そうとしている。

我喜屋（興南高校）や畑（広島観音高校）に見られたように、その指導は「自主性」の側面からのみ捉えられるほど単純ではない。むしろ、「自主性」の配分領域が表向きには拡張しているように見える裏側で、日常生活への徹底した「規律」の配分も行われているのだ。ここには、運動部活動における「規律」への欲望の根強さが垣間見えてくる。

実はこの時期、自ら厳しさや苦しさに立ち向かい、それを乗り越えるといった形で自己規律化した振る舞いにおける「自主性」が以前にも増して要請されるようになる。このような振る舞いに生徒を導くために、指導者たちは大きく分けて二つの戦略を語っている。

第一に、「規律」を課すために生徒と密なコミュニケーションを取ること、具体的には指導者側の意図を論理立てて説明するという戦略である。たとえば、八王子実践高校女子バレーボール部監督で春高バレー五回、インターハイ五回、国体二回の優勝を誇る菊間崇祠は、その著書のサブタイトルにもあるように、現代っ子をやる気にさせる方法を説いている。

菊間は、社会の変化が生徒たちにそのまま反映しているため、指導が年々難しくなっていることを指摘している。家庭や学校での子どもの扱い方を見ると、何でもかんでも甘やかす、守るべきルールをきちんと教えていない、その場をとりつくろえばいいという考え方が見受けられるというのである（資料60、一三八ページ）。

「『やりたい放題』『好き勝手』。今の中学生や高校生の多くから、こうした印象を受けるのは私だけでしょうか。いつでも自分中心に生きていて、まとまることが大嫌い……。無感動、無目標、無責任、といった『三無主義』」も目立つ現代っ子（前掲資料、一九ページ）。そうした生徒に対して、「自ら苦しみを求める――の精神が、『やる気』を起こさせる一番いい方法ではないでしょうか」と菊間は述べている（前掲資料、四二ページ）。

そのための具体的な方法として、菊間は以下の三つを挙げている。

まずは、気づかれぬように仕向けることである。たとえば、打つのが得意な選手にはわざと初めのうちにスパイクをやらせることで、レシーブができないと選手として成り立たないことを自覚させ、自分から苦しいレシーブの練習をはじめるように仕向けるのだという。次に、目標を与えることである。具体的な目標をつくってやることで生徒にやる気を起こさせる。最後に、話しかけることである（前掲資料、四二～四五ページ）。

「現代っ子は、自分が納得しなければついてきません。時間をかけて十分、声を聞き、こちらの意図をとことん話します。単に技術面ばかりでなく、人の生き方についてまで説得する力がないと、監督、指導者は務まらない」と言うように、菊間は論理立てて自らの意図を説明することを通して「苦しみに耐え、これに打ち克つこと」を生徒に課すのである（前掲資料、一四一～一四二ページ）。

また、桜花学園高校女子バスケットボール部監督で、数々の全国大会優勝経験を有する井上眞一は、「極論になるかも知れないが、教育界も親も運動部というものを見直すべきだ。小学校の段階から何がしかのスポーツを組織的に体験させるべきだ」と言っている。なぜなら、「スポーツは体力と精神力の双方を鍛える。言うならば人間としての基礎教育」だからである（資料63、一五六～一五七ページ）。人間としての基礎教育とは、井上にとって次のことを指す。

人間を「丈夫」にするには、つまりこの混沌の不確実な世の中を生きのびられる人間にするには、やはり心身共に「痛い思い」をしなければなるまい。子供を叩いて強くする、と言っているわけではない。嫌なこと辛いことを我慢して乗り越えればその辛さ以上の大きさの充実感や達成感や開放感という「快」がもたらされ、どんどん力がついて自分を楽にするんだよ、周りも幸せにするんだよということを理解させせなければいけないということだ。（前掲資料、一五七～一五八ページ）

つまり、井上もまた「規律」を課すなかで厳しさや苦しみを乗り越えることを重視しているのである。そのなかで、彼が重視するのも論理的な説明である。たとえば、井上は根性について、それは非常に大切だと述べつつも、ただ「頑張れ」、「走れ」、「守れ」ではいけないのだと言っている。具体的には、どこをどう頑張るのか、走るならばどのコースを何のために走るのか、理論的な裏付けが必要だと指摘する。自分が納得できないことを教えられないのは当然だが、それは選手も同じであり、指導方法に納得することでプレーに確実性が加わるからである（前掲資料、一一八ページ）。

このように、自らの意図を論理立てて説明することによって指導者は、自己規律化した振る舞いにおける「自主性」に生徒を導こうとしている。

第二に、厳しさや苦しさを乗り越えた先にある「楽しさ」を強調するという戦略である。ここでは、再び横浜高校野球部監督の渡辺元智に戻ろう。生徒の「自由」や「のびのび」を重視する彼の指導が、「わがまま」を生みだしたことはすでに見たとおりである。その体験から、渡辺はある程度の厳しさをもって秩序やルールを教えることの重要さを痛感した（資料56、三四ページ）。では、そうした厳しさを生徒たちに教えるにはどうしたらよいのだろうか。渡辺は次のように述べている。

今の生徒たちは、物質的にはきわめて豊かである。ブランドもののバッグ、携帯電話、携帯CDプレーヤーなど、大人も顔負けの高価なものを平気で持ち歩いている。しかもそれらの多くは、彼らが自分で稼いで手に入れたものではない。親に買ってもらっているのである。

そんな生徒やその親を、私は非難するつもりはない。「昔の高校生はもっと苦労した。それに比べて……」などと言うのは、愚の骨頂であるとさえ思う。かつて日本が貧しかった頃は、誰もがひたすら豊かになることだけを目指してがんばっていた。その努力が実って、今は世界有数の富裕国になっている。いわば夢が実現されたわけだ。その恩恵を今の高校生が受けても、何の罪もないだろう。

ただ問題は、そうして何の苦労もなく欲しいものを手に入れている彼らに、どうやって〝厳しさ〟を教えるかということだ。その方法の一つは、大きな目標をはっきり掲げることだと思う。（前掲資料、八七～八八ページ）

ここで語られているのは、いわゆる消費社会を生きる当時の生徒たちが苦労するという経験をもたないなかで、いかに厳しさを教えるかということである。その一つの答えが、目標を与えることだと渡辺は言っている。しかも、それは大きく高い目標でなければならない。目標が高ければ高いほど、そこに苦労が伴うことになるからだ。

渡辺は、他書において以下のように指摘している。

目標が高ければ高いほど、選手たちの苦労は大きくなる。そしてその分、成長も大きくなる。甲子園優勝という富士山の頂を目指す中で、選手たちはさまざまな思いを味わう。練習の辛さ、怪我の痛み、思い通りにならない苦しさ、挫折感、人間関係の葛藤、悲しみ、そしてその果てにある大きな喜び……。そうしたさまざまな思いが選手たちを成長させ、その後の人生でどんな困難にぶつかっても負けない強い精神と肉体をつくっていくのである。（資料68、二〇九ページ）

これは、選手に厳しさを教えるための「規律」に偏った指導を語っているのだろうか。渡辺はむしろ、以下のように「規律」を課すためにこそ「自主性」を重んじようとする。その間を媒介するのが「楽しさ」である。

渡辺にとって、高校野球の究極の理想はノーサイン野球を実現することである。無論、そのためには選手に徹底した「自主性」を身につけさせる必要があるわけだが、「自主性」をもった選手を育てることは、高校野球の指導においてもっとも大切なことの一つだと彼は言っている。そのために欠かせないのが、「野球は楽しい」という認識をもたせることである。しかし、それは「好き勝手にやっていればいい」ということではない。そのような楽しさはすぐに飽きてしまうからだ。

そうではなく、指導者が厳しくするべきところは厳しくし、管理すべきところは管理する。そのうえで、チームが強くなってきたら選手を解き放ってやる。そのとき初めて、選手たちは野球を心から楽しいと思い、真の「自主性」に目覚めるのだと渡辺は指摘しているのだ（前掲資料、一四〇ページ）。

こうした指導こそが強いチームをつくると、渡辺は簡潔に次のように述べている。

自主性は楽しさから生まれる。楽しさは厳しさから生まれる。自主性が生まれればチームは強くなり、ますます楽しくなる。一層厳しい練習にも耐えられるようになる……。そういう好循環が生まれなければ、強いチームをつくることなどできない。（前掲資料、一四一ページ）

このような「楽しさ」については、伏見工業高校の山口良治も同様に語っている。たとえば、「簡単に『楽しさ』は感じられるものではない。本気で自分に向かって、自分の限界を求めて自分と対峙したときに（中略）初めてどんな場面も楽しく思えるのだ」と述べている（資料50、一五四ページ）。また、より詳細に以下のようにも語っている。

最近では、「スポーツは楽しむためのもの」というフレーズをよく耳にするが、この「楽しむ」ということがじつは大変に難しいことだと私は思っている。

本来、スポーツとはとても厳しいものだ。自分の弱さと正面から向き合い、葛藤し、限界に挑戦し、壁を越えていかなければならない。私自身も、現役時代はつらいこと苦しいことの連続だった。厳しい練習から逃げ出してしまいたいと思う自分と闘い、負けた悔しさにどれほど苦悶してきたかわからない。

しかし、いまはどの場面を振り返ってみても、熱い思いがこみあげてくるほど懐かしい。当時のことをたずねられれば、間違いなく「楽しかった」と微笑みながら語ることができるだろう。そのように、スポーツとは自分自身で苦難を乗り越えて、初めて楽しめるものなのではないだろうか。口に入れてすぐに「おいしい」「おいしくない」と判断できるようなものとは違う。スポーツの真の楽しさは、それほど簡単に享受することなどできないのである。（資料69、一六一～一六二ページ）

そして、このような山口の指導観について、ラグビー日本代表監督も務めた教え子の平尾誠二は「たとえ本人がイヤがっていることでも、とりあえずは無理矢理にでも、できるまで強制的にやらせてみる。その結果、はじめてできたときに、喜びやおもしろさをすごく感じることができるわけです。すると、それをきっかけとして、どんどん能動的に取り組むようになるということは、たしかにあるんですよね。先生のやりかたは、そういうことなのかなとも思ったりします」と、「規律」の先にある「自主性」を評価している（山口・平尾［二〇〇八］一四二ページ）。

また、日本大学第三高校野球部監督で、春夏を通じて甲子園出場回数一八回を数え、優勝経験もある小倉全由《まさよし》は「人間生きていく中で、嫌なこともつらいことも大変なこともいろいろあります。だから、我慢できないと苦労して自分を生きにくくしてしまいます」と述べている。「私は日頃から我慢する心、耐え抜く心の強さが大事だと教えていますが、その我慢がいちばん育つのが、日々の練習です。だから練習で手抜きは絶対に許しません」と言う小倉は、「我慢とは、簡単に言うと楽しみを先にのばすということ」なのだと指摘する（資料129、一八四〜一八五ページ）。このように考える彼は、渡辺と同様の語りを見せている。

高校野球の指導でもっとも大切なことのひとつは、自主性のある選手を育てることだと思います。その自主性を育てるためには、「野球は楽しい」という意識を持たせることです。苦しい練習を乗り越えて、ミスのないプレーができるようになった。なかなか勝てなかったチームを倒すことができた……。すると野球が楽しくなり、楽しくなれば自主性が芽生え、やる気が起きて、いっそう練習に励み、強いチームができるという好循環が生まれます。

選手の自主性、「さあやるぞ」という意欲を駆り立てることが大切で、監督の仕事はその雰囲気づくりだと思うんです。選手をやる気にさせられるかどうか、それができないとダメで、そこが一番監督の手腕が問われるところではないでしょうか。選手のやる気を出させるもっと

―も効果的な手段のひとつが「ほめる」ことです。（前掲資料、一〇五ページ）

「親が可愛がりすぎて、なかなか子どもに耐える力を植え付けられない時期だからこそ、我慢する心を育てる。その我慢する心が子どもの意識を変えて成長させるんです」と言う小倉（前掲資料、一八六ページ）。それは、ただ厳しい「規律」を課すのではなく、むしろ「ほめる」などの指導者による能動的な働きかけから「自主性」を生みだし、自ら進んで厳しさや苦しさを乗り越える「楽しさ」を生徒に味あわせようとする指導である。

さらに、慶應義塾高校野球部監督の上田誠は、「エンジョイ・ベースボール」というスローガンを掲げるなかで、より徹底した自己規律化を生徒に促す。彼の基本的な考え方は、「自分が好きで楽しくてしょうがないことだからこそ、厳しい練習に自主的に取り組むことができます。どんどん練習して上手になっていけば、自信もつき、『オレもやればできるんだ』と思うようになります。そうすると、放っておいても、もっと高いところを目指すようになります」というものだ（資料96、一九ページ）。

その上田は、「エンジョイ・ベースボール」の柱に「自分で考える」ことを据え、次のように述べている。

生徒をある程度大人扱いし、自分で考えさせて、答えを見つけられるようにする。そういうふうに生徒が楽しめる野球がしたい。選手を監督のゲームの駒のように動かすような野球はしたくない。私は現役の選手だったときに強制されるのがとても嫌だったため、自分ではこのような野球がしたいとずっと考えてきました。

どういう練習をすれば上手くなれるのか、どうすればチームは強くなれるのかを生徒にも考えさせる。試合中は、場面場面ですべきことを選手が考えて判断できるようになる。また、どのようなときに、どういう挨拶をするべきなのか、ということも生徒たちに考えさせる。

自分たちが決断したことなら、やっていてすごく楽しいはずです。部内のきまりなども、自分たちが納得して決めたことなら、責任を持って守ると思うのです。（前掲資料、一一〇ページ）

上田は、「エンジョイ・ベースボール」が面白おかしく、楽しみながら楽な練習をすることと同じではないと指摘している。「練習中の怠慢なプレーや繰り返される凡ミスには容赦なく罵声が浴びせられる」こともあれば、「冬は長時間走ったり、重いバットを延々振ったりと、苦しいことの連続」である。「勝つための猛練習は厭わない。しかし、自分たちの意思ではない、やらされるだけの練習はしない。それがエンジョイ・ベースボールの目指す姿勢」なのだ（前掲資料、一二三〜一二四ページ）。

ここには、指導者によって配分されていた「規律」にさえも、「自主性」が浸透している様子が垣間見える。上田はほかの指導者とは異なり、厳しい「規律」それ自体をも生徒自身に設定させ、そこに「楽しさ」を見いださせようとするのである。

このように、指導者たちは「自主性」それ自体を手放さないけれども、それはねじれた形で存在している。「規律」が課される（あるいは、生徒自身で「規律」を課す）なかで、厳しさや苦しさを乗り越える努力が「楽しさ」を生み、「自主性」が育まれていくと彼らは指摘しているのだ。彼らの語りに見いだせるのは、自己規律化した振る舞いにおける「自主性」を「楽しさ」という要素を媒介に導く技法であると言えよう。(14)「自主性」の配分領域が拡張されても、決して「規律」が消えてなくなるわけではない。

それでは最後に、ここまで見てきた一九九〇年代後半以降の「指導者言説」を一手に引き受けたかのように語る、一人の指導者について論じておこう。その指導者とは、千葉県立市原緑高校、習志野市立習志野高校、流通経済大学付属柏高校サッカー部監督を歴任し、一九九五年のインターハイで初の全国制覇、その後、全日本ユースサッカー選手権大会、全国高校サッカー選手権大

(14)　同様に、前掲の渡辺公二（資料59、一七五〜一七六ページ）や木内（資料74、八〇ページ）も「楽しさ」を媒介に自己規律化した振る舞いにおける「自主性」を語っている。

会、インターハイの高校三冠も達成した本田裕一郎である。

本田は、最初に赴任した市原緑高校時代の指導について、「練習量はハンパではありませんでした。休みの日なんか一日中やるのは当たり前。夜中までやったこともあります。ときには選手を竹刀で追いかけもしました。どこまでも強引に追い込むことしか、あの頃の自分にはなかったのです」と述べている（資料109、七九～八〇ページ）。

こうしたスパルタ方式の弊害を認識するようになった本田は、一九八六年に習志野高校に転任した際、その指導方法を一八〇度転換させた。具体的には、鉄拳制裁は一切なしで週に一日は休み。練習もテクニック重視で、一時間半の練習であれば最初の三〇分がドリブルやリフティング、残りの一時間をミニゲームという構成だったという（前掲資料、一一八ページ）[15]。

しかし、こうした自由な雰囲気が生徒のみならず本田自身にも甘さを生み、勝利への執念がなくなっていくことになる。このような経験を経て、二〇〇一年に流通経済大学付属柏高校に転任した本田は、勝利にこだわることの重要性を再認識し、次のような境地に至ったのである。

> 今の子どもたちはサッカーのテクニックや戦術など、小手先のことばかり身につけて効率よく勝とうとします。が、サッカーはそんなに簡単ではありません。人間的に自立していない選手が、咄嗟の状況変化に対応できるでしょうか？苦境に陥ったとき、チームメイトと懸命にコ

ミュニケーションを図りながら耐え、次のチャンスを窺えるでしょうか？辛く苦しい練習を乗り越え、頂点を目指せるでしょうか？答えはノーだと思います。

私たち指導者はサッカーだけを教えていてもダメなのです。ピッチ内外で自分を表現できるように、さまざまなアプローチをしなければならない。そう考える私は、流経であいさつや礼儀作法など人としての基本的な教育に、ピッチ内と同じくらいの時間を割いています。

今の時代は家族が一緒に過ごす時間も短く、箸が持てなかったり、「おはようございます」「こんにちは」と言えない子どもも少なくない。そういう当たり前のことを軽視していたら、いつまで経っても自分の意見をハッキリ言えるようにはならないでしょう。（前掲資料、四ページ、傍点筆者）

勝利にこだわる指導のなかで本田が重視するのは、自ら決断でき、行動できるような「自立心の育成」である。その背景には、ほかの指導者が語っていたように親の過保護や生徒の気質の変化がある（前掲資料、一三〜一四ページ）。本田は、以前の生徒と対比しつつ、現在の生徒に対

（15）　このような指導の変容の背景として、本田は静岡学園高校の井田勝通《まさみち》の影響を語っている（資料109、一一四〜一一七ページ）。

して取るべき指導について以下のように述べている。

高校教師になって三〇年以上が経ちますが、自立心の欠如は年々、深刻化しています。市原緑高校で教えていたときは、私のメチャクチャな指導に対し、子どもたちは文句を言ってきました。理屈をこねてくるから、逆に厳しく押さえ込んでいたくらいです。習志野高校時代も自由な環境が幸いしたのか、自立している選手が多かった。しかし今では歯向かってくる子など皆無に近い。みんな大人しくしているので、手を上げる材料もありません。しかも一対一で話してみると本当に幼い。何か不満を感じたときにはふて腐れたり、顔色を変えるだけ。あまりにも自分の気持ちを押し殺しているように思えます。（中略）

昔は厳しく苦しいトレーニングをしていれば、自然と強い心が育ちました。ですが、時代が変わり、鉄拳制裁もできなければ、言葉による厳しい指導もできない。指導者はそれに代わる方法を見出さなければならなくなりました。今は理論づくめの指導が中心になりましたが、ただ話して聞かせているだけではわからない場合が多い。だからこそ、あいさつや掃除、礼儀作法など地道なことから積み重ねて大人と話す機会を多く作らないといけない。自立心を養っていくことが指導者の大きな使命だと私は考えます。（前掲資料、一四～一五ページ）

そこで本田は、具体的に次のような指導を行っている。まず、掃除や挨拶といった日常生活に関する指導である。とりわけ、生徒は挨拶を繰り返すことで積極的に「自己表現」をするようになり、「先生、これをさせてください」と言ってくる生徒が増えたという。

次に、明確な目標の設定を促す指導である。本田は、「目標設定用紙」というものを導入し、次の試合で相手のチームに勝つために、どう戦えば勝てるのかを考えさせようとする。具体的には、「今週はシュート練習を一〇〇本やる」など、実現可能な目標を掲げさせたうえで、それを達成するための練習方法など何が必要かを書かせ、達成期限も設けさせる。それに対して本田がアドバイスを書き、生徒はそれをもとに書き直すというプロセスをたどるのだ（前掲資料、四四～四九ページ）。

こうして、本田が示すようにこの時期の指導者たちは、それまで以上に生徒の気質の変化に戸惑いつつ、「規律」と「自主性」の配分のバランスに気を配っていた。それが、「規律」と「自主性」を日常とスポーツにすみ分けるという技法に帰結したのだろう。

そして、その結果、自己規律化した振る舞いにおける「自主性」に生徒は導かれ、自ら進んで練習の厳しさや苦しさに立ち向かい、それを乗り越えた先にある「楽しさ」を糧に「自立」した人間になることが求められたのである。(16)

5 大人たちへのメッセージ

本章では、一九九八年以降の「指導者言説」に着目し、「規律」と「自主性」の配分問題のその後を明らかにしようとしてきた。その結果、指導者たちは以前のように練習と試合をすみ分けるのではなく、日常とスポーツをすみ分けていることが明らかとなった。こうした背景には、この時期多くの指導者に認識されていたように、生徒の気質に変化が生じたという理由がある。それは端的に、「やんちゃ」から「まじめ」への変化であった。

荒れた学校の「やんちゃ」でエネルキッシュな生徒とは異なり、この時期に問題化されたのは、過保護に育てられたがゆえにわがままで我慢することもままならず、指示待ちで自ら考えることはできないが、「まじめ」な現代っ子の振る舞いである。そのような生徒には、以前にも増して指導者による「規律」一辺倒の指導など通用しない。

とはいえ、もともと消費社会のなかで自由を謳歌してきた生徒たちに、ただただ「自主性」を説くわけにもいかない。そのとき、指導者たちは日常とスポーツをすみ分けることで、生徒の気質に合わせた「規律」と「自主性」をめぐる配分のバランスを探りだしたのである。

繰り返しになるが、これは「自主性」の領域が単純に拡張したとは捉えられない。むしろ、その根底で日常生活の「規律」が徹底されていたことに注意を向けなければならないだろう。すなわち、「規律」が日常という基底に据えられているからこそ、以前よりも拡張された「自主性」を指導者たちは語ることができたのではないだろうか。

その帰結が、厳しさや苦しさを乗り越える「楽しさ」を感受しつつ、「自立」した人間になることである。そこでは、生徒自身が厳しい「規律」を自主的に設定するというねじれた事態にまで達していた。このように、より複雑に「規律」と「自主性」が結び付いたのが、この時期の「指導者言説」なのである。

ところで、前章では当時の「指導者言説」が指し示す「のびのびとプレーするなかに垣間見える、逞しい生徒の姿」に、「規律」への欲望と管理主義教育への批判という矛盾を折衝する理想の生徒像を見た。これは、厳密には「逞しい生徒の姿に垣間見える、のびのびとしたプレー」だったのではないだろうか。当時の「指導者言説」は、「規律」を傾斜的に配分していたからである。だからこそ、管理主義教育が横行していたし、それに対する批判や生徒が「規律」一辺倒の指導

(16)　本田自身は、著書のなかで楽しさを強調することはない。ただし、「本当にサッカーが楽しくて仕方がない子は自分から進んで練習にも取り組む（中略）つまり、身近なところを分析して、問題を洗い出し、一つひとつ改善して、サッカーをもっともっと好きにさせればいい」と述べており、生徒に「規律」を課すだけの単純な指導ではないことが理解できる（資料109、四一ページ）。

についてこないなどの問題から、「自主性」が試合という限定的な場面に配分されていたのだろう。

翻って、本章でたどってきた「指導者言説」にこそ、「のびのびとプレーするなかに垣間見える、逞しい生徒の姿」を見いだせるのではないだろうか。我喜屋や畑に典型的だったように、スポーツの場面では生徒がさまざまなことを自ら考え、判断し、のびのびとプレーする。しかし、その根底には厳しい「規律」に支えられた日常生活がある。彼らは、スポーツを離れたところでもにこやかに挨拶を交わし、気持ちのいい返事をし、グラウンドや部室の整理整頓はもとより、地域のごみ拾いまで行ったのである（資料117、一四〜四〇ページ・資料135、四八〜五八ページ）。

これに関連して、最後に一冊の書籍を挙げよう。それは、一九九九年夏の甲子園に東京都立城東高校が初めて出場したことを題材に書かれた『都立城東高校甲子園出場物語――夢の実現』である。当時、実用書や一般書の編集制作に携わっていたという著者の手束仁は、都立城東高校野球部の魅力を次のように評している。


何よりも自由な発想から生まれてくる、破天荒な野球が魅力的だった。個性の野球といってもいいだろう。

髪の毛も自由。長髪もいれば坊主頭もいる、スポーツ刈りもいる。そして、試合の時も学校へくる時も、いわゆる野球部バッグといわれる、校名やネームが刺繍されたものを誰もかついでいるわけではない。だから、他の高校生に比べて色が黒いということを除くと野球部であるということがわからないくらいの感じだ。

いい意味でバラバラなのだ。だからといって決してちゃらちゃらした感じではない。みんな凄く野球が好きで、一年三六五日、徹底的に野球漬けで甲子園を目指してきたのである。（資料53、一六〜一七ページ）

一見すると自由な彼らがチャラチャラしたように見えないのは、その背後に厳しい「規律」を耐え抜いた生徒の姿を垣間見ることができるからだ。(17) このような生徒の姿から、手束は次のような大人たちへのメッセージを受け取っている。

夢を実現させるには、自分の目標に向けて一生懸命に努力するという一番当たり前のことを教えてくれたのだ。また、そのためには誰よりもそのことを好きにならなければいけないということも、本当に楽しい思いをするためには、苦しんで苦しんで、それでも頑張って努力する

(17)　この野球部の指導者は、非常に厳しい「規律」を練習にも試合にも課している（資料53、一〇六〜一〇九ページ）。その傍らで、練習において生徒たちが自ら考え工夫を凝らす場面も描かれている（前掲資料、一一八〜一二二ページ）。

ことだということも教えてくれたのである。
城東高校の野球部の選手達が、それを世の中に、大人たちに体で教えてくれたのである。（前掲資料、一七〜一八ページ、傍点筆者）

以上を総括すれば、「指導者言説」は「規律のなかの自主性」から「自主性のなかの規律」を語るものへと変容を遂げたと言えよう。だからこそ、「自主性」[18]が拡張されているように見える裏側で、「規律」が消え難く運動部活動に鎮座するのである。

もちろん、この時期にも大人による強制やスパルタ指導を重視する指導者がいることは事実である（資料71、93、102、107、111、125、126、140）。しかし、それらの大半において、単に「規律」を課すような指導が描かれるのではなく、そこにある合理性や従来の指導に固執しない指導者の柔軟な姿勢などが同時に描かれていることは強調しておきたい。すなわち、「規律」は消え難いものであると同時に、それのみで成り立つほど単純ではなく、指導者の創意工夫が必要な教育的技法なのだ。だからこそ、その創意工夫に際して一見相反する「自主性」が結び付いてきたと言えよう。

さて、本章では一九九八年を第二の切断線とし、「指導者言説」の質的変容について記述してきた。しかし、そうした質的変容の傍らで、言説量それ自体が増加していることを忘れてはならない。

では、なぜ「指導者言説」がまさにこの時期に増加したのだろうか。おそらくそれは、先の手束に見られたように、私たちが運動部活動から何らかのメッセージを受け取ってしまうことと関係しているはずである。

(18) 松尾［二〇一五］によれば、近年クラブチームの台頭により「競技としてのスポーツ」を担えなくなった運動部活動で、「教育としてのスポーツ」を担うべきだという意識が指導者に生じているという。具体的には、礼儀作法やマナー、上下関係性、社会的規範意識の教育こそ運動部活動が担うべきという意識である。また立木［二〇一四・二〇一八］は、クラブチームの指導者も「生活態度、社会性、道徳心の涵養」や「人間教育を通じたサッカースキルの習得」を重視していると指摘する。青少年スポーツと「規律」の関係を解消することは、それほど簡単ではないのだ。

第4章 教育する「指導者言説」——拡張された「人間教育」

1 「心の闇」のインパクト——子ども・若者の理解不可能性をめぐって

一九九七年六月二八日、とある一四歳の少年が逮捕されたことで日本全国に衝撃が走った。その少年は、二名の女児への通り魔事件と一人の少年の殺害遺棄事件からなる「神戸連続児童殺傷事件」を引き起こし、名を「酒鬼薔薇聖斗《さかきばらせいと》」と自称した。

この事件で耳目《じもく》を集めたのが、切断した少年の頭部を中学校の校門に置くという猟奇的な犯行もさることながら、その犯行声明文の一節に「透明な存在であるボクを造り出した義務教育と、義務教育を生み出した社会への復讐」と記されていたことである(1)。これらは即座にいくつかの言葉を呼び寄せ、その後世紀をまたいで実現することになる制度改革への機運を高めていった。

そこでは「青少年の凶悪化」が叫ばれ、テレビやゲームの影響などの原因探しが行われた。同年七月一日には、官房長官を務めていた梶山静六が早くも少年法の見直しに言及し、未成年である犯人の顔写真の掲載や実名報道をめぐる議論も巻き込みながら少年法改正論議が隆盛していった。実際、二〇〇〇年一一月には刑罰適用年齢を引き下げた改正少年法が可決され、二〇〇七年には少年院送致の対象年齢を引き下げた少年法再改正もなされた。

また、声明文が教育に触れていたことから、この事件はいじめなどの問題や学校の病理とも関連づけて語られた。たとえば、この事件を受けた中央教育審議会への諮問「幼児期からの心の教育のあり方」に端を発するスクールカウンセラーの派遣拡大、二〇〇二年の道徳用副教材『心のノート』の配布、二〇〇六年の教育基本法改正といった心の教育をめぐる一連の政策が展開されていった。

このように、一方で子どもにとっての学校の息苦しさが、他方で社会にとっての教育の機能不全が問題とされたのである（牧野［二〇〇八］三〜四ページ、元森［二〇〇九］i〜iiページ）。その際、キーワードとなったのが「心の闇」である。実は、「心の闇」という語彙が一九八〇年代の新聞紙上で語られることはほとんどなかった。ところが、一九九七年にその頻度が一挙に増大し、二〇〇〇年代に入るとごく普通の語彙になったかのように頻用されるようになった（鈴木［二〇一三］八〜九ページ）。その節目に起こったのが、「神戸連続児童殺傷事件」であることは言うまでもない。この「心の闇」という語彙が浮上した理由については、主に二つの立場から議論されている。

第一に、「心の闇」という語彙が異質な他者をつくり上げるという議論である。かつての事件報道に比べ、近年では個々の事件について執拗にかつ詳細に論じられる傾向があり、過剰な眼差しに基づいて猟奇性や不可解さが報じられている。それが、私たちの存在論的不安を高め、モラル・パニックを引き起こしていることが指摘されている。そのような状況で、近年の犯罪報道は心理学的用語を用いて、問題を青少年の内面というブラックボックスに押し込め、彼らを本質的に異質な他者として扱うのである（牧野［二〇〇八］）。

第二に、「心の闇」をめぐる語りが、際限のない他者の心の理解への要求を呼び起こすという議論である。「心の闇」は、「この程度の『心』の理解で満足すべきではない」という規範が全面化することで語られるものである、と指摘されている。だからこそ、それは理解すべき「心」の

（１）この事件の興奮が完全に冷めきらないうちに、未成年による不可解で突発的な事件が相次いで発生し、社会問題化した。たとえば、一九九八年の黒磯・教師刺殺事件、二〇〇〇年の豊川・主婦刺殺事件、佐賀・バスジャック事件、岡山・母親殺害事件、二〇〇三年の長崎・男児誘拐殺害事件、二〇〇四年の佐世保・小学校内での同級生殺害事件、二〇〇五年の寝屋川・小学校教員殺傷事件などである（牧野［二〇〇八］三ページ）。

領域として語られ続けると同時に、どれだけ理解が進んでもなお理解できない「心」の領域として語られていくのである（赤羽［二〇一三］）。

ところで、この時期、子ども・若者の心の問題は少年犯罪のみならずさまざまな問題に接続され、彼らをめぐる不安が人々の間に広がっていったように思える。その典型が「若者バッシング」である。

一九八〇年代の若者像は、高度消費社会や高度情報化社会に適合する新しい人格類型を描きだしていたのに対して、一九九〇年代以降の若者像の多くがマイナスイメージを帯びていたことが指摘されている。まるでそれらのイメージは、若者をバッシングするために考案されたもののように感じられるほどだという（浅野［二〇〇六］四ページ）。

たとえば、パラサイト・シングル、ニート、フリーターなどの問題である。とくに一九九〇年代から二〇〇〇年代初頭にかけて、「教育から仕事への移行」の困難が顕在化しはじめた（本田［二〇〇五b］一一～九ページ）。そこで生まれたのが、パラサイト・シングル、ニート、フリーターとして問題化された、主に無職であったり、非正規雇用に従事する若者たちである。無論、そのような結果は構造的な問題に起因することが指摘されてきた。(2) しかし、実際に生起したのは子ども・若者の心や意識に問題を還元する若者バッシングという風潮である。(3)

このように、現代社会において人々の関心が「心」に集中する社会現象は「心理主義化」と呼ばれてきた（森［二〇〇〇］）。そうした「心の時代」とも呼ぶべき「心」に確かさを求める潮流のなかでは、「生きづらさ」を抱える若者たちにとっても自身の「心」が重要となる。この時期は「私探し」や「癒し」の時代であり、精神科医や心理学者が活躍する「心の専門家」の時代であり、「心の教育」の時代でもあった（豊泉［二〇一〇］一〇二〜一〇五ページ）。

しかし、子ども・若者を異質な他者に仕立てるにせよ、彼らの「心の闇」が語られていくにせよ、社会問題の原因を彼らの心に帰責《きせき》して表面上は理解可能にするにせよ、はたまた彼ら自身がその「心」に悩み続けるにせよ、これらに共通するのは次の事実だろう。それは、一九九〇年代後半以降に問題化された子ども・若者をめぐるさまざまな現象が、彼らの（あるいは彼ら自身の）理解不可能性を亢進《こうしん》させ、人々に不安を惹起《じゃっき》したことである。(4)

---

(2)　パラサイト・シングルについては山田［一九九九・二〇〇四］、ニート、フリーターについては小杉編［二〇〇二］、安田［二〇〇三］、本田・内藤・後藤［二〇〇六］、小杉［二〇一〇］に詳しい。

(3)　典型例として、波頭［二〇〇三］、正高［二〇〇三］、森［二〇〇六］、堀・久保利［二〇〇八］などは、若者の問題を彼らの心や意識に還元する議論を展開している。

(4)　「神戸連続児童殺傷事件」以降において犯罪や治安を語るキーワードの一つが「不安」であり、その対象はとりわけ少年犯罪である。しかも、普通の子どもの犯罪が問題化されたことによって、犯罪の被害に遭う不安だけでなく、自分の子どもが加害者になるかもしれないという不安を保護者に抱かせることになった（牧野［二〇〇六］）。こうした不安は、子ども・若者をめぐるさまざまな問題に広がったと思われる。

こうした論点は、運動部活動が主題の本書と関係ないように見えるかもしれない。しかし、子ども・若者を取り巻く不安が、実は「指導者言説」と大いに関係しており、なおかつその量的増加を引き起こした要因でもあると説明を試みるのが本章の目論見である。なぜなら、子ども・若者をめぐる理解不可能性や、それに伴う不安を指導者自身も共有している様相が見て取れるからだ。

『尾藤公――一期一会一球』という書籍において、和歌山県立箕島高校野球部監督を務め、甲子園春夏連覇を果たした尾藤公がインタビュアーとなり、横浜高校野球部監督であった渡辺元智と対談するなかで以下のようなやり取りが見られる。

――以前も話したときも今どきの子供を教える難しさを言われていたけど、昨今の青少年による悲惨な事件を見ていると、さらに厳しいものがある感じがするね。

「今の選手は激しく移り変わる環境の中で育ってきているので、その心を読み取ることがなかなか難しい。表情がみんな同じなんですよ。何を考えているかわからない。自分が言っていることがちゃんと届いているかどうか、間違っているのか…。反応がないからわからないんです」

（資料115、二三四～二三五ページ）

ここでは、少年事件を引きあいに出した尾藤の問いかけに、渡辺が生徒たちに対する不安を吐露することで答えている。では、子ども・若者の理解不可能性に端を発する不安に「指導者言説」はどのように対峙《たいじ》したのだろうか。

おそらく、そのような不安に対して、「指導者言説」は単に子ども・若者の心を理解せよと際限なく迫ったり、彼らを異質な他者として排除したり、彼ら個人に問題を帰責《きせき》したりしない。むしろ、別様に存在したからこそ、「指導者言説」はこの時期に隆盛したのではないだろうか。本章はこのような問いから出発し、一九九〇年代後半以降に「指導者言説」が獲得した社会的位置づけについて説明を試みる。

2 夢と希望と心の教育——若者問題と「指導者言説」

「十七歳」という語句から本来私たちは、若さに溢れ、眩しいばかりの青年像を思い浮かべるはずでした。しかし、残念ながらそこに危うい不安定な青少年を想起しがちな昨今です（中略）青少年を健全に育てるという壮大かつ漠然と流れやすいテーマは、とかく具体的な指針を見失いがちです。観念的な理想を唱えることは可能であっても、現実に青少年に接し、その悩みや痛みと間近に向かい合い、ときには反発されながらも彼らと彼らを取り巻く事実と四つに組んだ者にしか、実感のある言葉を語ることはできません。しかも、私たちが望んでいるものは現実の厳しさについてのレポートではなく、そこから何らかの実績を勝ち得た勝利者の、説得ある言葉ではないでしょうか。(資料72、二ページ)

これは、一般財団法人青少年交流振興協会が編集した『17歳を語る山口良治』という書籍の冒頭に記された言葉である。青少年交流振興協会は、「日本の未来を担う青少年に対して、スポーツや文化、ボランティア活動等を通じた交流の場を提供するとともに、青少年自身による楽しく有意義なイベントや、地域に根ざしたボランティア活動等を応援する事を通して、向上心や探究心、学びあい助け合う心を大切とする健全な精神を醸成し、地域社会に貢献できる人材を育成し、わが国の教育の振興に寄与します」と謳う、文部科学省所管の公益法人である。

設立は一九五八年一月にさかのぼり、当初は小中学校の児童生徒を対象に修学旅行や教育旅行などの校外学習に対する指導補助を行っていた。近年では、プロのスポーツ選手と直接交流することを通して、青少年に大きな夢をもたせ、同時に社会に貢献できる人材を育成しようとする「エンジョイ・スポーツ」なるプログラムも実施している。(5)

このような組織が、なぜ冒頭のように語るのか。その理由は、まさに子ども・若者への不安にある。

前節で触れた、神戸連続児童殺傷事件の犯人の年齢をきっかけに、「十四歳」というカテゴリーが「心の闇」と結び付いて語られるようになった。引用の冒頭に「十七歳」とあるのは、二〇〇〇年以降、一七歳の青少年が起こした事件が多発したことで「十七歳」というカテゴリーも問題化されるようになったからである（鈴木［二〇一三］）。

実際、この書籍は第一部が「十七歳」と題された編者による記述からなり、その最初の一文には太字で、「思春期という言葉には甘い香りが漂う。多感で、些細なことにも胸を躍らせる若者たち……。高校球児に見かけるその姿は、限りない夢の実現に努める爽やかな青年像である。しかし一方、そのみずみずしさとは裏腹に、危ういイメージの『十七歳』たちがいる」と、高校球児と問題化された「十七歳」の姿が対比的に描かれている（前掲資料、一〇ページ）。

また、そこでは、一二ページにわたって一七歳の青少年が起こした事件などが詳しく論じられたあと、「未来を担ってくれる若者たちに元気溌剌と希望を抱いてほしい。つらいことや許しがたい不条理に直面したとしても、乗り越えて余りある逞しい大人に育ってほしい」という編者の願いが吐露されている（前掲資料、二一～二二ページ）。

このような願いを実現してきた人物としてここで呼びだされているのが、たびたび本書に登場

（5）http://www.apyc.net/　二〇一九年七月九日閲覧。

してきた伏見工業高校の山口良治である。「心の闇」のような子ども・若者の問題と接続されるとき、山口が語るキーワードは「夢」と「希望」である。山口は他書において次のように述べている。

今、厳しく変わっていく社会の様相や価値観の多様化、目を覆いたくなるような人間教育の荒廃によって、子どもたちが夢と希望をもつことが大変むずかしくなってきている。（中略）次代を担う子どもたちを健やかに育むには、夢と希望を抱かせること抜きには考えられない。一人ひとりの子どもたちの持ち味を活かし、目標に向かって努力を重ねるなかで、自分という主体を確立させていく……ラグビーこそうってつけのスポーツだと考える。（資料50、二二三ページ）

私は、自分と関わる生徒やラグビー部の選手たちに対して、彼らの気持ちをどこへ向けさせたら、はつらつとした高校生活を送らせることができるかということを考えつづけてきた。希望に燃えている人間、夢に向かっている人間は、年齢に関係なくいつもはつらつとしてキラキラと輝いているものだ。

その反対に仕事でもラグビーの練習でも、人からやらされるということほどつまらないもの

――はない。だから、自らやらずにいられないような、そんな状況を演出してやりたいと思ってきたのである。（資料69、一七七～一七八ページ）

たとえば、山口は教え子の大八木淳史には高校に入学したときから「頑張れば日本代表になれる」と言い続け、平尾誠二には「世界を目指して、一緒にラグビーをやろう」と誘ったのだという（前掲資料、一七八ページ）。

このようなエピソードが綴られている大八木との共著のタイトルが、『夢を活かす！』であるのは決して偶然ではないだろう。だからこそ、「共に夢を語ること、共に希望を語ること。これイコール教えるってことです」と、夢や希望を語り続けることを彼は重視するのである（資料72、一五七ページ）。このような山口の姿勢については、肯定的な意見が寄せられている。

当時、東京大学教育学部助教授で教育学者の汐見稔幸（白梅学園大学名誉学長）は、「自分への信頼感、そして夢と希望、これこそ今の日本のすべての子どもたちにたんねん（ママ）に育てなければならないものなのである」と述べ、それを体現する山口の書を「高校ラグビーの優れた指導記録としてよりも、個性的でかつずっしりと重い経験をもった一人の教師の優れた実践思想」として読んだという（資料50、二三五～二三七ページ）。

また、財団法人全日本仏教会理事長の白幡憲佑は、山口の言葉には心があり、心の教育が社会で問題にされてきた日本において、山口の書が大きく必要になってくるはずだ、と述べている（前掲資料、二二八〜二二九ページ）。

このように、山口は子ども・若者の「心の闇」が問題化されていた当時、彼らに「夢」と「希望」を語り、「心の教育」を施すロールモデルとして呼びだされているのである。

ほかにも、大阪府立堺工業高校、食品産業高校（現大阪府立枚岡樟風高校）柔道部監督を歴任し、各校を強豪に育てあげたあと、日本初の女子柔道実業団チーム「ミキハウス女子柔道部」の監督を務めた橋本圭史は次のような語りを見せている。

橋本は、『とことん情熱や！――鬼教師の型破り痛快教育論』の序章において、「子どもには、夢がつまっていなくては」と題し、「生きることは、夢を描き、その実現に向けて努力することだと信じる。だからこそ、子どもたちには大きな夢を抱いてほしい。そして、お父さん、お母さんは、子どもが夢を実現するために、できる限りサポートしてほしいと思う。子どもと一緒に、素敵な夢を見てほしいのだ」と願っている（資料79、七ページ）。そんな橋本にとって重要なのは、夢の実現よりも夢を追う過程である。橋本は次のように述べている。

子どもの頃に、若いうちに、死に物狂いで頑張った経験は、なにものにも代えられない財産である。大人になって、苦しいこと、つらいことがあっても、それを乗り越えて、夢の実現に

つなげる精神力の源になるに違いない。あの頑張った日々を思い出せば、きっと力が湧いてくる。（前掲資料、八ページ）

ここで山口と橋本が語るように、この時期「心の闇」が問題化された子どもや若者に必要とされているのは「夢」や「希望」である。[6] そして、それらを育み追いかける過程で、運動部活動は心の教育を施す場として肯定されているのだ。[7]

このように、「指導者言説」は「心の闇」に代表される子どもや若者の問題と接続されている。では、これが言説量の増加を引き起こした要因なのだろうか。もちろん、主な要因の一つではある。しかし、問題化されるのは何も子どもや若者のみに留まらない。むしろ、大人たちが問題化されていくところに「指導者言説」独自のありようを見いだすことができる。

（6）実は、一九八〇年代後半から続いている高校教育改革におけるキャリア教育のキーワードも「夢」である。詳細は、荒川［二〇〇九］を参照のこと。

（7）ほかにも、渡辺元智が心の教育に触れている（資料56、一四一～一四二ページ）。また、ある書籍では、自己の思うままにことが運ばないと「キレた」といって自暴自棄になる若者と、「キレた」状態となって簡単に試合を放棄してしまう高校球児の姿を重ねながら、そのような若者とは異なる選手を育成する監督の指導が「心の教育」と形容されている（資料58、一七七～一七八ページ）。

③ 多様化する「指導者言説」の宛先

教育される親と教師——子育てと「指導者言説」

図4－1および**図4－2**は、「指導者言説」の主な対象の経年変化をグラフ化したものである。**図4－1**からは、運動部活動において教える者である「指導者、スポーツ関係者」、教えられる者である「選手、生徒、若者」といった直接的な対象が「指導者言説」で常に読者として想定されてきたことが分かる。一方、**図4－2**からは「指導者言説」の宛先が一九九〇年代後半以降に多様化していく様相を見て取ることができる。まず、以下では親や教師をめぐる語りに着目してみよう。

ここで親と教師をめぐる語りに着目するのは、両者を読者として想定した書籍が非常に多いからである。この時期、親を対象としているのは資料52、56、59、60、69、74、79、85、89、91、107、123、129、135、142、145の計一六冊である。そのなかの一一冊が教師も対象としており、両者に発するべき共通のメッセージを指導者が有していた可能性を読み取ることができる。

前節で取り上げた橋本は、最後に引用した部分に続けて、「だからこそ断言する。大人たちは、子どものために夢を見るきっかけを与え、夢を叶える手助けをしなければならない」と述べ

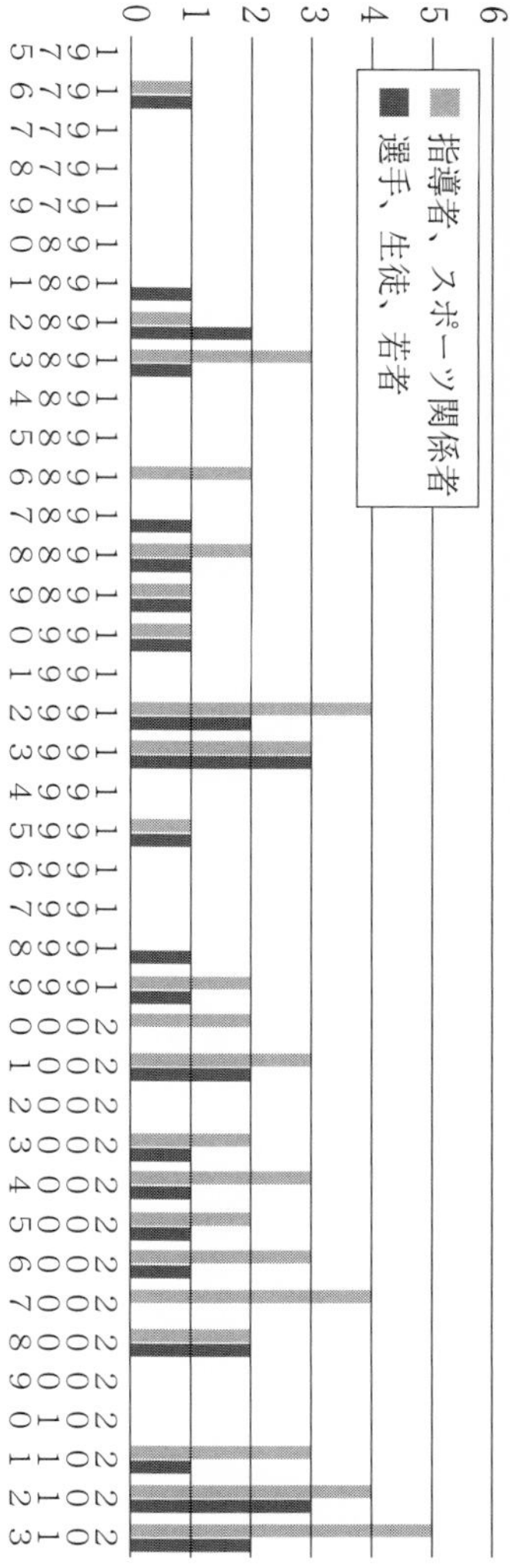

図４－１　対象の経年変化（指導者、選手等）

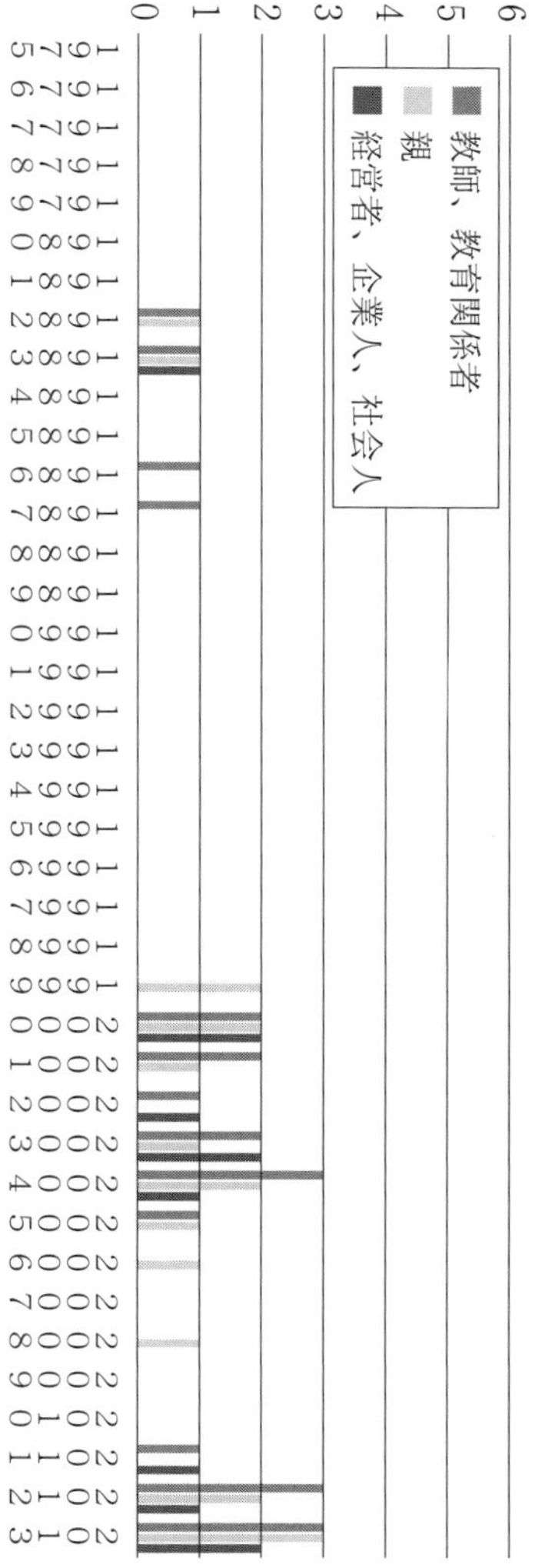

図４－２　対象の経年変化（教師、親、経営者等）

ている（資料79、八ページ）。つまり、子どもや若者の問題を解決するのは大人の役割であることが示唆されているのである。

しかし、橋本は単に大人を子どもや若者の救世主に位置づけるのではない。むしろ、大人こそが子どもたちの問題をつくりだしていると指摘する。彼は、「現在の子どもを取り巻く環境が急速に悪化していることに、強い不安を感じる。ここ数年、子どもをめぐる事件で、いったい、どうなっとるんやと唖然とさせられることが、あまりに次々に起こっているのだ」と言っている（前掲資料、九ページ）。そして、神戸連続児童殺傷事件や長崎・男児誘拐殺害事件を引きあいに出しながら、そうした事件が繰り返される原因について次のように語っている。

> このような事件の根底に、子育てと教育の問題がある。子どもを守り育てるはずの家庭と学校のどこかが、いつの間にか、ゆがんでしまっているのだ。そして、そのゆがみが子どもたちに「夢の喪失」をもたらしている。今の子どもたちは、夢を見ることができなくなっているように思える。（前掲資料、一一ページ）

ここでは、青少年によって繰り返される事件の根底に子育てと教育の問題があり、子どもたちの「夢の喪失」につながっていることが指摘されている。そして彼は、「現代は、教師も、親も『頭ばかり先走って、心をなくしているのではないか』と思う」と、その問題の矛先を親や教師に向ける（前掲資料、一二ページ）。

「間違ったことをしていれば、『間違っている』と叱って諭すのが本来の教師であると思う。それをしないで、できない教師が増えたから、世の中おかしくなったのだ」と述べ、「同じことは、子育てにも言える。甘やかすだけが子育てでは決してない。愛情ゆえの厳しさが、わが子を強く、たくましく、正しく育てるために役立つのだ」と、親や教師の過保護を批判するのだ（前掲資料、一三～一四ページ）。

このように語る橋本は、同書を「子どもをとことん愛し、愛するがゆえに鬼にもなる。今、親と教師、指導者に求められているのは、そのことだと思う」と締めくくっている（前掲資料、一七四ページ）。

山口はより徹底的に、子どもや若者ではなく親と教師を問題化する。彼は、『熱き思いが壁を破る――スクール・ウォーズ流涙の教育論』の冒頭で、同書に込めた思いを次のように綴っている。長くなるが引用してみよう。

――最近は、未成年が当事者となる事件が連日のようにニュースをにぎわしている。被害者だけでなく、加害者になるケースも非常に増えている。いまほど子どもたちの常軌を逸した行動が社会問題化している時代はないだろう。そうなってしまった背景には、さまざまな原因があるにちがいない。「子どもは変わってしまった」という人も多い。

しかし、今の子どもたちだって、親や教師をはじめとするおとなたちが、子どもたちひとりひとりと真剣に向き合い、私と同じような強い気持ちを持って接すれば、子どもらしい、純粋な表情を絶対に取り戻すことができるはずだと私は信じている。

子どもは、私たちの未来を担う、このうえなく尊い存在である。であるならば、私たちおとなは、子どもに期待し、彼らが夢や希望を抱いて目標に向かっていけるよう、導いてやる使命を有しているはずだ。同時に、親や教師をはじめとするおとなたちは、子どもたちがそれをするにふさわしいだけの社会を築くために自分に与えられた責任を、ほんとうに自分自身が果たしているのか、つねにみずからに問いかけなければならないだろう。

いまこそ親や教師は、教育への、子どもたちへの熱い思いと使命感を持ってほしい。教師として、また親としても先輩のはしくれである私は、その願いを本書に込めたつもりである。（資料85、六〜七ページ）

ここでは、子どもや若者が当事者や加害者になる事件が相次ぎ、彼らの常軌を逸した行動が社会問題化されていることがまず指摘される。しかし、山口はそれを「子どもは変わってしまった」

と責任転嫁するのではなく、むしろ親や教師といった大人に向かって「ひとりひとりと真剣に向き合え」とか「強い気持ちを持って接しろ」と鼓舞している。そして、親や教師が教育や子どもへの熱い思いと使命感をもち、子どもや若者が夢と希望を抱けるように導くことが重要だというのである。

こうした認識をもつ山口は、実際に同書の第1章を「子どもは変わっていない、変わったのはおとなだ」と題し、「子どもに『NO』と言えないのは、おとなたちの責任逃れの詭弁である」という箇所で、子どもの自由や自主性を過度に尊重する風潮に疑問を投げかけている（前掲資料、二七〜二九ページ）。また、「子どもはおとなの本心を即座に見抜く。子どもの感性を軽くみるな」と題した箇所では体罰経験に触れつつ、それでも自分についてきてくれたのは生徒への思いと愛を生徒ら自身が感じてくれたからにほかならないと述べている（前掲資料、三七〜四〇ページ）。

体罰と熱き思いの関係については、橋本も山口と同様の見解を述べている（資料79、一〇五ページ）。しかし、体罰を愛情表現に結び付ける論理は、体罰容認論を支えてきたとも言える。(8) なお、本書は運動部活動における体罰に焦点化するものではないため、この問題については別に論じるべきであるが、ひと言だけ付言しておきたい。それは、体罰がいわゆる「愛のムチ」として表現

（8） 詳しくは、西山［二〇一四］を参照のこと。

されることを、単なる指導者の言い逃れや正統化として退けるべきではないことである。少なくとも、体罰は指導者から生徒への一方通行のものではなく、両者の相互行為において理解すべきだと筆者は考えている。その際、生徒がどのように体罰を受容するのかを精緻に捉えることが肝要であろう。(9)

いずれにせよ、山口は橋本と同様に、子どもらへの愛、そして著書のタイトルにもある熱き思いの重要性を語っていることが分かる。

さらに、横浜商工高校（現横浜創学館高校）ハンドボール部監督を務め、全国高校選抜大会五回、インターハイ三回、国体二回の優勝を誇る渡辺靖弘は、「いま、教育現場はたいへんな様相を示していると嘆く人が多いですね。生徒が教師に暴力をふるう、昔と逆ですね。でも、子どもたちが変わったと責めるのは、おかしいのではないでしょうか。子どもたちを逆にしてしまったのは、世の中であって、子どもたちだけに責任があるわけじゃない」と述べている（資料67、二二六〜二二七ページ）。

このように語る渡辺は、「いまの子どもたちには何が必要かというと、それは言葉を多くすることなんです。（中略）伝えたいことがあれば、まず身体で示し、目に表し、そして心からの言葉にする」ことが重要であると指摘している（前掲資料、二二六ページ）。彼も、橋本や山口と同じく次のように述べている。

なんでも優しく接すればいい、と考えている人もいるが、いまは〝心ある厳しさ〟が必要です。多くの子どもたちは厳しさに飢えている、そう思うんです。厳しさといっても、もちろん心のある厳しさですよ。子どもというものは、自己中心的な考えができることが自由だ、とはき違えるものです。ダメなものはダメ、悪いことは悪いと教えなければね。勇気をもって、心に訴えれば通じるものです。ハンドボールだってそうですが、厳しく教えた子どもは基本がしっかりしている。（前掲資料、一二六ページ）

このような指導者たちの語りを踏まえれば、この時期「指導者－選手」という運動部活動内部の関係性に留まらず、親と教師の振る舞いが問題化されていることが分かる。そこで要請されたのは、子どもへの愛や熱い思いに基づく心ある厳しさであった。言い換えれば、「指導者言説」は「親と教師の主体化」の装置として位置づいたと捉えられるだろう。[10]「指導者言説」は、「親－子ども」、「教師－生徒」の関係における大人の振る舞いを導く道具としての役割を担うようになったのである。

（9）この点に関しては、山口［二〇一三］と有元［二〇一四］が参考になる。

教育される上司――経済と「指導者言説」

このように、親や教師が問題化されることで「指導者言説」は教育と密接に結び付いていると分かる。しかし、思い起こせば一九八〇年代の「指導者言説」も荒れる学校や三無主義などが問題化されていた。言ってしまえば、「指導者言説」が教育と接続されるのは特異な事象ではないということだ。

また、一六五ページに掲載した**図4－2**からも明らかなように、一九八〇年代にも親や教師に向けられた書籍は少数だが存在していた。たとえば、蔦《つた》の著書『攻めダルマの教育論――蔦流・若者の鍛え方』のカバー袖には、作家の藤原審爾《しんじ》が「百回感銘し、百回笑った」と題して、「子育てに頭を抱える親や教師たちには、ぜひ読んでもらいたい本だ」というコメントを寄せているほか、当時千葉大学教授の多湖輝は「これこそ本物の教育書だ」として、「すべての教師と親に読んでもらいたいと」賛辞を送っている（資料18）。

しかし、重要なのは、とりわけ二〇〇〇年以降において教育のみならず「指導者言説」が他領域に拡散していくことである。ここでは、主に「経営者、企業人、社会人」を対象とした書籍を取り上げてみよう。すなわち、経済と接続した「指導者言説」のありようへの着目である。

この時期、「経営者、企業人、社会人」を対象としているのは、資料59、60、70、73、74、81、118、123、137、144の一〇冊である。また、**図4－2**には記載していないものの、隣接した対象として「リーダー」に言及している書籍として、先の資料73、74に加え、資料78がある。さらには、対象として明確に言及されなくとも、断片的に経済とかかわる語りを見せる書籍も多数ある。たとえば、資料63、68、82、98、99、102、107、109、110、135、145などが挙げられる。

そのなかで、経済と密接にかかわる話題として取り上げられているのが「ニート」と「フリーター」の問題である。これらは、若者問題としてのみならず労働問題としても注目を浴びたのであり、「指導者言説」においてもたびたび言及されている。例を挙げると、桜花学園高校女子バスケットボール部監督の井上眞一は、バスケットボールで勝ち抜いた経験の効用について語るなかで、断片的にフリーターに触れながら若者の振る舞いに関して次のように述べている。

――努力し、勝ち進み、自分の望むものを手に入れると言うのは、スポーツだけではない。ある意味、人生はそのことの繰り返しだ。ところが、今は勝負の土俵に乗らないで「もういいや」――

(10)　天童編［二〇一六］によれば、一九九〇年代までの育児雑誌が子どもを主体として、子どもを育てるための育児情報・知識の伝達媒体であったのに対して、二〇〇〇年代には母のファッションや家族のライフスタイルの重視、父親の育児参加を促す言説などが編まれ、「親の主体化」の装置へと変化したのだという。このような、他領域の動向や先の指導者の語りを鑑みると、二〇〇〇年代に大人を主体化する言説の隆盛を見て取ることができる。ここで「親と教師の主体化」の装置と呼んだ背景には、こうした事情がある。

とスポイルしてしまう若者が多過ぎる。フリーターでいいや、アルバイトでいいや、仕事がダメなら結婚でいいや、と、いとも簡単に諦めてしまう。そんな生き方で生活していける日本という国がいけない。勝ち負けに関係のない、例えば悠々自適、晴耕雨読のような穏やかな老後も、ただのんびりとしていればもたらされるというものではないはずだ。学業や、職業を始めるところにすでに勝ち負けがあり、その後の人生の至る所で様々な闘いがあるはずだ。人間関係の悩みや恋愛の辛さや、肉親を失う悲しみ。そうした困難を乗り越えるには、まず自分との闘いがある。（資料63、九六ページ）

また、田中國明(11)は「子供達を甘やかしてきたツケがニート六四万人、プラス暴力や無気力、薬物などで、親達の活力まで阻害している無数の子供達を出現させた」と言い、「勉強しなければ、努力を継続しなければ、挑戦しなければ、苦難から尻尾巻いて逃げ出すならば、親は子に、教師は児童、生徒に『君達は人生の落伍者になる』と一〇〇万回でも脅迫すべきである。あるいはゲンコツで殴りつけてでも強い精神力を植えつけるべきなのである」という極端な結論を導きだしている（資料107、一三九ページ）。

ここでは、とくに親や教師に言及されているが、こうしたニート・フリーター問題を媒介としてほかの大人の振る舞いを問題化しているのが、渡辺元智（横浜高校野球部監督）の『若者との接し方――デキない子どもの育成力』という著作である。実は、二〇〇一年に渡辺が著した『育成力――ダメなやつほどよく伸びる』を大幅に加筆し、再構成したものとして二〇〇六年に出版されたのが同書である。

そこでは、「この五年間で子供たちはすっかり変わってしまった。世の中も、メールとか携帯電話とかの文明の利器が出回って大きく様変わりした。そういうニート世代の現代の子供たちとは、どう付き合って、どう導けばいいのか。そのことを考えてリニューアルしたのがこの本である」と謳われている（資料98、七ページ）。

たしかに、両書を比較すると『若者との接し方』では、第一章が「今どきの若者との付き合い方」と題され、理屈をこねたり自己主張が達者になった若者や子どもを溺愛する親の姿や、子ども・若者が馴染んでいる携帯電話でのメールのやり取りの功罪などが記されている（前掲資料、一六～三八ページ）。その後は、章が入れ替えられたり、ささやかな加筆修正が施されていたりするのみで、その内容が大きく変化したわけではないのだ。しかし、ここで注目すべきは、内容が変化していないにもかかわらずその宛先が微妙に変化していることである。

各章のタイトルの変化にそれは表れている。『育成力』の第一章「もしも、あの一球がなかっ

---

(11)　（一九四三～二〇一八）バスケットボールの名門、福岡大学附属大濠高等学校の総監督。

たら」は、教え子の松坂大輔が高校二年生夏の県大会決勝で暴投によるサヨナラ負けを喫したエピソードなどから、さまざまな教訓を引きだす構成になっている。他方、『若者との接し方』の第七章は、まさに同じ内容が繰り返されながら、そのタイトルが「一つの出来事で人生が変わる」に変更されている。また同様に、「千本ノックよりも工夫を一つ」は「その一言が若者を伸ばす」へ、「無駄な選手は一人もいない」は「無駄な若者は一人もいない」へと変更されている。

　このような変化を如実に表しているのが**図4-3**である。これは、両書の裏表紙を比較するために並べたものである。ここに書かれた宣伝文句の違いには、「指導者言説」が新たに獲得した社会的位置づけが典型的に表れている。

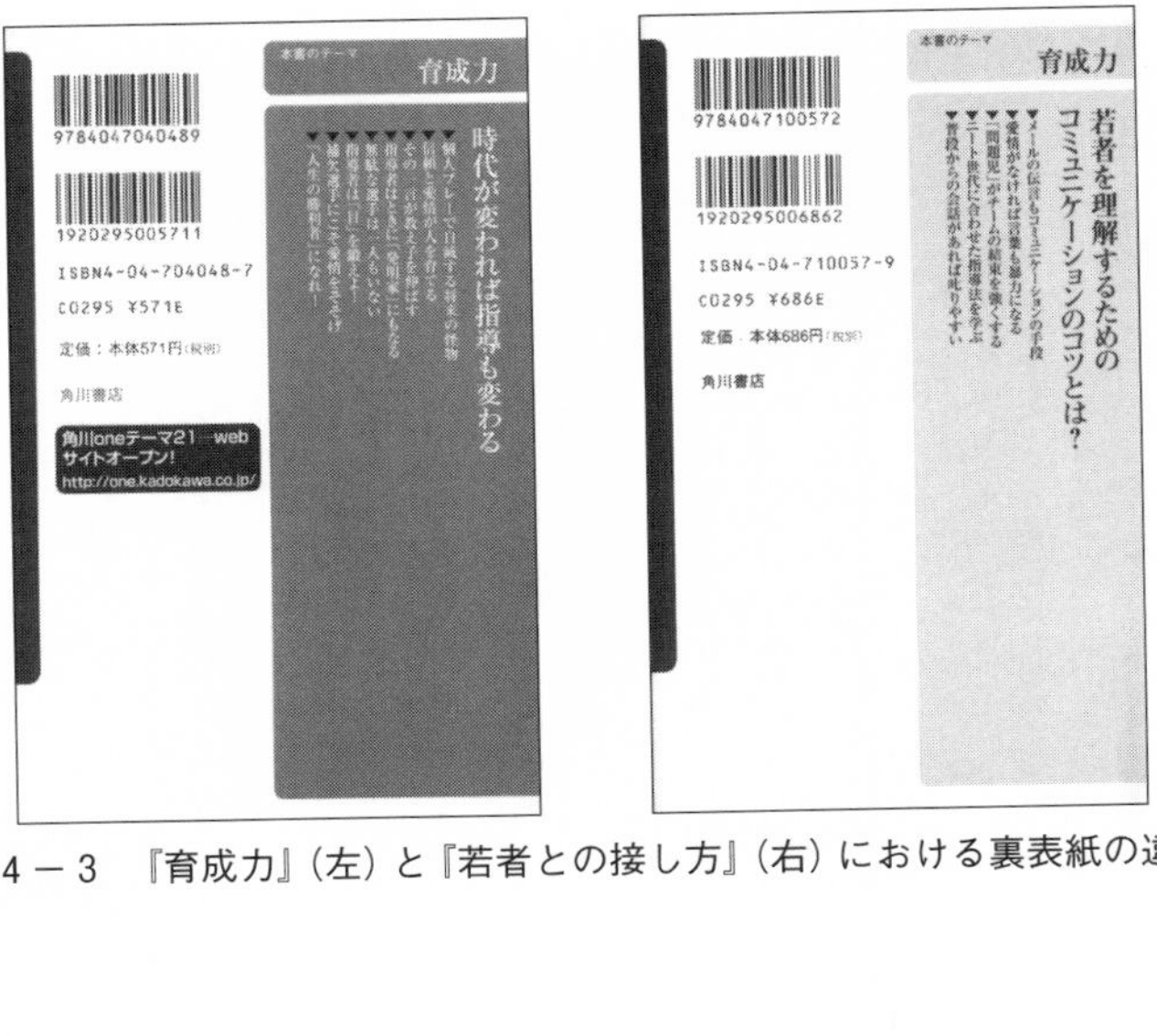

図4－3　『育成力』（左）と『若者との接し方』（右）における裏表紙の違い

　一見して分かるように、それぞれの右端に書かれた大きなテーマが「時代が変われば指導も変わる」から「若者を理解するためのコミュニケーションのコツとは？」に変わっている。さらには、その左側に書かれてある小項目が、『育成力』のほうは「選手」、「指導者」、「補欠選手」などスポーツを類推する言葉が用いられている一方で、『若者との接し方』にはまるで上司と部下のコミュニケーション術を説いた書であるかのような言葉が並んでいる。

こうした、両書のタイトルや裏表紙に用いられている言葉の変化には、スポーツや教育という領域を越えて、経済と「指導者言説」が接続されている様が見て取れる。すなわち、それは「指導者－選手」、「親－子ども」、「教師－生徒」などの関係に留まらず、「上司－部下」という拡張された関係性をも含み込んで、大人の振る舞い方を伝授する道具になったのである。だからこそ、ニートやフリーターの問題と経済界の不安が共振するなかで、運動部活動における指導者の振る舞いが参照されるようになったのだろう。

たとえば、渡辺公二（西脇工業高校陸上部監督）の指導の軌跡を描いた『心の監督術』の著者である平野隆彰は、「あとがき」で次のように記している。平野によれば、当時オザワ織維株式会社の会長だった小澤通秀《みちひで》（二代目）に出版の企画を提案された際、躊躇しなかったという。なぜなら、渡辺ととあるパーティーで交わした言葉が長年事業を営んできた小澤をして、「経営理念や人材育成といった観点から大いに参考になった」と言わしめるものだったからである。だからこそ、この小澤の言葉に出版の企画意図が集約されているとする平野は、「スポーツ指導者を目指す人にかぎらず、教師、企業の経営者、管理者の方たち、あるいは思春期の子を持つ親が、何か参考となるものを見出してくれたら幸いである」と、多様な人々に向けて渡辺の指導を伝えようとしたのである（資料59、二六六～二六七ページ）。

同様に、常総学院高校野球部監督の木内幸男に対する常陽新聞社の取材記事をもとにした『木内流子供の力の引き出し方』の「あとがき」でも、「青少年やその親、教育者が対象になる内容を予想していたが、木内語録とも呼べる言葉を集めてみて、それがそのまま大人社会にも通用することに驚いている。リーダーのあり方を説く、一篇のリーダー論としても読めるのではないだろうか」と述べられている（資料74、二〇七ページ）。

また、「決して特別なエリートではない高校生たちが、強く・正しく・たくましく鍛え上げられていく『こころの哲学の実践』を観戦いただき、教育界のみならず、社会の広い場面で生かされることを願ってやまない」とし、豊川工業高校陸上部監督の渡辺正昭を描いた『たすきがくれた奇跡』にも次のようなエピソードが記されている（資料70、九ページ）。

それは、各界からの講演依頼の様子である。当時、豊川工業高校陸上部の躍進は、教育界のみならずビジネス界からも注目を浴び、渡辺には「ゼロからスタートして、ここまでチームを強くした原動力やノウハウは何か」、「不況の中、なかなか成果を出せない我が社にとって何が必要なのか教えてほしい」などの講演依頼が来るようになったという（前掲資料、一四六ページ）[12]。
このように、運動部活動の指導者が経済界から請われるようになるなか、それを念頭に置いて語っているのが、すでに幾度となく取り上げてきた加藤廣志（能代工業高校バスケットボール部前監督）である。裏表紙に「組織力の鍛え方、人作りの極意から後継者の育成までビジネスにも通じるリーダーの心得が満載」という言葉が掲げられた『日本一勝ち続けた男の勝利哲学』（文庫版）の刊行にあたって、加藤は次のように述べている。

もともとこの本は狙いが競技読本ではなく、広くスポーツによせる情熱や心のあり方、人材の育て方など、リーダーの心得や考え方を説いたつもりで、一般的にどの世界・分野にも共通するヒントや糸口を見つけてくだされば十分です。ありがたいことには、現場の教師や勤労者・管理職・経営者など、広範な方々からお手紙やお声をよせていただいたのも、著者冥利に尽きることでした。（加藤［二〇〇七］二五〇～二五一ページ）

(12)　指導者が経済界に請われて講演に招かれることが、それまでになかったわけではない。たとえば、資料17には、蔦が「徳島県農政文化講演会」と「凸版印刷文化講演会」で行った二つの講演録が収録されている。

ここからは、教育界のみならず経済界からも反響があったことがよく分かる。たとえば、「企業でもワンマン経営者がいます。すべてがその人の指揮、命令がなければ立ちゆかなくなってしまう会社は、組織としてはもろいものなのではないでしょうか」という加藤は、自らの業務を任せることのできるマネージャーを育成した経験を例に挙げ、監督やリーダーのみでは組織が成り立たないことに警鐘を鳴らしている（前掲書、五四〜五八ページ）。

このように、経済界における組織づくりを念頭に置いて自身の指導経験を語るからこそ、読み手である「経営者、企業人、社会人」は彼の言葉に耳を傾けるのだろう。

次に、ここまで主に扱ってきた書籍資料から一旦離れて、本書で取り上げてきた指導者が登場する雑誌記事に目を向けてみよう。すると、そこからもこの時期の「指導者言説」が経済と結び付きを強めていることが確認できる。たとえば、指導者たちは『日経ビジネス』[13]、『週刊ダイヤモンド』[14]、『PRESIDENT』[15]、『週刊東洋経済』[16]、『致知』[17]、といったいわゆるビジネス情報誌や経営者、管理職を読者層とする雑誌に登場するようになる。

それらの記事の一覧が**表4-1**（一八二〜一八三ページ）である。タイトルを見ると、経済との接続を如実に感じられるものから、特段ビジネス情報誌ではなくとも通用するようなものまでさまざまだが、重要なのは、運動部活動の指導者が経済界の関係者を読者にもつ雑誌で扱われている事実それ自体である。

以上を鑑みると、この時期の「指導者言説」は教育のみならず経済との結び付きを強め、「指導者－選手」、「親－子ども」、「教師－生徒」を越えて、「上司－部下」を含んださまざまな関係性における振る舞いを大人が学ぶことになったと言えるだろう。

教育される自己——人生と「指導者言説」

ここまでの議論をまとめておこう。少し抽象度を上げて言えば、この時期の「指導者言説」は子どもや若者という他者の統治を円滑に行うための教育的技法を大人が学ぶ道具として、日本社会に位置づいたということである。しかし、そうした他者の統治に留まらず、「指導者言説」は自己を問い直す道具としての位置も同時に獲得したのではないだろうか。なぜなら、人々に共通する普遍的な悩みや苦しみを念頭に置いた著作がこの時期に見られるようになったからである。

(13) 一九六九年九月創刊の週刊雑誌。発行部数は二三万五三九〇部。なお、以下の雑誌情報はメディア・リサーチ・センター編［二〇一二］を参照している。
(14) 一九一三年五月創刊の週刊雑誌。発行部数は一〇万四八七七部。
(15) 一九六三年五月創刊の隔週刊行雑誌。発行部数は一七万四五六九部。
(16) 一八九五年一一月創刊の週刊雑誌。発行部数は七万四七八六部。
(17) 一九七八年一〇月創刊の月刊雑誌。発行部数は八万九二二五部。対象読者は経営者、管理職であり、人間学を追求して「秘中の名花」と多くの見識ある読者を唸らせる内容と謳われている。

表4－1　経済誌に掲載された指導者一覧

氏名（肩書）	記事タイトル	掲載誌	発行日
尾藤公（箕島高校野球部監督）	土壇場で生きる人間力――一瞬のために練習する	日経ビジネス	2008.7.28
我喜屋優（興南高校野球部監督）	甲子園優勝監督の教え――企業流改革で日本一に	日経ビジネス	2010.6.14
	日本一への道標	致知	2010.12
本田裕一郎（流経大柏高校サッカー部監督）	指導の道を極める	致知	2012.7
加藤廣志（能代工業高校バスケットボール部監督）	教育とは心に日を燈すこと（小嶺忠敏との対談）	致知	2006.11
木内幸男（常総学院高校野球部監督）	『野球狂の詩』水戸編	PRESIDENT	2005.8.1
小嶺忠敏（国見高校サッカー部監督）	教育とは心に日を燈すこと（加藤廣志との対談）	致知	2006.11
	まさかの初戦負けにも教訓	日経ビジネス	2007.3.19
	監督人生は13人からの出発――バスで全国遠征し日本一に	週刊東洋経済	2012.1.21
	指導者が言い訳してはダメ――やろうと思えばできるんだ	週刊東洋経済	2012.1.28
	ある材料でうまい料理を作る――いる選手で勝つ布陣考える	週刊東洋経済	2012.2.4
	日本サッカーは進歩したが根付き度で世界との差は大	週刊東洋経済	2012.2.11
近藤欽司(京浜女子商業高校卓球部監督)	卓球指導人生41年――現状打開のエネルギーは言葉にありき	致知	2006.6

氏名（肩書）	記事タイトル	掲載誌	発行日
古沼貞雄（帝京高校サッカー部監督）	常勝軍団はこうしてつくられた	致知	2009.5
高野和樹（鷲宮高校野球部監督）	いい選手である前に、いい人間であろう	致知	2007.9
両角速（佐久長聖高校駅伝部監督）	すべてはゼロからの出発だった――佐久長聖高校駅伝部全国制覇への道のり	致知	2011.11
中村順司（PL学園高校野球部監督）	「名将」は部下によって作られる	日経ビジネス	1998.11.23
小倉全由（日本大学第三高校野球部監督）	30年の監督生活で思う――雰囲気作りが勝利の近道	日経ビジネス	2011.9.26
大八木淳史（高知中央高校ラグビー部GM）	いま、日本の教育をどうするか	致知	2008.1
栽弘義（沖縄水産高校野球部監督）	魅力ある人材をいかに育てるか	致知	2002.8
山口良治（伏見工業高校ラグビー部監督）	鍛錬は心を高め深め人生を教える	致知	2002.7
	指導力の伝承――平尾誠二を育てた伏見工ラグビー部泣き虫先生の遺伝子	週刊ダイヤモンド	2003.12.6
	0対112の惨敗で、生徒が教えてくれたもの	PRESIDENT	2004.3.1
山下智茂（星陵高校野球部監督）	心を変えればいつか必ず運命が変わる	致知	2004.5
渡辺公二（西脇工業高校陸上部監督）	部活動ではなく人生の勝利者となれ	致知	2009.1

たとえば、既に取り上げている我喜屋優（沖縄県興南高校野球部監督）に改めて着目してみよう。**図4－4**は我喜屋の著書、『逆境を生き抜く力』と『日々、生まれ変わる――人生に大輪の花を咲かせるための〝七つの力〟』の表紙と帯である。この図からだけでも、同書が子育て、学校、仕事を越えた人生という普遍的な領域において、小さなことに全力で取り組むことの重要性や、何歳であろうと本人の思い次第で生まれ変われることなどを論じているのが想像できる。実際、我喜屋は『日々、生まれ変わる』の「あとがき」で次のように論じている。

> 強い「根っこ」を持つ力は、誰もが備えている。そのために、土を耕し、栄養を与えるといった手助けがあれば、「根っこ」は強く育ち、

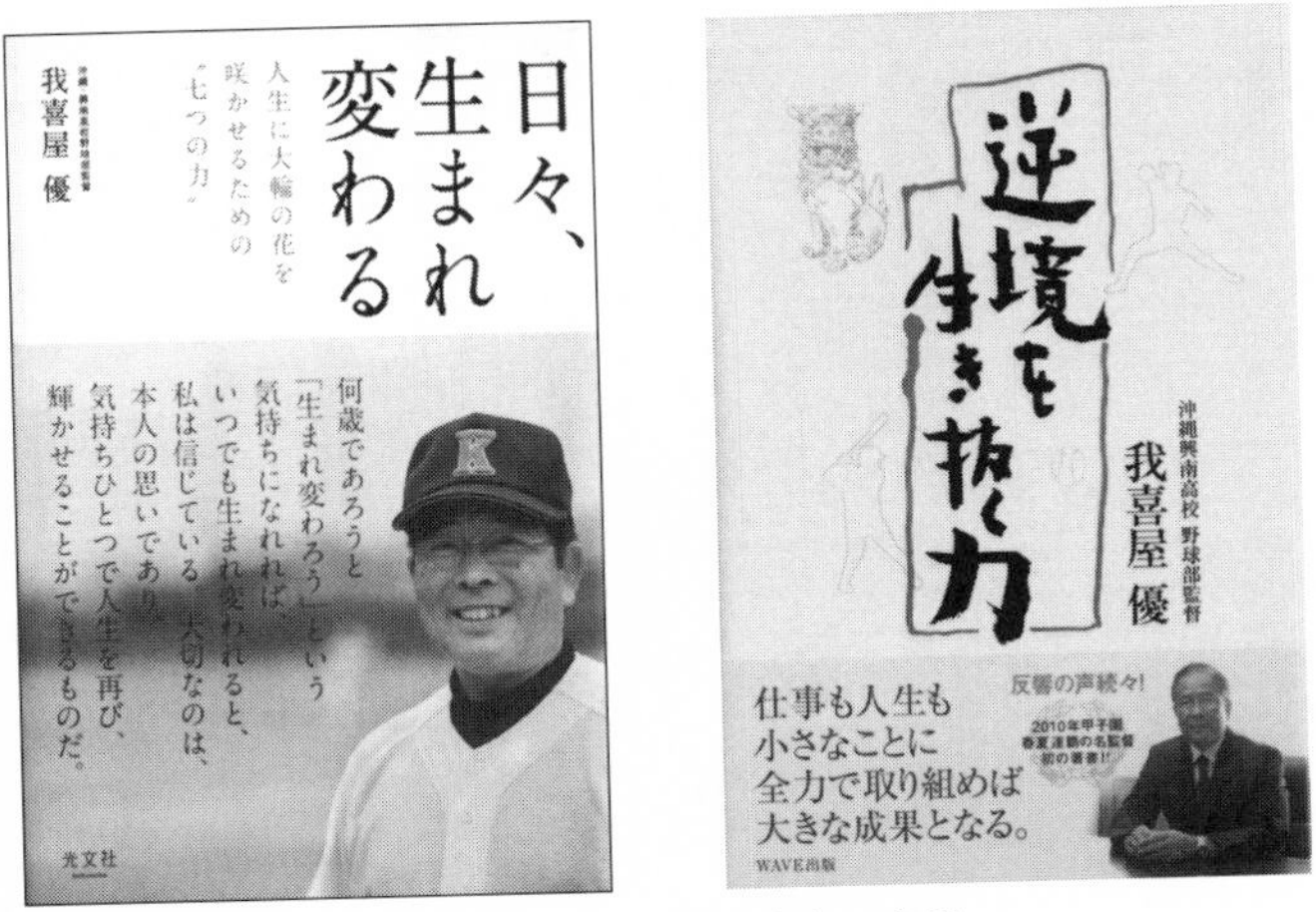

図4－4　我喜屋の著書の表紙

大地をとらえ、しっかりとした幹となり、花をつける。

すでに社会人になっている人たちでも、遅くはない。

姿勢が悪い人は、まずは、姿勢を正すところから始めてみるといい。第三者が自分を見る目が変わることを実感するだろう。そして、自分に自信が持てるようになるだろう。身だしなみに手を抜いているのであれば、整えてみてほしい。そうした小さなことをおろそかにせずに、真摯に取り組んでいくことで、強い精神力が鍛えられることを信じてほしい。

大人になってしまうと、姿勢や身だしなみ、言葉遣いを注意してくれる人はいなくなる。食べ物に好き嫌いがあっても、誰も何も言わなくなる。

自分で変えようとしなければ、変わるきっかけは得られないのである。（資料123、一八八～一八九ページ）

すでに触れたように、我喜屋は「根っこ」という言葉を用いて生徒の日常の「規律」を徹底した指導者であった。ここでは、その「根っこ」の理論が大人にも適用されていることが分かる。また、『逆境を生き抜く力』は「『逆境』を変えるために」というタイトルの文章ではじまっている。長くなるが、この時期の「指導者言説」の社会的位置づけを典型的に示しているため、全文を引用してみよう。

人生はいいことばかりではない。

物事というのは、うまくいかないことのほうが圧倒的に多い。

壁にぶつかったときに、どうするか。

逃げつづけてしまう人。

立ち向かっていく人。

無為無策に過ごしてしまう人。

そのとき、その人の本当の姿が見えるのだと思う。

しかし、そこには逆説が生まれる。

逆境から逃げ、ラクなほうに向かおうとすれば、人生はいつまでたっても、嫌なこと、つらいこと、苦しいことだらけなのだ。

逆境から逃げれば逃げるほど、追いかけてくる。

いつまでたってもついてくる。

もし立ち向かっていけば、嫌なこと、つらいこと、苦しいことは少なくなっていく。

そしていつのまにか、それを楽しめるようになってくる。

苦労したことこそが、人生最良の思い出に変わる。

逆境がいつのまにか変わるのだ。

生まれてから死ぬまで、ずっと順風満帆な人生を歩める人など、ほんのひと握りだ。

しかし、苦労のない人生など、私は送りたいとは思わない。

苦しいときがあったからこそ、うまくいったときのよろこびが何倍にもなるからだ。

嫌なことから逃げようとすれば、いつまでも嫌なままだ。

嫌なことに立ち向かえば、いつか乗り越えられる。

自分をかわいそうだと思えば、みじめな気持ちになる。

自分は恵まれていると思えば、幸せな気持ちになれる。

人より劣っていると思ってあきらめたら、差はどんどん広がっていく。

優れた人に近づきたいと思えば、差は少しずつ縮まっていく。

うまくいかないことがあって、どうしていいかわからない人は、まずは目の前の、ほんの小さなことをおろそかにしていないか、考えてほしい。

早寝早起きをする。

整理整頓を心がける。

バランスのよい食事を、きちんととる。

まずはこんなあたり前のこと、ささいなことを再確認してほしい。

そのうえで、わずかでもいいから前に進んでみよう。

はるか遠くにある目標を目指すよりも、目の前の小さなことに真摯に取り組むことだ。

人の嫌がることを進んでやってみることだ。

たとえ一ミリずつでもいい。

自分のできることから、一歩一歩進めていく。

それこそが、逆境を変えるコツなのだ。

現在、逆境にある人たちへ、本書が道を切りひらく、ヒントになればうれしく思う。

そして、人を育てることや自分をみがくことの、ヒントになれば幸いである。（資料117、二〜五ページ）

この引用から、次の三点を理解することができる。

第一に、「逆境」というあらゆる人々が人生で対峙《たいじ》するであろうテーマが、スポーツとはまったく無関係に論じられていることである。この文章を見ただけでは、運動部活動の一指導者が著者であるとは誰も思わないであろう。言い換えれば、この書籍が運動部活動やスポーツの関係者のみならず、ある種の悩みや苦しみ、辛さを抱えた人といった普遍性を帯びた読者層に向けられているということである。

第二に、最後の行で「人を育てることや自分をみがくことの、ヒントになれば」と書かれているように、他者の統治と自己の統治の双方が念頭に置かれていることである。そして第三に、宛先の変化のみならず「指導者言説」[18]の形式それ自体の変化である。先の引用では、一文が終わるごとに改行されていることが分かる。

ここには、「指導者言説」の「ライト化」の傾向を見いだすことができる。自己啓発書を対象とした牧野智和[19]の研究によれば、近年になるほどページに詰め込まれた文字数は減少傾向にあるという。

表4-2は、対象資料を「一九七〇~八〇年代」、「一九九〇年代」、「二〇〇〇年以降」に分け、牧野と同様に、①一ページ当たりの「行数」、②一行当たりの「文字数」、③行数と文字数を積算した「一ページ当たりの最大文字数」の平均値と中央値を算出したものである（牧野［二〇一五］七五~七六ページ）。ここからは、「指導者言説」も自己啓発書と同様に「ライト化」していることが読み取れる。

その具体例として、日本大学第三高校、千葉県立千葉商業高校、千葉県立八街高校などの野球

---

(18)　実際は、文章のまとまりごとに一行空けになっている部分が一三箇所ある。しかし、ここでは冗長になるためこの点は省略して引用した。

(19)　現在、大妻女子大学人間関係学部准教授。専門は教育社会学。著書に『自己啓発の時代』、『日常に侵入する自己啓発』がある。

表4－2　「指導者言説」のページ構成

	平均値*			中央値		
年代	頁あたり行数	行あたり文字数	頁あたり最大文字数	頁あたり行数	行あたり文字数	頁あたり最大文字数
1970～80年代	17.2	43.5	749.7	17	43	731
1990年代	16.1	41.0	666.3	16	41	672
2000年以降	15.4	40.6	628.5	15	40	600

＊平均値については、少数第2位を四捨五入した数値である。

部監督を歴任した鈴木康夫を取り上げてみよう。鈴木は、一九八九年に『高校野球心得帖――野球に対する「心構え」そして技術』という著作を出版している。これは、高校野球に必要な心得を「守備編」、「攻撃編」、「走塁編」、「選手編」、「策戦編」、「指導者編」のように場面や対象ごとにまとめたものである（資料31）。この本に対して、再出版を望む声が多くあったと鈴木は言う。

そこで、その内容を再点検し新しい時代に沿うように書き改めたものが、二〇〇五年に出版された『新高校野球心得帖――野球に対する「心構え」そして技術』である（資料87）。注目すべきは、同書の内容ではなくその形式の変容である。[20]

図4－5（一九二ページ）に見られるように、当初は二段組みで所狭しと文字が並んでいた紙面構成が『新高校野球心得帖』では一段組みとなり、一ページ当たりの文字数も少なくなっていることが分かる。

また、牧野によれば、見開きの片側が大文字の格言や図表で埋められていたり、重要箇所を太字にしたり、一文ごとに改行したりするなどの形式上の変化を伴って読者の目を引き、その心を奮い立たせようとする「名言」が近年の啓発書においては数多く躍る状況なのだという（牧野、前掲書、七五ページ）。こうした傾向も、「指導者言説」に確認することができる。[21]

たとえば、埼玉県立鷲宮高校野球部監督の高野和樹の指導を描いた『公立魂――高校野球の心を求めて～鷲宮高校野球部の挑戦～』を見てみよう。同書は、**図4－6**（一九三ページ）のように「公立魂」と題して高野の指導を端的に示す文言で細かく見出しが付けられ、その間に不定期で「鷲高格言」なるものが付される構成となっている。同書においてそれは、前者が七二、後者が三〇にも上っている（資料106）。

(20)　内容に関しては、鈴木曰く「選手編」のなかの「ウォーミングアップ」、「クールダウン」、「冬季トレーニングの心得」について大幅に改めたという（前掲資料、二八〇ページ）。

(21)　こうした「ライト化」の傾向に伴い、「『名言』によって自らの心を奮い立たせ、自ら仕事へと進んで没入し、仕事の一瞬一瞬に力を尽くし、自らの人生に起こることはすべて自らの責任とみなす自己を創り上げねばならない」という強迫的な志向が自己啓発書で示されるようになったと牧野は指摘している（牧野、前掲書、七六ページ）。このような志向の前景化と前章で見た「自立」の強調は、つながっているのかもしれない。また、このような志向は自己規律化した振る舞いにおける「自主性」として解釈することも可能だと思われる。

走塁の心得

○ どんな打球を打っても
全力で疾走する

「しっかり走れ」「ベース手前で力を抜くな」等は、よく練習の時に聞かれる言葉です。試合になっても「なんで全力疾走しないんだ」「しっかり走っていればセーフだったのに」等と、悔みの言葉を耳にすることがよくあります。特に点に結びつく時には、本当に悔やしい思いです。

「走者」とは、文字どおり「走る人」のこと。その意味することをしっかりと自覚して欲しいものです。そのためには、やはり日頃の走塁練習、レギュラーバッティング等で、その意をしっかりと頭に入れて練習に励む姿勢が大切です。中でも特に心構えとして重要なことは「全力疾走」は当然ですが、走塁の判断力を養成することです。ですから練習中の失敗も成功も、それは重要な体験ですから、全力疾走でプレーをすることが大切なことです。それと自分自身の練習もさることながら、人の練習も鋭く観察して、その良い点を吸収する意欲も忘れてはいけません。

そして、自分の成果を練習試合に出して、その確認をする心構えが大切なことです。一つ一つの結果が素晴らしい走塁につながり、公式戦での自チームの勝敗に影響を与えるのです。

走塁は練習する時間も、守備や打撃の練習に比較して少いと思います。そこに原因の一つがあるのですが、要は自分の心構え一つでいくらでも練習はできます。やはり、守備、打撃練習と同じ比重をかけて練習に励む姿勢を持ってもらいたいと考えます。

何故かというと、ホームベースを踏んで初めて点が入り、そこに勝利への道があるからです。「全力で走る」ということは技術ではありません。心構えの問題です。つまりこれだけは敵に負けることなくしっかりと走って欲しいものです。

○ 打球を見ながら走るな

外野フライを打ち上げた時、あるいは長打性の打球を放った時、その打球を見ながら走る選手を見かけます。いけないことです。第一、スピードが鈍りますし、ベースを踏みそこなうというミスを生みます。「打ったら全力疾走」が野球では鉄則です。

外野フライを打ち上げたとします。フライが空中を飛んでいる間は絶対にアウトになるとは言いきれません。その可能性が例え1%でも残っている間は全力疾走すべきです。ひょっとしたらボールが太陽に入って外野手が見失しなうかもしれません。芝に足を取られて落下点に行く前に転んでしまうかもしれません。グラブからポトリとボールを落とすかもしれません。審判が「アウト」と宣言しないうちは、すべてのボールは生きているのです。

それを全力疾走を怠ったばかりに長打になるはずのところが短打に終わったり、ベースの踏み忘れをアピールされてアウトになったりしたら泣くに泣けません。完全に打者走者のミスになってしまいます。

ところが、意外に打球を見ながら走る打者走者が多いものなのです。練習で、そのあたりのチェックがおろそかになっているのではないでしょうか。

全力疾走の効果は「塁を一つでも余分に取る」という直接的な効果ばかりではありません。全選手が、そうした基本を忠実に守って試合をしているときの敵チームに与える心理的なものは計り知れないものがあります。「やつらは、あんなところまで鍛えられているのか」ということで相手チームが萎縮することうけあ

ベースを踏むまで全力疾走することが大事だ

94

95

第3章　走塁編

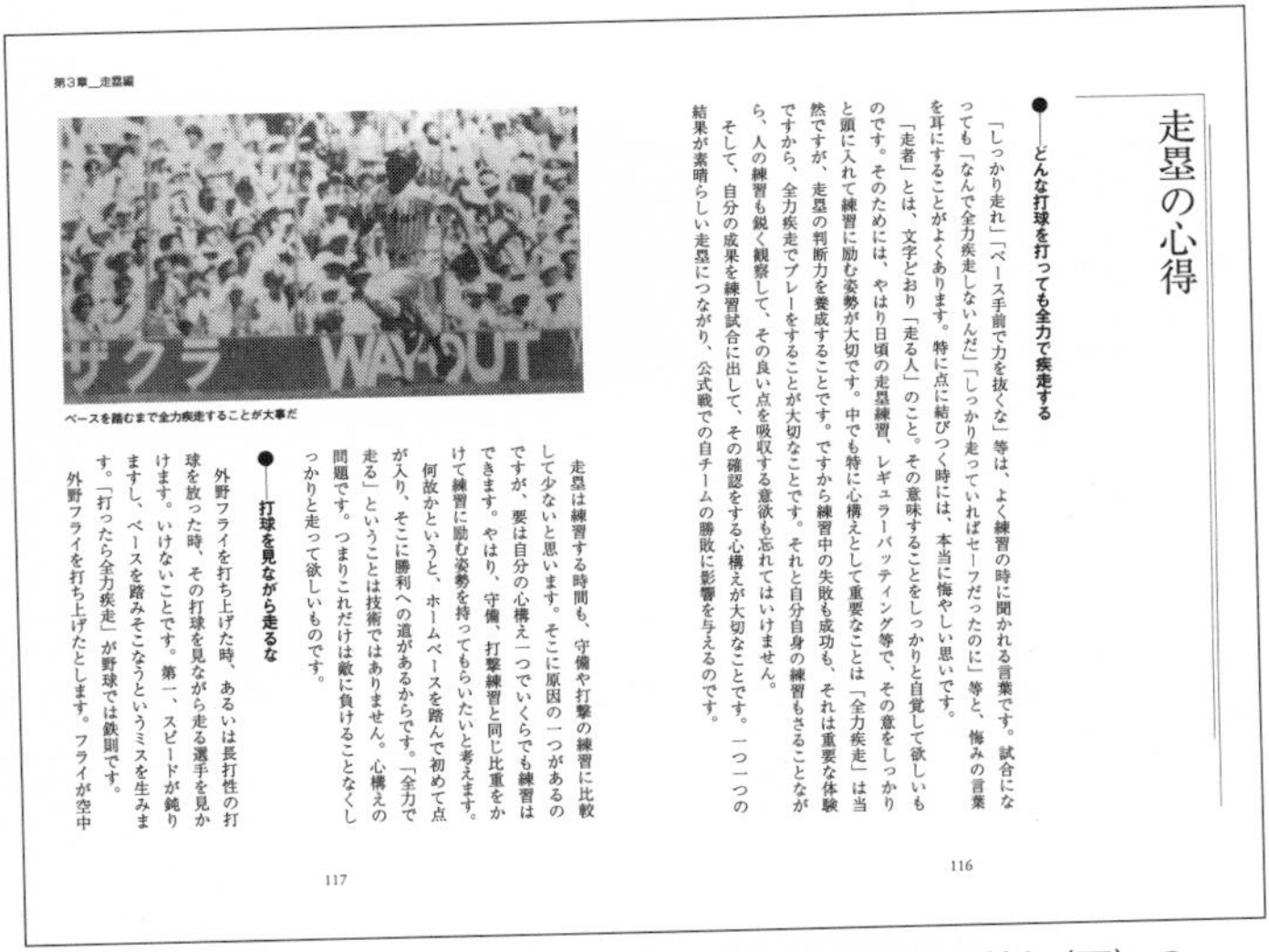

走塁の心得

●どんな打球を打っても全力で疾走する

「しっかり走れ」「ベース手前で力を抜くな」等は、よく練習の時に聞かれる言葉です。試合になっても「なんで全力疾走しないんだ」「しっかり走っていればセーフだったのに」等と、悔みの言葉を耳にすることがよくあります。特に点に結びつく時には、本当に悔やしい思いです。

「走者」とは、文字どおり「走る人」のこと。その意味することをしっかりと自覚して欲しいものです。そのためには、やはり日頃の走塁練習、レギュラーバッティング等で、その意をしっかりと頭に入れて練習に励む姿勢が大切です。中でも特に心構えとして重要なことは「全力疾走」は当然ですが、走塁の判断力を養成することです。ですから練習中の失敗も成功も、それは重要な体験ですから、全力疾走でプレーをすることが大切なことです。それと自分自身の練習もさることながら、人の練習も鋭く観察して、その良い点を吸収する意欲も忘れてはいけません。

そして、自分の成果を練習試合に出して、その確認をする心構えが大切なことです。一つ一つの結果が素晴らしい走塁につながり、公式戦での自チームの勝敗に影響を与えるのです。

走塁は練習する時間も、守備や打撃の練習に比較して少ないと思います。そこに原因の一つがあるのですが、要は自分の心構え一つでいくらでも練習はできます。やはり、守備、打撃練習と同じ比重をかけて練習に励む姿勢を持ってもらいたいと考えます。

何故かというと、ホームベースを踏んで初めて点が入り、そこに勝利への道があるからです。「全力で走る」ということは技術ではありません。心構えの問題です。つまりこれだけは敵に負けることなくしっかりと走って欲しいものです。

●打球を見ながら走るな

外野フライを打ち上げた時、あるいは長打性の打球を放った時、その打球を見ながら走る選手を見かけます。いけないことです。第一、スピードが鈍りますし、ベースを踏みそこなうというミスを生みます。「打ったら全力疾走」が野球では鉄則です。

外野フライを打ち上げたとします。フライが空中

ベースを踏むまで全力疾走することが大事だ

116

117

第3章　走塁編

図4－5　『高校野球心得帖』（上）と『新高校野球心得帖』（下）のページ構成の違い（出典：資料31、94〜95ページ。資料87、116〜117ページ）

次に、下北沢成徳高校バレーボール部監督の小川良樹による『バレーボール監督・コーチ入門』では、見開きの右側に当該箇所のタイトルと文章、左側にその内容を簡潔に示した図表を配置する構成となっている（資料128）(22)。

さらには、宮崎県立宮崎商業高校テニス部を率い、団体、個人を含めてインターハイ準優勝四回の実績を誇る迫田義次を描いた『人間力勝負——迫田テニス論』という

(22)　ここで取り上げた『○○監督・コーチ入門』は、池田書店によってシリーズ化されているものである。本書では、ほかにも資料132、139を対象としている。さらに、対象年外のため直接扱わないが、同シリーズには渡辺元智［二〇一四］の著作もある。なお、ほかに図表を多く用いているものとして資料104がある。

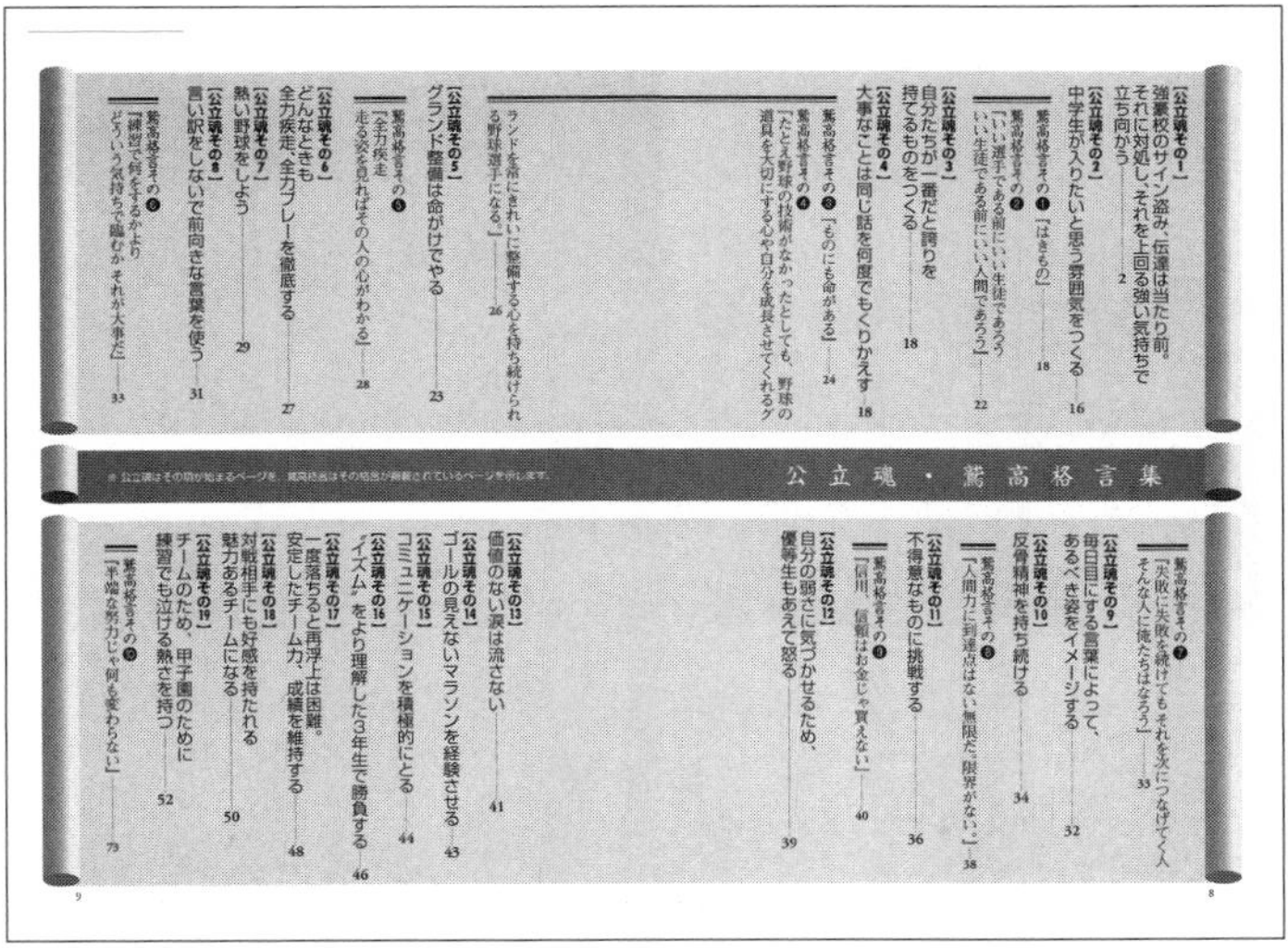

図4－6　『公立魂』の目次（出典：資料106、8～9ページ）

書籍がある。その第一部は「思いつづり帖」と題され、「指導者としての自戒」、「選手とともに」、「試合での心構え」、「練習は基礎チェックは成長」、「人間を育てる宮商テニス」といった小見出しのもと、迫田の「名言」が羅列される構成となっている（資料130）。その具体例が**図４－７**である。このような形で一四三もの「名言」が掲載されている[23]。

ここまで、「ライト化」した「指導者言説」の例として取り上げてきた書籍は、必ずしも我喜屋のように普遍的な読者を明確に想定しているわけではない。したがって、最後に「ライト化」の傾向を示すと同時に、自己を問い直す道具としての「指導者言説」の位置を明確に表しており、なおかつそれが他者の統治とも関連づけられている一つの書籍を取

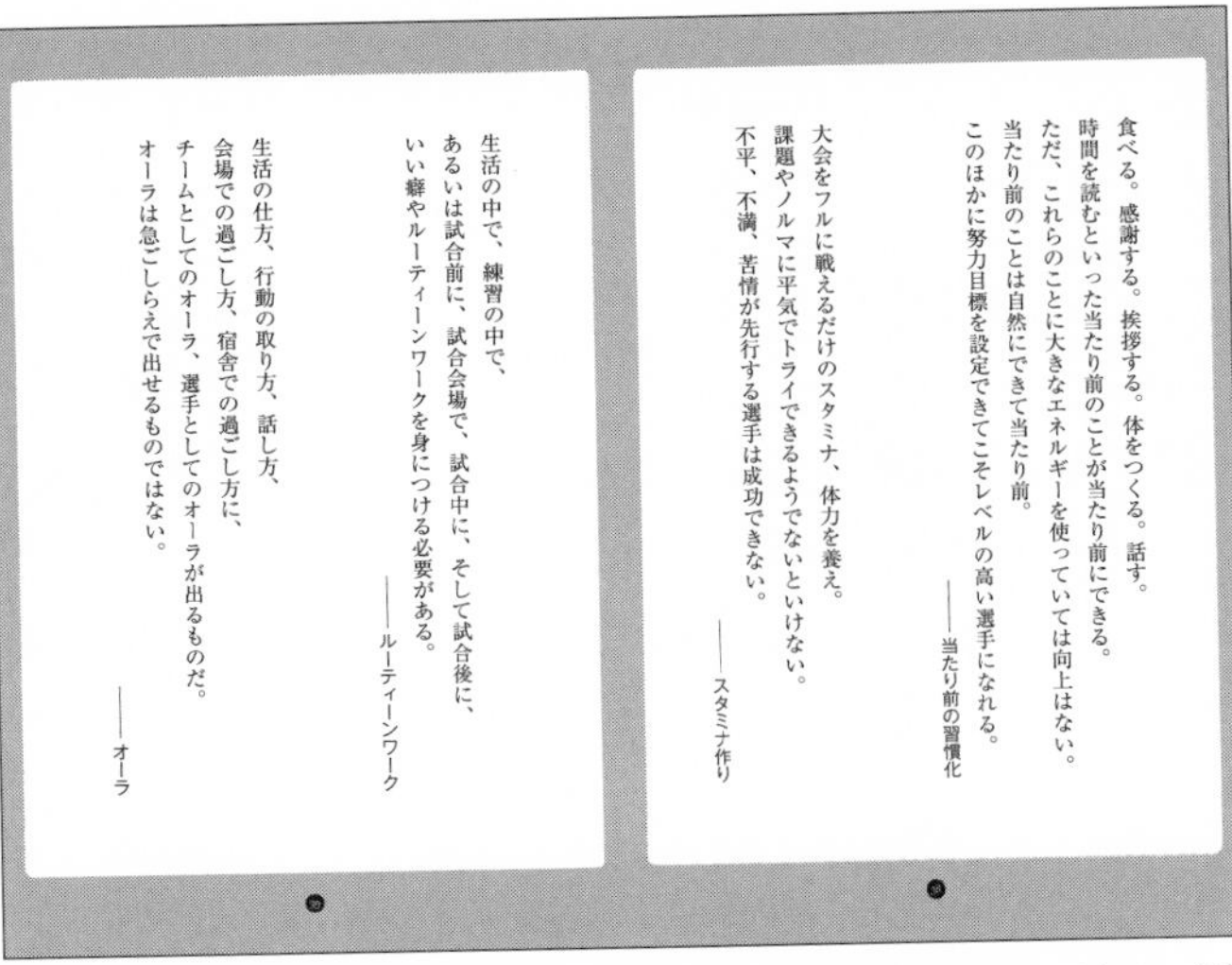
食べる。感謝する。挨拶する。体をつくる。話す。
時間を読むといった当たり前のことが当たり前にできる。
ただ、これらのことに大きなエネルギーを使っていては向上はない。
当たり前のことは自然にできて当たり前。
このほかに努力目標を設定できてこそレベルの高い選手になれる。
――当たり前の習慣化

大会をフルに戦えるだけのスタミナ、体力を養え。
課題やノルマに平気でトライできるようでないといけない。
不平、不満、苦情が先行する選手は成功できない。
――スタミナ作り

生活の中で、練習の中で、
あるいは試合前に、試合会場で、試合中に、そして試合後に、
いい癖やルーティーンワークを身につける必要がある。
――ルーティーンワーク

生活の仕方、行動の取り方、話し方、
会場での過ごし方、宿舎での過ごし方に、
チームとしてのオーラ、選手としてのオーラが出るものだ。
オーラは急ごしらえで出せるものではない。
――オーラ

図４－７　『人間力勝負』のページ構成（出典：資料130、38～39ページ）

り上げてみよう。それは、能代工業高校バスケットボール部監督を務めた加藤三彦の『努力が結果につながらない人に気づいてほしいこと』である。

「バスケットボールというスポーツの指導者を長年やってきましたが、ビジネス社会でも『成功する』、あるいは『結果を出す』ための方法論は同じだと思っています。ですから本書は、組織の指導者という立場にいる人だけではなく、個人として間違った努力をしているかもしれない人、成功したい人、結果を出したい人に向けた内容にしています」という同書（資料137、二ページ）は、「間違っているかもしれない自分に気づく」、「自分を見つめ心を鍛える」、「自分自身の器を磨く」、「目標までの最短コースを歩く」、「組織として強くなる方法」の五章から構成され、小見出しは全部で七三に上る。その終盤には、ここまで論じてきた「指導者言説」の社会的位置づけを総括的に示す語りを見て取ることができる。長くなるが、ここでもその大半を引用してみよう。

---

(23)　**図4－5**にも取り上げた鈴木は、一九九二年に『野球心得書――〝考える能力〟へのヒント集』を出版する。同書は「守備の心得二〇か条」といった形で野球におけるさまざまな心得を解説する構成となっており、「名言を配置する著作の端緒と言えるかもしれない（資料37）。その後、彼は野球を飛び越え一九九五年に『人生のことば帖――勇気と知恵が湧く』を出版している（資料44）。同書は、三四〇ものキーワードに一文、多くても二、三文の文章が添えられる構成となっており、「ライト化」しつつ自己の生や人生のあり方を問い直す「指導者言説」の系譜の出発点だったと言える。その後、鈴木は二〇〇六年にも『言葉から学ぶリーダーの行動学――自分を変え、人を動かす二〇〇の言葉』という同様の著作を出版している（資料94）。

教育者が人を教えるのを「ティーチング」、指導者が人を育てるのを「コーチング」といいます。私の教えるスタンスは後者です。物事を成しとげるための方法論はたくさんありますが、それ全体を教えることが「コーチング」だと思っています。

「コーチ」はもともと幌馬車という意味で、その人がいきたい目的地に届けてあげるというのが由来です。コーチングはもともとスポーツの世界ではじまり、いまやビジネスの世界でも広がっています。

指導者として大切なのは「見つける」「育てる」「活かす」ことです。ここで注意してもらいたいのは、最終的には第三者に対してですが、まずは自分に対しての問題提起だということです。つまり、指導者自身が「自分を見つける」「自分を育てる」「自分を活かす」ということに気づいてください。

「自分を見つける」というのは、自分の武器になる長所をさがすこと。「自分を育てる」ためにはいろんな勉強をして、つねに変化に対応する能力をつけること。「自分を活かす」のは、自分の得意分野を伸ばすことです。

私がバスケットの指導者として部員にまず教えるのは、スポーツマンシップ、フェアプレーの精神、ホスピタリティ、心のもち方や行動の仕方です。

そして人としてとても大切なのが「つねに変化する」ことではないでしょうか。変わりたいと思うか思わないかは個人の問題ですが、自分が変わろうと思わなければ変われません。変化は絶対プラスに作用します。「変わることで自分は報われる」というルールを自分でつくりさえすれば成長できます。変化を求めたときに結果が出てくるのです。

人と人を関連づけると線が生まれます。線というのは先輩、後輩、あるいは上司と部下のコンビネーションです。人と人と人が結びつくと、ひとつの組織が形成されます。私たち一人ひとりは組織を支えている貴重な財産、宝物です。

宝は磨けば磨くほど輝きを増します。いま一歩前に出てみようという挑戦があなたをもっと光り輝かせるでしょう。そのためにも「目標を描く」ことです。

なにかに挑戦するとき、この思いは非常に大切です。もちろん実現させるためには努力が必要です。前向きな姿勢で取り組まないと夢に近づけませんが、なによりもまず大きな目標を描くことです。

能代工業高校バスケットボール部はなぜあれほど人気があるのでしょうか？

選手、スタッフ、関係者全員が同じ目標を描き、それをかたちにしてきたからです。ファンの期待や声援に応えてきたからです。自分なりの大きな目標をさがしてください。すべてはそこからはじまります。

よりよいチーム、組織をつくるために、まずは個人の「気づき」が重要になってくるということを少しでも読みとっていただければ幸いです。チームでも組織でもまずは個人ありき。一人ひとりが自分のいいものを見つけて、それに対してプライドをもって限りない挑戦をしていただければ、本書を出した意義があります。（資料137、一八九～一九一ページ）

人を教え導くためには、まず自己のあり方を見つめる必要があること。そこでは、常に自分を変えようとする努力が必要であること。そのために、夢を描くこと。それが、人と人を結び付け組織になること。このように述べつつ、加藤が最後に強調しているのが「まずは個人ありき」だということである。つまり、多様な人間関係の前に「自己を見つめ直せ」ということだ。

このように、本節で述べてきた「指導者－選手」、「親－子ども」、「教師－生徒」、「上司－部下」といった特定の関係性の前提にある、自己の生や人生のあり方の参照点に「指導者言説」が位置づく側面を見いだせるのである。

④ すべての人間のために――人間力と「指導者言説」

ここまで、「指導者言説」が多様な関係性における振る舞い方を大人に教育する道具として位置づいたこと、そうした大人から子ども・若者に対する他者の統治のみならず、自己の統治を促進する道具でもあったことを確認してきた。本節では、別の角度から当時の「指導者言説」の社会的位置づけについてさらに検討を加えたい。

ここで、「指導者言説」が誕生した当初、それは単なる教育ではなく「人間教育」として位置づいていたことを想起しよう。実は、前章から対象としてきた九八冊の書籍のうち、六八冊において「人間教育」は相変わらず語られている(24)。このような「人間教育」をめぐって紡がれてきた「指導者言説」の系譜が、一九九〇年代後半以降のとある動向と共振しているように思える。

ところで、先に取り上げた我喜屋の著作のなかに『逆境を生き抜く力』というものがあった。また、『日々、生まれ変わる――人生に大輪の花を咲かせるための〝七つの力〟』では、副題の通り「根っこを張る力」、「挑戦し続ける力」、「嫌われることを恐れぬ力」、「自分で『道』を見つける力」、「『今』を生きる力」、「人を動かす力」、「感謝する力」という七つの力が各章のタイトルに付されていた(25)。

本田由紀によれば、「〇〇力」という言葉を目にすることが増えた昨今、人間と社会のあらゆ

(24)　この時期、「人間」という語彙が用いられずとも、「野球をつうじての『心の教育』」といった形で教育としての運動部活動の重要性に触れられているものが一冊ある（資料58、一七七ページ）。
(25)　現在、東京大学大学院教育学研究科教授。専門は教育社会学。『教育は何を評価してきたのか』、『軋む社会』、『教育の職業的意義』など著書多数。

る部分に「力（能力）」の要素をあえて見つけだし、その習得や向上、活用を奨励する産業が成立する一方、それらにすがって自らの生活に活路を見いだそうとする大衆消費者が存在している。ここに、現代の日本社会における『「能力」の多元化』という現象が如実に現れているというのである（本田［二〇〇五ａ］ⅰ～ⅱページ）。

このような状況において、求められる能力の内容は必然的に変化する。それは、「近代型能力」から「ポスト近代型能力」への転換である。近代型能力とは、「基礎学力」に象徴される「標準性」、「知識量、知的操作の速度」、「共通尺度で比較可能」、「順応性」、「協調性、同質性」などを特徴とするものである。一方、ポスト近代型能力は、「生きる力」に象徴される「多様性・新奇性」、「意欲、創造性」、「個別性・個性」、「能動性」、「ネットワーク形成力、交渉力」などを特徴とするものである（本田、前掲書、二二ページ）。

以下では、本田が着目した「『能力』の多元化」という現象の功罪を問うのではなく、我喜屋のように多元化した「力」を語る位置に「指導者言説」が埋め込まれた理由を探っていく。その際、「近代型能力」と「ポスト近代型能力」が切り分けられる「力」であるのかどうかに注意を払う必要がある。というのも、実際には双方の能力が含意されている「力」が存在しているからである。そこで、「生きる力」と「人間力」という概念に着目してみよう。その理由は以下の四つにある。

❶双方の「力」が特定の能力ではなく、「生」や「人間」といった全人的な能力に結び付けられている点である。

❷「生きる力」と「人間力」は、相互に関連づけられた概念だからである。「人間力」を定義した人間力戦略研究会の座長であった当時東京大学大学院教育学研究科教授の市川伸一は、「人間力」は「生きる力」をさらに発展させ、具体化したものであると述べている（市川編［二〇〇三］ivページ）。

❸「生きる力」と「人間力」は、経済と教育の関係から生まれた概念だからである。本田が明らかにしたように、経済界の理想的な人材像に教育的要素を加味したのが「生きる力」であり、「人間力」はその延長にある（本田、前掲書、四一～六三ページ）。「指導者言説」が教育や経済と密接に結び付いてきたことを考えれば、両者の概念を扱うことは研究戦略上妥当であろう。

❹以下で見るとおり、「指導者言説」において両概念が多数の著作で用いられているからである。

こうした「生きる力」、「人間力」は次のように定義されている。

> 我々はこれからの子供たちに必要となるのは、いかに社会が変化しようと、自分で課題を見つけ、自ら学び、自ら考え、主体的に判断し、行動し、よりよく問題を解決する資質や能力で

あり、また、自らを律しつつ、他人とともに協調し、他人を思いやる心や感動する心など、豊かな人間性であると考えた。たくましく生きるための健康や体力が不可欠であることは言うまでもない。我々は、こうした資質や能力を、変化の激しいこれからの社会を［生きる力］と称することとし、これらをバランスよくはぐくんでいくことが重要であると考えた。

［生きる力］は、全人的な力であり、幅広く様々な観点から敷衍することができる。（中央教育審議会［一九九六］）

人間力に関する確立された定義は必ずしもないが、本報告では、「社会を構成し運営するとともに、自立した一人の人間として力強く生きていくための総合的な力」と定義したい。

具体的には、人間力をその構成要素に着目するならば、

①「基礎学力（主に学校教育を通じて修得される基礎的な知的能力）」、「専門的な知識・ノウハウ」を持ち、自らそれを継続的に高めていく力。また、それらの上に応用力として構築される「論理的思考力」、「創造力」などの知的能力的要素

②「コミュニケーションスキル」、「リーダーシップ」、「公共心」、「規範意識」や「他者を尊重し切磋琢磨しながらお互いを高め合う力」などの社会・対人関係力的要素

③これらの要素を十分に発揮するための「意欲」、「忍耐力」や「自分らしい生き方や成功を追

求する力」などの自己制御的要素
などがあげられ、これらを総合的にバランス良く高めることが、人間力を高めることと言えよう。（人間力戦略研究会［二〇〇三］一〇ページ）

この定義をよく見てみると、「ポスト近代型能力」である「人間力」のなかに、本田が「近代型能力」の象徴として挙げた「基礎学力」が含まれている。他方、「生きる力」には「自ら学び、自ら考え、主体的に判断し、行動し、よりよく問題を解決する資質や能力」のように、「意欲、創造性」、「能動性」といった「ポスト近代型能力」の特徴が示されつつ、「自らを律しつつ、他人とともに協調し、他人を思いやる心や感動する心」のように「順応性」、「協調性、同質性」といった「近代型能力」の要素も含まれている。また、「人間力」には、「ポスト近代型能力」とは相反するように見える「規範意識」や「忍耐力」が掲げられてもいる。

誤解を恐れずに言い換えれば、これらの概念には「規律」と「自主性」双方の要素が混在しているのである。だからこそ、「人間教育」をめぐって「規律」と「自主性」の配分を語ってきた「指導者言説」が、こうした全人的な「力」と共振したのではないだろうか。

前章で明らかにしたように、この時期の「指導者言説」は日常における生活習慣の「規律」を徹底的に説きながら、練習においても生徒が自ら考え、判断し、行為することを求め、その厳しさや苦しさを乗り越えた先にある「楽しさ」を感受しつつ、「自立」した人間になることを求めたのだった。

実際、この時期に「生きる力」、「人間力」をタイトルに含む書籍が複数出版されている。そのタイトルを列記すれば、『生きる力を伝えたい――泣き虫先生の熱血教育論』（資料86）、『奇跡の采配術――箕島・尾藤公の人間力野球』（資料120）、『「人間力」で闘う――佐久長聖高校駅伝部強さの理由』（資料121）、『人間力勝負――迫田テニス論』（資料130）といった具合である。また、タイトルに用いられないまでも、「人間力」、「生きる力」に言及する書籍は多数存在する（資料50、68、69、81、82、85、91、96、115、135、143）。

たとえば、『生きる力を伝えたい』の第六章は、ずばり「人間力」と題されている。そこで山口良治（伏見工業高校ラグビー部監督）は、スポーツは苦しみに耐え、それを乗り越えることで「刻苦」を経験する場なのだと語る。だからこそ、指導者は子どもに辛いこと、しんどいこと、苦しいこと、不自由なことといった負荷を与えないといけない。負荷のない身体トレーニングに効果がないのと同様、負荷のない人生に成長はないと山口は述べているのだ（資料86、一一四～一一五ページ）。

そして彼は、「苦しかろうがみんなで乗り越えてきた」といった思い出をつくるのが本当のスポーツであり、教育であると指摘している。「ほんま俺は必死になってやったぞ、痛さに耐えてやったぞ」といった経験が「生きてゆく力」を育むというのである（前掲資料、一七二～一七三ページ）。

また、近藤欽司（現白鵬女子高校卓球部監督）は、「今、青少年の凶悪犯罪が社会問題になっています。学校での部活動は、そうした子どもたちを救う最良の方法だと思います。指導者がいて先輩、後輩がいる。選手はそんな中で人との交わり方、思いやり、我慢することを体験し、『将来の生きる力』を与えられる場、それが部活動です」と述べている（資料82、二六五～二六六ページ）。

このように、「生きる力」や「人間力」が「規律」と結び付いて語られる一方で、「自主性」と接続された語りを見いだすこともできる。たとえば、小嶺忠敏（国見高校サッカー部監督）は「昔と比べて、高校生でも大人でも考える力がなくなり、〝指示待ち人間〟が多くなりました。文部科学省でも、『自分で考え、自分で行動する力を養おう』と、生きる力をつけることを重点項目にしています。指示待ち人間が多くなったのは、私たち周囲の大人の責任です。親が何でもかんでもやってしまったり、周囲が一から一〇まで教えてしまうので、子どもは考える必要がなくなるからです」と指摘している（資料81、一九六～一九七ページ）。

また、畑喜美夫（広島観音高校サッカー部監督）の著書『子どもが自ら考えて行動する力を引き出す魔法のサッカーコーチング』の帯には、「教えない指導が子どもを変える！自主性を促す組織づくりで絶対につぶれない『人間力』を磨く」という言葉で、彼の実践を「選手が主役」の革新的指導法として紹介している。

同書で畑は、スポーツの育成現場における体罰の問題に触れつつ、次のように述べている。

体罰で強くしたところで、強いものが弱いものを単にいじめているにすぎません。子どもの指導であれば、なおさらです。大人の指導者は子どもが刃向かってこないことをいいことに、怒鳴ったり、罵ったりしているのです。常に上から目線で子どもたちを見て、子どもたちの人格を尊重し、思いや意見に耳を傾けることはありません。そこには、子どもたちの考えや判断が存在するでしょうか。そのような指導では強くなっても、子どもたちには自分で生き抜く人間力は決してつかないのです。（資料135、五ページ）

ここで、「生きる力」や「人間力」が指導者によって「規律」に結び付いたり、「自主性」に結び付いたりしていることはさほど重要でない。なぜなら、すでに描いてきたように指導者が両者のいずれかに偏った指導を語ることは極めて稀だからだ。そもそも、指導者は一貫して「規律」と「自主性」の配分を変容させつつ、生徒を「人間教育」に導こうとしてきた。まさに、そうした系譜を有する「指導者言説」が、近年生徒に求められるようになった「生きる力」や「人間力」

という全人的な能力を育むロールモデルとして社会に位置づくようになったのではないだろうか。

というのも、これらの概念は全人的な能力であるがゆえに、さまざまな意味を充当することができる曖昧な概念だからであり、「指導者言説」のいう「人間」も同様だと考えられるからだ。牧野智和（大妻女子大学人間関係学部准教授）が「人間力」を事例に示唆するように、これらの概念は数多の事象に文脈依存的に、あるいは包括的に運用できるブラックボックスなのである（牧野［二〇一四］）。また、「人間力」が教育で重要視される自己実現や個性尊重、規範意識の涵養と、産業界のニーズに応える企業人の育成を同時に可能とするマジックワードであることも指摘されている（関守［二〇〇七］）。

これらを踏まえると、曖昧な概念でありながら教育と経済を結ぶ言説資源でもある「生きる力」と「人間力」が、「指導者言説」の語る「人間教育」と結び付くのは単なる偶然だと思えない。

さらに興味深いのは、「生きる力」や「人間力」は生徒に育まなければならない能力であると同時に、指導者自身にとっても重要な能力であることが示唆されている点である。たとえば、山口良治（伏見工業高校ラグビー部監督）は「教師に一番必要なものは、人間力だと思っている。子どもに自分の体験をどう伝えてやれるか、生きる力をいかに与えてやれるか。子どもの寂しい、悲しい、痛い、嬉しい、楽しいをどう受け止めてやれるのか」と述べている（資料86、一三二ページ）。また、『人間力勝負』の第三部は、およそ五〇ページにわたって教え子や父母から迫田義次（宮崎商業高校テニス部監督）の指導についてメッセージが寄せられる内容となっている。そこでは、ある教え子によって「先生の人間力」と題された次のような文章が記されている。

何よりも先生が大切にして私達に伝えてくださったものは「人間力」です。ただテニスが強いとかではない、ショットの技術や戦術面においてもまだまだ勉強する部分があるだろう、しかしそれにもまして、人間力というちょっとやそっとのことでは動じない精神的な強さ、プレッシャーをプラスに変える強さが必要だということを教わりました。

先生には常にぶれない「一つの芯」があると思います。周囲の方々から愛されていて、先輩の方々からも信頼されている先生との三年間で私は感じました。

先生が周りの方々を引きつける力を持っているのは、先生自身の人間力だと私は思いました。私も社会人になって、先生のように人から尊敬され、頼られる人間になりたいと思います。（資料130、二〇〇ページ）

そして、これらを象徴的に示すエピソードを有するのが加藤三彦（能代工業高校バスケットボール部監督）である。加藤は、二〇〇二年に公益財団法人日本青年会議所が主催する「人間力大賞」において、ＴＯＹＰ（The Outstanding Young Persons）倶楽部会長特別賞を受賞している。

人間力大賞は一九三八年にアメリカ青年会議所によってはじまったＴＯＹＭ（Ten Outstanding Young Men）が起源となり、近年ＴＯＹＰとして世界各国の青年会議所の活動へと広がったものである。過去の大賞受賞者には、ジョン・Ｆ・ケネディ、ベニグノ・アキノ、ヘンリー・キッシンジャーなど、多数の著名人も含まれている。

日本では、一九八七年に日本青年会議所にてＴＯＹＰ大賞がスタートし、二〇〇一年には事業名称を「人間力大賞」と変更している。[26]日本青年会議所によれば、熱い情熱をもって活動している〝光り輝く傑出した若者〟を代表する人間力大賞事業を「青年版国民栄誉賞」と位置づけ、日本の明るい豊かな未来のため、世界平和実現のために積極的に取り組んでいるのだという。[27]

このように、「指導者言説」は「生きる力」や「人間力」といった全人的な能力と共振しながら、一九九〇年代後半以降にその社会的位置づけを変容させていった。それは一方で、「指導者－選手」、「親－子ども」、「教師－生徒」、「上司－部下」などの多様な関係性における振る舞いを導く道具であった。他方では、自己の生や人生のあり方を導く道具ともなった。すなわち、他者と自己それぞれの統治を導く指針としての位置を「指導者言説」は獲得するに至ったのである。[28]

(26)　二〇一九年度からは、再び名称が「ＴＯＹＰ大賞」に戻っている。
(27)　http://nippon-saiko.jp/ningenryokutaisyo/outline/about/　二〇一九年八月二七日閲覧。

5 運動部活動を超えて

本章で検討してきた「指導者言説」は、本来の「指導者－選手」という運動部活動内部の関係性を越境し、「自己－他者」といった境界線をも溶解させながら、「人間教育」の「真理」に迫る言葉を次々に並べ立てる百科辞典を連想させる。富山県立氷見高校ハンドボール部を率い、四度の国体優勝と三度のインターハイ準優勝を誇る金原至は次のように述べている。

> ハンドボールを一生懸命やって、小さな穴をどんどん掘り下げていくと、その井戸はやがて大きな水源にぶち当たる。その水源とは、物事の本質＝真理のことである。会社という井戸や、歌手という井戸や、大工職人という井戸、世の中に井戸の種類はたくさんあるけれど、水を汲み取れる井戸はすべて同じ水源でつながっている。私はそうやって、ハンドボールという井戸から同じ水源でつながっている世界を見つめてきた。（資料145、四六ページ）

ところで、改めて見直してみると、指導者たちは直接的あるいは具体的に多様な関係性における振る舞いを教示しているわけではない。それはあくまで、運動部活動において彼らと生徒の間に繰り広げられた指導経験をもとに、適切な振る舞いがほのめかされているにすぎないのだ。考えてみれば、運動部活動の一指導者でしかない彼らの言葉が、その領分を超えて広がることそれ自体が不思議である。

ではなぜ、単純には転用できないはずの「指導者－選手」の関係性を私たちは参照してしまうのだろうか。それは、「指導者言説」が「規律」と「自主性」の配分をめぐって常に葛藤を繰り返してきたという歴史がおそらく関係していると思われる。

たとえば、先に触れた本田由紀(東京大学大学院教育学研究科教授)によれば、近年の母親は「きっちり」した子育てと「のびのび」した子育てのいずれを重視すべきかという二律背反的な状況に置かれている。具体的には、子どもに対して強く言いすぎれば子どもの自由な発達や主体性を損なうのではないかと不安になり、逆に子どもに自由な時間を与えすぎたり、要求をのみす

(28) この時期、「生きる力」、「人間力」と運動部活動や体育・スポーツの関係を論じる実証研究も行われている(中川・新井[二〇〇六]、高木・真田・坂入[二〇〇六]、高木ほか[二〇〇八])。また、上野・中込[一九九八]は、「生きる力」や「人間力」と同義ではないものの、スポーツ場面において獲得される競技状況スキルと、スポーツを離れた日常生活場面で必要とされるライフスキルの関係に着目し、運動部活動を通じて競技状況スキルと同種の側面をもつライフスキルの獲得が可能であると論じている。このように、運動部活動をある全人的な能力と結び付けて研究できてしまうこと自体が、その社会的位置づけを図らずも示している。

ぎたりすれば、放埒《ほうらつ》でだらしない子どもになるのではないかと脅かされるというのである（本田［二〇〇八］）。

また、大多和直樹(29)によれば、一九七〇～一九八〇年代の学校における教師と生徒の教育関係は、学校内部で純粋な規律空間が創出可能な「学校主導型モデル」によって支えられていたという。そこでは、管理教育という批判が出るほど教師と生徒の関係は確固たるものだった。

それに対して、一九九〇～二〇〇〇年代の学校は教育改革を通じて「自己実現」、「個性尊重」、「興味関心の重視」といった個性化の方向が強く打ちだされたことで、生徒の「やりたいこと」を支援する「生徒支援型モデル」に変容したと大多和は指摘する（大多和［二〇一四］）。

さらに牧野智和（大妻女子大学人間関係学部准教授）によれば、一九八〇年代以降の男性会社員向け自己啓発書においては、「体育会系的」ともくくることのできる感情的ハビトゥスが反復されているという。

仕事にがむしゃらに打ち込め。まず量をこなせ（量をこなすと質が上がる）。えり好みするな。やら断るな。逃げるな。つまらない仕事であっても、与えられた仕事に最大限の注力をせよ。愚痴をされる仕事でも主体的に向かえ。人の嫌がることを率先して行え。頼まれる前にやれ。やらずいうな。言い訳するな。積極的に行動し、人とつながり、質問し、自己アピールせよ。

――に後悔するよりやって後悔せよ。マナーと挨拶を疎かにするな。大志を抱け。常に自らを高める努力をせよ。（牧野［二〇一五］七二ページ）

つまり、日本社会の親、教師、上司（あるいは社会人）は「規律」と「自主性」をめぐる葛藤のただ中にいるのである。親は子育てについて「きっちり」か「のびのび」かで悩む。教師は、「規律」が中心だった学校が、「自主性」を重視する空間になったことに戸惑う。あるいは、そうした学校を卒業した生徒に対して、どのように「規律」を学ばせるのかと上司は四苦八苦する。

こうした状況に置かれたとき、大人たちは「規律」と「自主性」の配分に苦慮する指導者たちに自身を重ねあわせたり、両者の正しい用い方を「指導者言説」で確認し、自身の指導が間違っていないことにホッとしたりするのかもしれない。それとは逆に、自身の指導の間違いにハッとさせられることがあるのかもしれない。そして、日々子どもや若者と接する自分自身がどのような人間であるのか、「指導者言説」を通じて見つめ直すことになるのかもしれない。

第二節の冒頭に引用した、『17歳を語る山口良治――伏見工業高校ラグビー部総監督』の第三

---

(29) 現在、お茶の水女子大学基幹研究院人間科学系准教授。専門は教育社会学。著書に『高校生文化の社会学』、『放課後の社会学』がある。

部では、「山口氏の言葉を読んで」と題して読者が感想を寄せている。そこには、次のような一節がある。

子供や教育を語りながら、その紙背で実は「大人よ大人であるか、大人であれよ」と呼びかけているのではないか。ラグビー指導者、教育者の体験を語る言葉というよりも、むしろ一人の人間としてのあり様を語る言葉、問われる言葉として受け止めることが、本書や山口氏の何冊かの著書にふさわしい。親であること、夫や妻であること、どのような職業の人であれその職業人であることと共に「人であること、大人であること」を問う思想の書として受け止めた。

（資料72、一八一～一八二ページ）

このように、「指導者言説」が抱えてきた「規律」と「自主性」の配分をめぐる葛藤の歴史の終着点は、運動部活動の内部に留まらない多様な関係性における「人間教育」の指針と同時に、「人間であること」の指針をも私たちに授けることであった。

第2部

生徒における「規律」と「自主性」

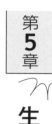

第５章

生徒の実践が生みだす自由
――部の伝統と「自主性」の隠れた関係

①「指導者言説」と生徒の実践を架橋する

第1部では、「指導者言説」への歴史社会学的アプローチを通して、運動部活動における「規律」と「自主性」をめぐる言説空間の再構成を試みてきた。そこで明らかになったのは、指導者によって語られた運動部活動をめぐる言説に「規律」が根深く居座り続ける一方で、それが決して「自主性」を排除していないことであった。

言い換えれば、「規律」と「自主性」は生徒に合わせながらその配分を変化させつつ、分かち難く結び付いた教育的技法として指導者に用いられてきたのである。運動部活動において「自主性」は決して抑圧されてきたわけではなく、「規律」との関係において常に生みだされてきたものなのだ。

しかし、これはあくまで指導者によって語られた言説にすぎない。本書には、生徒によって「規律」と「自主性」がいかに実践されているのかを記述するという作業が残されている。すでに第1章で明らかにしたように、大人たちが語る理念としての「自主性」を実際に生徒たちが解釈し、実践していく過程を分析することが課題であった。そこで本章は、A高校高校陸上競技部（以下「陸上部」）を事例として、「自主性」の理念が生徒によって事実化される過程を部の「規律」との関係に着目しながら記述していく。

議論を先取りすれば、以下では「自主性」の理念が陸上部の「規律」と親和的な実践として部員に事実化されるという倒錯した状況が明らかとなる。しかし、事例の部員らは、単に陸上部の伝統に従順な身体を育むだけではない。むしろ、陸上部の伝統を通じた「規律」のなかに「自主性」の理念があるからこそ、部員らは伝統に疑念を感じ、それをより望ましい形に変容させようとするのである。

このような事例記述を通して最終的に本章が目指すのは、「規律」から解放された「自主性」を理想化してきた従来の議論をフーコーの「権力論」から再考し、運動部活動における生徒の自由な実践の可能性と限界を見定めることである。

第2部では、事前に調査内容や調査方法を説明したうえで同意を得た、A高校陸上部に対する断続的なフィールドワーク（二〇一〇年九月二五日〜二〇一四年三月三日）をもとに事例記述を行う。フィールドワークは、参与観察、質問紙調査およびインタビュー、資料収集から成り立っている。

インタビューについては、正式に依頼をしたうえで個別に聞き取りを行ったフォーマルなものから、雑談やメールを含んだインフォーマルなものまで幅がある。正式なインタビューに応じてもらうことができ、本書に登場する主な部員のプロフィールは**表5-1**（二二〇ページ）のとおりである。表を見れば分かるように、対象者の多くが地区大会以上の出場経験をもつ競技レベルの非常に高い部員であり、陸上部を牽引する存在である。また、陸上部の顧問を務める吉井先生にも正式に依頼し、二〇一〇年一一月九日にインタビューを実施した。

とはいえ、フィールドワークにおいて筆者は、それ以外の多くの部員ともかかわりをもっており、彼ら／彼女らから得た情報はフィールドノートとしてまとめた。もちろん、表に掲げた部員からフォーマルインタビュー以外で得た情報についても同様である。以後、それらの情報を引用する場合は「（フィールドノート・年月日）」と記載することにしたい。なお、本書に登場する人物はすべて仮名での表記となっている。

表５－１　主な部員のプロフィール一覧

氏名	学年[注2)]・性別	所属学科	競技レベル[注3)]	在学年度	インタビュー実施日
岩瀬	３年・女	普通	地区大会レベル	2010～2012	2012年10月30日
北島	３年・女	普通	地区大会レベル	2010～2012	2012年10月30日
三木	３年・女	保健体育	全国大会レベル	2010～2012	2012年10月30日
三原	３年・男	保健体育	市区町村大会レベル	2010～2012	2012年11月８日 2012年11月21日
谷	３年・男	普通科	地区大会レベル	2010～2012	2012年11月８日
高石	３年・男	保健体育	全国大会レベル	2011～2013	2013年12月17日
和久井	３年・男	保健体育	不明	2011～2013	2013年12月17日
松下	２年・女	普通科	地区大会レベル	2009～2011	2010年10月25日
犬伏	２年・男	普通科	都道府県大会レベル	2011～2013	2012年11月17日
室井	２年・男	普通科	都道府県大会レベル	2011～2013	2012年11月17日
戸倉	２年・男	普通科	都道府県大会レベル	2011～2013	2012年11月17日
岡山	１年（３年）・男	保健体育	地区大会レベル	2010～2012	2010年10月28日 2012年11月８日
西川[注1)]	OB・男	普通科	地区大会レベル	2006～2008	2010年11月17日

注１）OB 西川のプロフィールは高校時代のものである。

注２）学年はインタビュー時の学年である。岡山のみ１年時と３年時に実施したインタビューデータを本文で引用している。

注３）中学・高校で出場したもっともレベルの高い試合を指標としている。なお、地区大会レベルとは関東、関西大会といった地区ごとの大会を指す。

2 事例の概要

A高校の概要

A高校は全日制課程の普通科、保健体育科（以下「保体科」）を有し、総生徒数が一〇〇〇名を超える学校である。保体科は各学年に一学級だけ設けられているが、少数派である保体科の存在こそがA高校の特徴を形づくると教師や生徒は考えている。その認識を理解するには、A高校における運動部活動の位置づけを確認しておく必要があるだろう。

同校では、部活動への加入を義務づけるような方針が取られているわけではない。それにもかかわらず、学校が行った調査によれば、二〇一二年度の部活動加入率は九九パーセント（二〇一一年度九七パーセント、二〇一〇年度九八パーセント）と非常に高い。このような学校文化が存在するなかで、とくに運動部では保体科を中心にして「A高校らしさ」が形づくられるのである。それについて吉井先生は以下のように語っている。

普通科はほとんど普通の学校と変わんないですよ。ただやっぱり普通科も（保体科の：筆者補記）影響を受けて挨拶とかはもちろん僕らにもしてくれるし、先輩にもするってことは心がけているね。それはやっぱり運動部が中心ですよ。（中略）多少、（保体科の：筆者補記）影響力を受けるっていうのが普通科の子でもね。それは大きいと思いますね。それがやっぱりA高校の特徴だと思う。

たとえば、筆者がA高校を訪れた際は、陸上部の部員にかぎらず、すれ違う生徒の多くが挨拶をしてくる。それを高石（三年生・男子）は、「A高校は、とくに部活に入ると挨拶とかはヤバいですね。自分は無意識のうちにできるようになっちゃいました」と語る（フィールドノート・二〇一二年六月二三日）。

このように、「A高校らしさ」とは挨拶などの礼儀作法を身につけた生徒の身体に根ざしており、その身体を形成する中心的な場こそが運動部活動である。そして、厳しい上下関係が「保体科全体に浸透している部分があったんですよね。（中略）陸上部がその最たるもんで」と吉井先生が語るように、陸上部には「A高校らしさ」の形成に大きくかかわる上下関係がもっとも厳しく存在している。

陸上部の概要

筆者がフィールドワークを開始した二〇一〇年当初、陸上部には引退した三年生を含めて五三名が在籍していた。陸上部には毎年三学年合わせて五〇名前後の部員が在籍し、保体科教論で顧問の吉井先生と英語科教諭で副顧問の大木先生のもと日々活動している。(1) 保体科に所属する部員は、年度によって男女比が異なるものの、一学年に五名前後が在籍している。

このように、普通科と保体科の生徒が混在しながら、陸上部は木曜日と日曜日以外の週五日、一回につき二〜三時間程度の練習に励んでいる。例年、陸上部は地区大会に多くの部員を輩出し、なかにはインターハイに出場する生徒もいることから「伝統の強豪校」として知られている。一方、部員のなかには、高校から陸上競技をはじめた者も多く含まれている。

こうした陸上部には次の特徴がある。それは、「自主性」が尊重された活動が顧問教師によって目指されていることである。吉井先生は次のように述べる。

端的に言えば、選手を育てているんだけれども、人間を育てているというか。やっぱり、そこに技術だけじゃなくて大事な部分があると思うので。人間、生きてく上で必要な部分に関し

（1）　副顧問の大木先生は、のちに触れる夏合宿のマネジメントなどを担っている様子だった。練習にもまったく顔を出さないというわけではなく、時折参加しては部員とコミュニケーションを図っていた。また、中長ブロック（二二五ページの図参照）を主に担当し、時には部員らと一緒に走っている姿も見かけた。ただし、指導の中心はあくまで顧問の吉井先生が担っている。

てね。やっぱり強くなってもらいたい。強くなってもらいたいのは走ることが速くなるとか、投げることが強くなって投げられるってだけじゃなくて、要するに人間的に強くなって勝ちを取るとか（中略）やっぱり把握することが大事じゃないですかね。生徒の特徴みたいなものを把握して、いいアドバイスができるか。その反応を見て考えさせるというかね。（傍点筆者）

このように、吉井先生は個々に適したアドバイスを通して自分自身で考え、行動できるような指導を行い、部員らが人間的に成長することを望んでいる。つまり、「自主性」を重んじながら「人間教育」を行うことが運動部活動においては重要だ、と考えているのである。それは、練習メニューの決定方法にも表れている。

図5－1に示したのは陸上部の組織構成である。練習メニューはキャプテン、副キャプテン、各ブロック長が中心となり、上級生の話し合いを経てブロックごとに組み立てられている(2)。吉井先生が述べるように、「練習量が足りないところにメニューを付け足したりはするが、基本的に生徒たちが考えたメニューを行っている」のである（フィールドノート・二〇一〇年九月二八日）。

実は、二〇〇七年に赴任した吉井先生の指導方針が、即座に部員に受け入れられたわけではなかった。ＯＢの西川によれば、前顧問の時代から部員が練習メニューを組み立てることもあったが、当時は練習メニューの半分程度が先生に修正されたり、その場の先生の思い付きで変更され

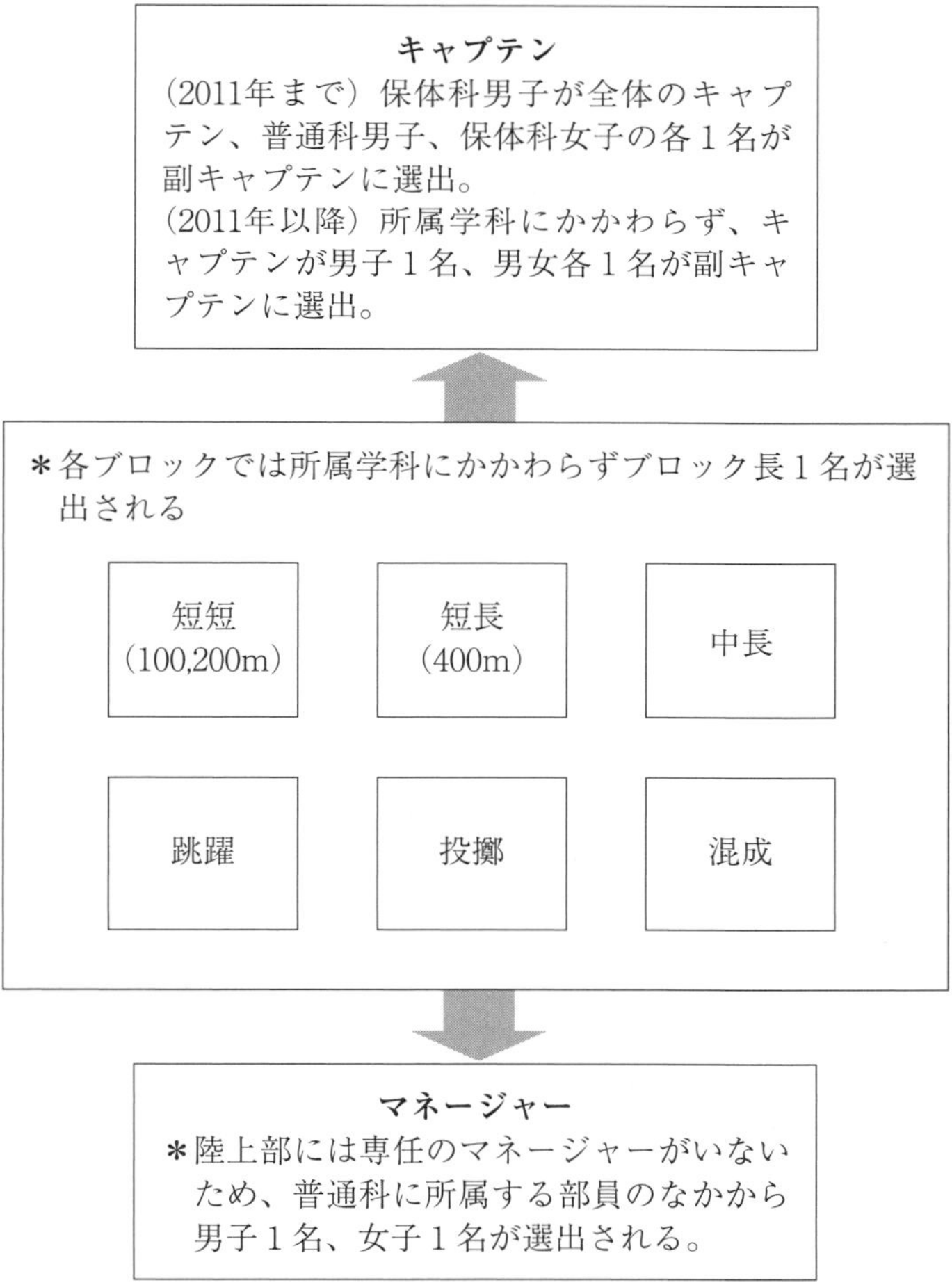
キャプテン
（2011年まで）保体科男子が全体のキャプテン、普通科男子、保体科女子の各１名が副キャプテンに選出。
（2011年以降）所属学科にかかわらず、キャプテンが男子１名、男女各１名が副キャプテンに選出。
＊各ブロックでは所属学科にかかわらずブロック長１名が選出される
短短（100,200m）
短長（400m）
中長
跳躍
投擲
混成
マネージャー
＊陸上部には専任のマネージャーがいないため、普通科に所属する部員のなかから男子１名、女子１名が選出される。

筆者補記：陸上部では、種目ごとに「ブロック」と呼ばれる小集団を形成し、練習を行っている。

図５－１　陸上部の組織構成

たりしていたという。ところが、吉井先生が陸上部に着任後は、部員が考えたメニューどおりにほとんどの練習がなされるようになった。

また、前顧問の指導は厳しく根性論の色が強かったが、吉井先生は物腰も柔らかく練習の際の緊張感が弱まったとも述べている。西川自身は、「自分の決めたメニューをのびのびできるようになった」と吉井先生の方針を肯定的に捉えているものの、「上級生のなかには、そのことについて物足りなさのようなものを感じている人もいた」と語っている（フィールドノート・二〇一四年三月三日）。どうやら、当初は前顧問との指導のギャップに不満を抱える部員がいたようだ。

具体的には、「二つ上の代までは前の先生がいて、強いからA高校に入るっていう人が結構いて、（中略）一つ上は前顧問がいた頃を（中学生のときに：筆者補記）見てA高校に入った代なんで。やっぱギャップが許せなかったみたいなんですよ。（中略）一つ上は吉井先生が来て二年目で、もう先生が違うって分かってるのに、やっぱり許せなかったらしくて」と松下が述べるような状況だった。

吉井先生が赴任した年に入部した部員のみならず、吉井先生が顧問であることを分かっていながら入部した部員ですら、「自主性」を尊重する活動方針に不満を抱いたのである。しかし、その後は「自主性」を重んじる活動が徐々に受け入れられ、その方針が陸上部の特徴にすらなっていったと考えられる。それは、岩瀬という女子部員の語りに表れている。

自分たちで考えて、自分たちでアドバイスしあって、っていうのが今のA高校陸上部の基本になってるのかなっていうのはあって。（前顧問は：筆者補記）凄い厳しくて、先生が厳しいメニューを生徒に課してっていう感じだったみたいだから、それとは凄い対照的なのかなっていう。

だから、A高校の陸上部といえども、やっぱ今と前だと違う。一概には説明できないものなのかなって思います。

つまり、陸上部の事例は、「規律」重視の伝統をもつ部に新たな顧問が「人間教育」を掲げながら「自主性」を導入していった事例と言える。(3) このような陸上部では、練習中に罵声が飛び交うなどの強豪校に想起されがちな場面は見られない。むしろ、和やかな雰囲気で練習が行われ、練習の合間には部員同士で談笑する姿も見受けられる。

（2）陸上部の部員らは、「先輩」ではなく「上級生」という言葉を用いる。それは、後述する「一年生心得」に「上級生」という言葉が一貫して用いられていることにも表れており、この規則は徹底されていた。一方で、上級生は「下級生」という言葉も用いるが、「後輩」を使うことも多かった。しかし、用語の一貫性を担保するため、以後の事例記述に関して、インタビューデータ以外は「先輩－後輩」ではなく「上級生－下級生」を用いることとする。

そうした雰囲気のなかにも、上級生が下級生にアドバイスしたり、部員間で教えあったり、顧問教師のところへ自主的にアドバイスを求めに行ったりと競技に対する意識は高い。時には筆者に対して、「何かいい練習メニューありますか」、「次、見てもらっていいですか」と積極的にアドバイスを求めてくることもある。部員らは「自主性」が尊重されたなかで、日々陸上競技と向きあっているのである。

③ 陸上部における「自主性」の事実化

部の伝統に「従順な身体」の形成

しかしここで、「自主性」が尊重される傍ら「A高校らしさ」が運動部活動で形成されるという側面を想起しておきたい。すなわち、陸上部では「A高校らしさ」を表す部の伝統に従順な身体が、厳しい上下関係を通した「規律」によって育まれるのである。北島という三年生の女子部員が「（陸上部と言えば：筆者補記）もう上下関係しか出てこない」と語るように、上下関係は陸上部の最たる特徴を示している。

たとえば、毎年新入部員の仮入部中に行われる「シメ」と呼ばれる通過儀礼にそれは顕著に現れている。ここでは、二年生による練習後の厳しい指導が新入部員を待ち受けている。(4) 具体的には、松下（二年生・女子）が述べるように、「俺ら馴れあうためにいるんじゃないから」、「お前らなんていなくても一緒なんだから」など、新入部員に対して理不尽で厳しい言葉が浴びせられることになる。

こうして「シメ」は、上下関係という陸上部においてもっとも重要な規範を強烈に体験する儀礼として新入部員の前に立ち現れる。また、新入部員にかぎらない多くの部員にとって、「シメ」は陸上部での印象深い出来事として記憶に刻まれている。たとえば、ある三年生部員は引退試合の際、三年間でもっとも印象に残った出来事として真っ先に「シメ」を挙げ、懐かしそうに語っていた（フィールドノート・二〇一三年六月二二日）。

同時に、この「シメ」の場面は、部の「規律」に対する構えが保体科と普通科の生徒で異なっ

(3) この事実が、本章の事例としての妥当性を担保する。なぜなら、陸上部が二重の意味で「最もありえそうな事例」だからである（保城［二〇一五］一〇四～一〇五ページ）。まず、「自主性」を重んじる顧問が着任すれば、部のありようも同じく変化すると考えるのは妥当だろう。さらに、チーム内の「規律」が重視される集団種目に対して、個人種目である陸上競技では個人の「自主性」が発揮されやすいと考えるのも自然である。つまり、陸上部は「自主性」による「規律」からの解放が想定可能な事例である。このような事例でそれが実現されないとすれば、従来の議論に見落とされてきた論点がどこかにあるはずだ。

(4) 筆者が部員らとかかわるなかで、いわゆる「体罰」と呼ばれる身体的暴力を伴う指導を目にしたことも耳にしたこともないと明記しておく。ただし、昔の話として保体科で体罰が行われていたらしいという話は耳にした。

ていることを露わにする。普通科に所属する一年生部員が、「仮入部の初日でいきなりシメられましたからね。意味分かりませんよ」（フィールドノート・二〇一二年八月四日）と、「シメ」に対する戸惑いを語っている一方、保体科生徒は入学初日に学科内での「シメ」を体験している。そのため、「普通科は礼儀というか、なってないところもまだあったりはするので、見ててやっぱまだ甘い」と語る岡山（二年生時・男子）のように、「シメ」を二重に体験する保体科生徒は、陸上部の「規律」に対して余裕のある構えをもっているのである。

したがって、「シメのあととかに（中略）保体科の高石から『みんなで一人も欠けることなく頑張りましょう』みたいな励ましもあった。（中略）それはある意味でかい」と室井（二年生・男子）が語るように、新入部員は「シメ」にはじまる「規律」を保体科生徒が中心となって乗り越えていくのである。(5)

こうして、新入部員に課せられていく一年間の「規律」は、入部時に配られる「一年生心得」のもとで行われていくことになる。この「一年生心得」には、挨拶、言葉遣い、服装、部内での仕事などに関する規則が事細かに記されている。一例を挙げれば、陸上部には「上級生に会った時のあいさつは人数分言う」といった規則がある。つまり、上級生五人が歩いてきているとすれば、下級生は「こんにちは」と五回、一人ひとりの上級生に挨拶しなければならないということだ。

　ＯＢの西川は、当初、「やっぱり人数分挨拶するっていうのも最初は凄い違和感あって。何でだ、何でだ、と思いながらずっとやってた」と言う。ところが、そのうちに「もう何ていうか、条件反射じゃないですけど、何人か来たらパパパって人数分言うのにも抵抗はどんどんなくなっていきました」とも語ってくれた。

　すなわち、部員らは規則の内容を無批判に受容するわけではないが、徐々に必要な行為を反射的に行えるようになっていくのだ。陸上部では「一年生心得」に記された規則を反復することで、部の伝統に従順な身体を形成していくのである。その過程は、「シメ」という制度をよ

（５）上級生となった保体科生徒が、「シメ」を行う中心的な役割を担うことが多いのは言うまでもない。

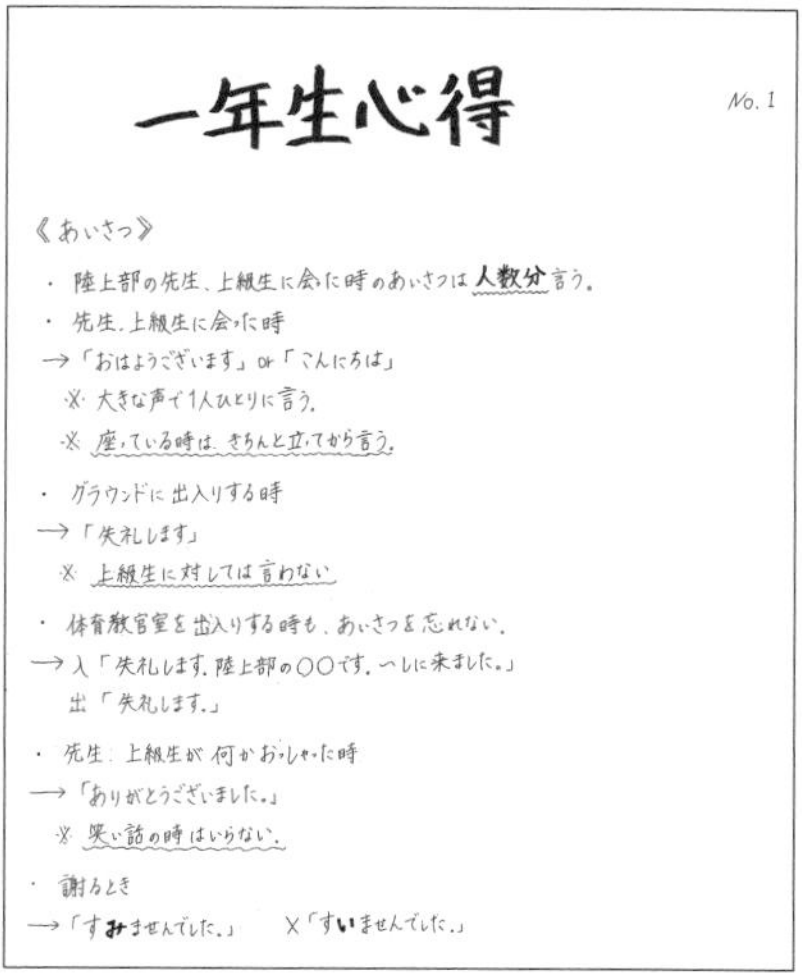
一年生心得　No. 1

《あいさつ》

・陸上部の先生、上級生に会た時のあいさつは**人数分**言う。
・先生、上級生に会った時
→「おはようございます」or「こんにちは」
　※大きな声で１人ひとりに言う。
　※座っている時は、きちんと立ってから言う。
・グラウンドに出入りする時
→「失礼します」
　※上級生に対しては言わない
・体育教官室を出入りする時も、あいさつを忘れない。
→入「失礼します。陸上部の○○です。〜しに来ました。」
　出「失礼します。」
・先生、上級生が何かおっしゃった時
→「ありがとうございました。」
　※笑い話の時はいらない。
・謝るとき
→「す**み**ませんでした。」　×「す**い**ませんでした。」

「一年生心得」の一部

り詳細に検討することで浮かびあがってくる。

実は、「シメ」が行われるのは仮入部のときだけではない。これは部の規則から逸脱するような行為が発覚した際、上級生から下級生に向けて逐一なされるものである。たとえば、松下（二年生・女子）は挨拶に関して上級生から「シメ」られたことについて、「挨拶は校内でもするんですけど、それをしてないと数えられる。『お前、七回俺のことシカトしただろ』みたいなことを『シメ』で言われるんですよ」と語っている。

ここで重要なのは、上級生に対して挨拶をしなかった回数が知らぬ間に数えられ、それが「シメ」につながったことである。つまり、今後「シメ」られないためには、常に「どこで上級生に見られているか分からない」と自分を戒める必要に迫られるということだ。それを象徴する出来事として、次のような場面があった。

ある二年生部員三人と筆者が、最寄り駅のホームで帰りの電車を待っていると、一年生部員が我々に向かってグラウンドと同様に挨拶する様子が遠目に見えた。そのとき、筆者を含めて四回の挨拶が必要なところを三回しかしなかったことが、彼らのなかで即座に話題に上ったのだ（フィールドノート・二〇一二年一〇月二七日）。この出来事が「シメ」につながることはなかったが、上級生の眼差しは下級生を常に監視し、評価しているのである。

さらには、誰か一人でも部の規則から逸脱した行動を取ってしまった場合は、新入部員全員が二年生に「シメ」られてしまう。そのため、新入部員相互においても監視がなされるようになる。フーコーの言葉を借りれば、「パノプティコン」的な眼差しのなかで、新入部員は「自分がみずからの服従強制の本源になる」主体として、自己規律化した振る舞いを形成していくのである（フーコー［一九七七］二〇五ページ）。

ここで見たように、陸上部では「自主性」が尊重された活動が目指される傍らで、厳しい上下関係に基づく「規律」を通して部の伝統に従順な身体が形成される。部の伝統を通して規律化された従順な身体こそが、「A高校らしさ」を表出するのである。では、なぜそうした身体が必要なのだろうか。

部の伝統と「自主性」の親和性

一見すると、個々バラバラに競技を行う陸上競技において、部員らがもっとも重要視しているのは、いかに集団として厳しい練習を乗り越え、自己の能力を向上させるかである。それを短長ブロック長である犬伏（二年生・男子）は「チーム力」と称し、「陸上、個人競技だけど、やっぱり応援するのもみんなだし、練習で競いあうのも、強くなるのもみんなだし、他校と比べてそういう（厳しい：筆者補記）練習で絶対手を抜かないとか、そういう気持ちの強さがA高校の陸上部なんすよ」と述べる。そして、犬伏は、陸上部にこのような特徴が現れる理由を「それはやっぱ、（陸上部の：筆者補記）伝統による縛りですかね」と語っていた。

つまり、「競技性」(6)がある部として部員全員で切磋琢磨することが重要であり、それを支えるのが部の伝統を通して規律化された従順な身体なのだ。たとえば、「シメ」は練習後に行われることが多く、部員の帰宅は遅くなってしまう。そのため保護者から、「古い伝統はなくせ」といった要望が出たこともある。それに対してある男子部員は、シメを「やらなかったらやらないで（新入部員が：筆者補記）ダレてしまうので、必要なことなんですよね」と語っている（フィールドノート・二〇一三年四月二八日）。つまり、保護者には不合理に見える「シメ」も、彼らにとっては新入部員を規律化するための合理的な手段であり、部の「競技性」の維持においては不可欠であると判断されているのである。

さらに、厳しい上下関係という伝統は部の「競技性」の維持という課題と連なり、下級生だけでなく上級生をも「パノプティコン」的な眼差しに組み込んでいく。戸倉（二年生・男子）が「なんかおごってるなって感じる上級生って、もし自分がその下だったらあんまり付いていこうとは思わないっていうか。だから、やっぱり今の一年よりは速くありたいし、フォームとかいろんな技術とかそういう面でも勝ってたいんですよ」と語るように、上級生も下級生の眼差しを意識しながら活動しているのだ。

実際、部の代表としてリレーメンバーに選ばれるなど中心選手である戸倉は、入部時より深刻な怪我を慢性的に抱えていたにもかかわらず、それを押して試合に出場する姿を筆者は幾度となく目にした。つまり、部の「競技性」を維持するためには、上級生が下級生に模範となる振る舞いを示し続ける必要があると部員らは考えているわけである。

こうして、陸上部は「みんな（競技に対する：筆者補記）意識高いんで。（周りに：筆者補記）自然に合わせちゃう。合わせなきゃなって自分は思ってますね」と犬伏（二年生・男子）が語るような、「競技性」がある部として維持されている。一方で、「競技性」を維持するために部の伝統に従順な身体を必要とすることは、「自主性」の理念と相反しているようにも見える。

しかし部員らは、伝統に従順なだけでは部の「競技性」が維持できないと考えている。なぜなら、それだけでは質の高い練習を行うことができないからである。二〇一二年から一年間キャプテンを務めた高石（三年生・男子）は、陸上部における「自由」と部の「伝統」の関係についてメールで次のように述べている。

(6) 久保［一九九八］によれば、運動部活動には「勝利」へと向かう価値に方向づけられた「競技的空間」としての側面があるという。しかし、陸上部の部員が「勝利」を第一義的な目標として表明することはない。むしろ、部員らは競技の結果よりも過程を重視する。そこで、以下では「試合や練習に妥協することなく真摯に取り組む態度を部員が身につけている状態」という意味で「競技性」の概念を用いる。「競技性がある部」を部員らの言葉で言い換えれば、「緩くない部」といった程度の意味である。

自分が考える自由は、仲がいい同士でワイワイやっていつの間にかだらけてしまう恐れのある自由ではなく、顧問のメニューに縛られず、主体的な練習をできることだと思ってるので、前者のような環境に陥らないように一年の内にしっかり指導して、上になった時に下級生を引っ張れるようにと規則があるんだと思います！　自由と規則はセットだと思います。自由だけでは上に述べたとおりで、規則だけだと受動的になり、（練習の：筆者補記）質が落ちてしまうと思います。（フィールドノート・二〇一四年二月一一日）

　このように、「自主性」の理念は部の「競技性」を維持する過程において、部の伝統と結び付くときに初めて事実化される。すなわち、「競技性」を維持するためには、部の伝統という土台の上で主体的な練習を行うことが必要だと部員らは考えているのだ。そして、陸上部がそのような活動を行っていることに、部員らは優越感を覚えるようになる。北島（三年生・女子）と岩瀬（三年生・女子）は、次章で触れる夏合宿をともに行った他校の部員と自分たちを比較して次のように語っている。

岩瀬　自分らはちゃんとやってて、あっちはなんか緩いから、なんていうんだろ、逆に自分らちゃんとやってるからみたいな。

北島　優越感？

岩瀬　そう、優越感。自分らはちゃんとできてるけど、あそこは緩いから、まぁ、ね？　みたいなのはちょっとあったかなって。

　この語りのなかで、「ちゃんとやってる」という言葉が含意しているのは、部の伝統に従順な身体を通して緩くない活動が行われているということだけではない。岩瀬が「自分たちで考えて、自分たちでアドバイスしあってってていうのが、今のA高校の陸上部の基本になってる」と語っていたように、部員が「自主性」を発揮しながら活動していることに対する自負も込められている。

　ここで見たように、まず部員らは、部の伝統に従順な身体を「競技性」の維持に不可欠な土台と見なしている。言い換えれば、部の伝統を通した規律化が「競技性」を維持するもっとも重要な条件である。しかし、「自主性」を部の伝統と結び付けることもまた部員らには重要である。なぜなら、部の伝統という土台の上で主体的な練習を行う「自主性」が発揮されたときにこそ、「競技性」を維持できると考えているからだ。そして、「競技性」がある部に所属していることは、彼らが他校の部員と差異化し、優越感を抱く資源となる。すなわち、「自主性」の理念は部の「競技性」を維持していく過程で、部の伝統を通した「規律」と親和的な実践として生徒に事実化されるのだ。

部の伝統を変容させる生徒の実践

結局、「自主性」を事実化する生徒の実践は、陸上部の「規律」と親和的なものでしかないのだろうか。部員らがその理念を事実化する際、伝統それ自体が揺らぐことはないのだろうか。

たしかに、高石（三年生・男子）が「変えられないいんすよね、何か変えようと思っても」と語るように、キャプテンといえども陸上部の伝統は容易に変更できるものではない。その理由の一つは、すでに見てきたように部員自身が陸上部の「規律」に積極的な意味を付与したり、肯定的な感情を抱いたりすることである。ＯＢの西川が「多分みんな、Ａ高校の感じが辛いことはあるにせよ、それはそれで好きというか（中略）この体制が好きみたいなところもちょっとあって。（中略）なので、それがなくなるとすると、なんかちょっと厳格な感じがなくなるんじゃないかみたいな」と語るように、自身の活動を肯定的に捉える彼らは、「Ａ高校らしさ」が変容することに抵抗を感じている。

しかし、より現実的な理由として部員が挙げるのは、部の伝統に肯定的な感情を抱くＯＢ・ＯＧの存在である。高石（三年生・男子）は「陸上部のＯＢって、大会とかでも先生とかとしてよくいるんですよ、いっぱいＯＢ・ＯＧが。（中略）昔って、結構スポ根的なのってあったじゃないですか？　そんなかでやって来た先生が、Ａ高校っていう部活のなかでやって来た先生が、上級生と下級生が馴れ馴れしくしてる状況を見たときに、『それって、おかしいんじゃないの』って言ってくるんですよ」と述べている。ＯＢ・ＯＧの眼差しが、部員らの行動を監視・評価しているのである。

「一年生心得」に明記されているわけではないが、陸上部には「下級生が上級生にむやみに話しかけてはいけない」という暗黙の規範がある。ここで高石は、その規範が散漫になっていた状況をＯＢ・ＯＧに咎められたことを語っているのだ。

先に見たように、上下関係自体は陸上部の「競技性」の維持に必要なものであると彼らは捉えている。しかし、実はこの規範によって「上下関係が厳しい分、縦の関係が薄いかな」と高石が語るように、下級生と上級生とのコミュニケーション不足が問題として部員のなかに浮上していた。

具体的には、学年間の関係を「縦で見るとリレーとかしょうがなく下の学年とかと組まなきゃいけないときとか、すごい（下級生が：筆者補記）やりづらそうだったんで、そういうところはもったいなかった」と高石が言うように、競技に取り組むうえで現実的な不備が生じていた。部の「競技性」を維持する過程で、上下関係の規範をどのように運用すべきかについて問題が生じたのである。

そこで彼らの学年は、この規範を逆手に取り、「下から上に話しかけることができないだけであって、上から下はいけるんで。うちらの代は、結構上から下にばんばんコミュニケーション取ってるように思えましたね。こっちからも、あっちから来ないんなら、こっちからいこうみたいな」と、上級生から下級生に対して積極的にコミュニケーションを取るように努めたと言う。その結果、上級生と下級生の間で「ちょっとは話しやすくなった」と高石は指摘している。

つまり、従来の部の伝統に沿った上下関係とは異なる関係性が生まれたということだ。ここで興味深いのは、こうした変容が上級生のなかから自主的に生起したことである。実は、この問題に関して吉井先生も疑念を抱いてはいた。しかし、「本来は（下級生が：筆者補記）いい意見を言える場面があって、それで上級生も考えるっていうのが理想的だとは思うんだけれども、まあそこに僕が介入していくわけでもないし」と、あくまで部員が自主的に部の伝統を変革することを望んでいた。

さらには、上下関係以外にも保体科と普通科の間に存在していたある規範が変容した。それは、キャプテンの選出方法に関するものである。**図5-1**（二二五ページ）から分かるように、二〇一〇年時点では保体科の男子がキャプテンに一名選出され、副キャプテンとして、保体科の女子と普通科の男子からそれぞれ一名が選出される方式であった。ところが、二〇一一年からは、全体のキャプテンに男子一名、副キャプテンに男女各一名が選出されることに変わりはないが、所属学科にかかわらず高石が言うように「（部を：筆者補記）引っ張っていけるような奴が選ばれてる」状況に変化したのである（フィールドノート・二〇一一年一〇月二七日）。

実際、二〇一一年には普通科から初めてキャプテンが選ばれた。ある保体科のＯＢはこの事実を知り、「そんな情けないことになってんの？　勉強もスポーツも負けてるんじゃ話にならない」と嘆いていた（フィールドノート・二〇一二年一〇月二八日）。

しかし、岩瀬（三年生・女子）が述べるように、部員らにとっては「キャプテンって重要な役割」であり、「全体的に見てふさわしい人物を選んだ」結果が普通科生徒だったにすぎない。すなわち、部の「競技性」の維持に重要な役割を担うキャプテンの選出において、所属学科にとらわれず「ふさわしい人物」を選ぶことが彼女らには重要だったわけである。(7)

このように、陸上部の「規律」のなかで吉井先生が「自主性」の理念を掲げていたからこそ、部員らは部の伝統に自ら疑念を感じ、ＯＢ・ＯＧの眼差しや思いを回避しつつ、部則の運用をより良いものへと変容させたのである。その結果、従来の上下関係とは異なる関係性やキャプテンの選出方法が生まれることとなった。つまり、ここに垣間見えるのは、陸上部における規律化の過程に身を置きながらも、部の伝統を自らに利する形へ組み替えようとする部員らの姿である。

（7）　しかし他方で、**図５－１**（二二五ページ）に見られるように、部の運営に関するさまざまな業務をこなす必要があるマネージャーに関して、筆者が調査した時点では従来と変わらず普通科の部員から選ばれていた。ここには、部の「競技性」の維持におけるキャプテンとマネージャーの役割に関する認識の差異があるのかもしれない。

4 「自主性」の両義性とその帰結

本章では、陸上部の事例において「自主性」の理念を部員が事実化する過程を記述してきた。その結果、得られた知見は次の三点である。

❶上下関係を軸とした部員同士の「パノプティコン」的な眼差しのなかで陸上部の部員らは規律化され、「A高校らしさ」を表出する部の伝統に従順な身体を育んでいくこと。

❷「自主性」の理念は、部の「競技性」を維持していく過程で、伝統を通した「規律」と親和的な実践として事実化されること。

❸部の伝統を通した規律化の過程に身を置きながらも、「競技性」の維持をめぐって部の伝統を自らに利する形へ組み替える生徒の実践が存在すること。

このような事例から、次のことが示唆されよう。一方で、「自主性」の理念によって部員らに一定の自由が与えられているからこそ、陸上部における規律化の過程は成立していた。フーコーが「権力は自由な主体、つまり人が自由であるときに限って行使される」と述べていたことを想起しよう（フーコー［二〇〇一b］二六ページ）。これを踏まえれば、「自主性」を運動部活動の教育的価値として理想化することで、「規律」から生徒を解放しようとする従来の議論には疑問符をつけざるを得ない。

しかし他方で、陸上部の「規律」のなかに「自主性」の理念があるからこそ、部員らは部の伝統を自らに望ましい形へ変容させようともしていた。すなわち、「自主性」の理念は運動部活動における「規律」と親和的な実践として生徒に事実化される一方で、部の伝統を組み替える契機にもなっているのである。このような両義的な側面を、従来の議論は見落としてしまっている。「自主性」は、「規律」との親和性と、「規律」それ自体を変容させる両義的な側面をもっているのだ。

これまで見落とされてきたこの両義性のなかに、運動部活動における生徒の自由な実践の可能性を見いだすことができる。というのも、フーコーの自由にとって必要なのは権力作用からの解放ではなく、むしろ権力作用における経験だからである。

「権力という語によってまず理解すべきだと思われるのは、無数の力関係であり、それらが行使される領域に内在的で、かつそれらの組織の構成要素であるようなものだ」と述べられるように、フーコーの権力作用は無からつくりだされたものではない（フーコー［一九八六］一一九ページ）。無数の力関係を基礎に、それを飼いならすものなのだ（田中［二〇〇九］）。

しかし、ここで注目したいのは、その直後にフーコーが権力とは「絶えざる闘争と衝突によって、それらを変形し、逆転させる勝負＝ゲームである」と指摘していることである（フーコー、前掲書、一一九ページ）。すなわち、権力は決して一義的に決定されるのではなく、無数の力関係における絶えざる闘争のなかで、変形や逆転をはらんだ勝負＝ゲームのように作用するとフーコーは言うのである。ここには、以下のような権力作用に対するフーコーの戦略が垣間見える。

フーコーの力は、権力テクノロジーに変化し否定されたあとで、ふたたびその姿を現すのである。力から権力へ、そして権力から力へと、力と権力は往還しつづける。社会秩序の変革、自己形象の変容を可能にするものは、力と権力との往還である。（田中、前掲書、一五三ページ）

このように、フーコーは権力作用の経験を否定的に捉えたのではなく、むしろその経験に喚起され、新たな秩序や自己を模索する力が創造される点に人々の自由を見いだしたのである。言い換えれば、「何ものにも拘束・強制されていないという、まったく弛緩した状態ではなく、困難ではあるが、自分を基礎づけているものを深く反照しつづけ（中略）新しい自己創出を可能にしている状態」がフーコーの自由である（田中、前掲書、二〇四ページ）。

まさに陸上部に見られたのは、上下関係が厳しい部の伝統やその伝統に肯定的感情を覚えるＯＢ・ＯＧの眼差しなどを受け止めつつ、それを巧みに回避するなかで部則の運用をより良いものへと変容させる部員の姿であった。ここに、運動部活動における生徒の自由な実践の可能性を見いだすことができる。

筆者は、ここで「自主性」の理念そのものを批判したいわけではない。なぜなら、「自主性」の理念が部の伝統を変容させる実践に部員を導いたのは紛れもない事実だからだ。その意味で、「自主性」の理念自体は運動部活動においていまだ重要な意味をもっているし、そこで発揮された部員らの自由な実践も評価されるべきだろう。

とはいえ、同時にその限界も見定める必要がある。それは端的に、「規律」の効果に対する消え難い認識である。陸上部においては、「シメ」が存続している事実がその典型例であろう。たしかに、伝統的な規範を変容させた部員らの自由な実践には、今後「シメ」を行わない選択をも生起させる可能性がある。高石（三年生・男子）がシメを「精神的な体罰と思う人がいれば、それはもうそれでおしまいですけど」と語るように、身体的暴力がなくとも「シメ」が精神的暴力として当事者に解釈される可能性を部員らは認識しているのだ。しかし、筆者が調査を行っていた時点で「シメ」は存続していた。

もちろん、こうした「シメ」という実践それ自体を倫理的、道徳的批判の俎上に乗せることもできるだろう。しかし、ここで社会学的に考慮すべき論点は、自由な実践を見せる部員ですら「シメ」を必要としてしまう事実ではないだろうか。なぜ、「シメ」を典型とする部の伝統を通した

「規律」を手放すことができないのだろうか。次の語りを手がかりに考察してみよう。

一番今思うのは、陸上やっててよかったなっていうのは凄い思ってて。なんか、その忍耐力みたいなのがついたし、とくに高校入ってからの部活動でＡ高校の校風もあって、我慢する力はついたかなっていうのは。それが今、勉強でも活きてる。

これは、陸上部での三年間の活動を終えて引退し、受験勉強に励む日々を送っていた岩瀬（三年生・女子）に心境を尋ねた際、彼女から返ってきた答えである。ここで彼女は、陸上部において「忍耐力」や「我慢する力」が身につき、それが受験勉強に活かされていることを実感している。つまり、陸上部での三年間を振り返ったとき、真っ先に思い浮かべたのが運動部活動における「規律」の効果だったのだ。

本章でも触れたように、岩瀬が「自分たちで考えて、自分たちでアドバイスしあって、っていうのが今のＡ高校陸上部の基本になってる」と陸上部の特徴を語っていたことを今一度思い起こそう。彼女のように、陸上部の特徴を「自主性」にあると認識する部員ですら、そこから得たものは部の伝統への規律化の過程で育まれる「忍耐力」や「我慢する力」だと認識してしまうのである。

このような力のほかにも、「敬語」や「挨拶」、「礼儀」といった身振りや態度が身についたと、「規律」の効果が語られることは多い。たとえば、北島（三年生・女子）は「言葉遣いも、敬語とかがうまく喋れるようになったりして。挨拶もちゃんとできるようになったし」と述べ、室井（二年生・男子）も「礼儀がほかの部活よりも抜きん出てるというか（中略）社会に出たときの礼儀の重さを知らされてる感じがして。最初は嫌だったんですけど、今となったら役立つのかなと思います」と語っている。ここに見られるのは、「指導者言説」と同様の「規律」の消え難さである。

そしてこれらは、「社会に出て必要なこと」と高石（三年生・男子）が語るように、今後の人生に連なる力として彼らに実感されてもいる。つまり、部員らは「規律」に満ちた日本社会への「予期的社会化」を強いられているということである。(8)

(8)「予期的社会化」とは、「人々がまだ参加しているのではなく、やがて加入しそうな種々の地位や集団にみられる価値や態度を獲得すること」と定義される、R・K・マートン（Robert King Merton, 1910～2003）の概念である。マートンは、予期的社会化には教育と訓練を通した明示的で熟慮的かつフォーマルな部分と、暗黙的で無意識的かつインフォーマルな部分があり、その大半が後者であると指摘している。また彼は、学校でさえ予期的社会化はフォーマルなものの限度を超えているという（マートン［一九六一］三四九～三五〇ページ）。これらを踏まえれば、本書は、陸上部において吉井先生が明示的・熟慮的に喧伝する「自主性」の裏で暗黙的・無意識的にあり続ける「規律」の効果と、その関係性について述べてきたのかもしれない。

どうやら、第1部で明らかにしたように、「自主性」が拡張されて語られるようになっても「規律」は消え難く、運動部活動に根付いている。私たちは、運動部活動における「規律」の抗い難い魅力にいまだ取り憑かれたままのようだ。では、こうした部の伝統に基づく「規律」はなぜ消えることなく存続するのだろうか。

第6章 なぜ、生徒は運動部活動に留まり続けるのか？

1 部活に出るのはいいけれど——ある部員の語り

部活に出るのはいいんすけど、(陸上を：筆者補記）やるのが嫌なだけで。出るのはいいんですよ。(中略) ちょっとの我慢じゃないっすか？ 部活で走るのは。

これは、保体科に所属する三原（三年生・男子）が、陸上部での三年間の活動を振り返り筆者に語った言葉である。前章で記したように、陸上部には厳しい上下関係が存在し、一年生は挨拶、言葉遣い、服装、部内での仕事などについて上級生から徹底的に規律化されるなかで、部の伝統に対して従順な身体を形成していく。そして、大半の部員はその身体をもとに、日々陸上競技に真摯に取り組み、競技力の向上を目指していた。つまり、陸上部で部の伝統に従順な身体を育むということは、部の「競技性」を維持することにつながっている。陸上部において、部の伝統への規律化を経た先にある、競技への規律化こそが重要だということである。

このような陸上部の日常を改めて記したとき、冒頭の三原の語りが不思議さを帯びてくる。のちに詳しく述べるように、三原は一時期、部活どころか学校に通う意欲さえも失ってしまった生徒である。そんな彼が、陸上競技を「やるのが嫌」なのにもかかわらず、厳しい部の伝統が維持されている陸上部に留まり、「ちょっとの我慢」をして「部活で走る」のはなぜだろうか。

仮に、三原のような部員が部の伝統に疑念を感じ、それに異を唱えたり、退部するような事態が頻繁に起こるようであれば、陸上部の伝統のみならず、部そのものの存続が危ぶまれることになる。けれども、陸上部では退部する部員がほとんどいない(1)。だとすれば、三原のような部員をも陸上部に留め続ける何らかの仕組みが存在しているのではないだろうか。

こうした問いを念頭に、以下では怪我を負った生徒、目標を失った生徒の実践と部の伝統への規律化に伴う身体的苦痛、精神的苦痛の体験に着目する。そのうえで、権力装置としての運動部活動が、競技への規律化の失敗事例をも取り込みながら成立している様相を記述するというのが本章の目的である。そこでは、陸上部における部の伝統への規律化の過程こそが、部員の体験の核心に位置づいていることが明らかになるだろう。

② 怪我を負った生徒が部に留まる理由

試合や練習に妥協することなく真摯に向きあい、それぞれが競技力の向上に取り組むことで部の「競技性」を維持している陸上部の部員にとって、怪我を負うことは辛く、苦しい体験である。言うまでもなく、怪我は陸上競技に没頭することを妨げる最大の要因の一つだからだ。以下では、慢性的な怪我と向きあいながら日々活動に取り組んでいる犬伏、戸倉、室井の三名（すべて二年生・男子）に着目してみよう。

犬伏は、二年生の四月に足首を負傷した。この怪我は突発的なものではなく慢性疲労によるものであり、医者からは「完治することはない」と告げられている。戸倉は中学時代、あと一歩で全国大会に手が届くような、地元でも有数のスプリンターであった。しかし、A高校入学直後に肉離れを起こし、それ以後、同様の怪我を繰り返し発症している状態である。そして室井は、一

（1）筆者がフィールドワークを行った期間に、一名だけ退部した部員がいた。本人に聞き取りを行えなかったため、ほかの部員からの伝聞にすぎないが、その理由は部員間における意見のすれ違いにあったようである（フィールドノート・二〇一三年二月一六日）。

年生の一一月頃に腰を痛めた。それは、彼の骨盤が曲がっていることに起因しており、一年が経ったインタビュー当時においても痛みは継続している。彼自身も「正直なんか、これとは長く付きあわなきゃいけないのかもっていう感じはありますけど」と語っている。

このように、三人はそれぞれ症状が異なるものの、慢性化した怪我を背負いながら長期間活動している部員である。そんな彼らは、自らの状況について率直に悔しさや不安を表明している。犬伏は以下のように語る。

犬伏　もう、悔しい気持ちしかないですね。

筆者　怪我してるから？

犬伏　はい。もう、全力で走りたいし、その自分は調子よかったんで。怪我する前までは。なんか負ける気もしなかったですし。それが今、普通にシャフトとかで筋トレしてる自分を見て。みんなが走ってるのを見てると辛いっすね。

また、室井も次のように不安を吐露している。

――自分もなんか、ちょっとそのうち諦めがきそうなのが怖いっていうか、これから冬季（トレーニングに：筆者補記）入るときに、自分ちょっと腰を痛めてるんですけど、そのせいで走り込みとか足りなくて、春に全然（タイムが：筆者補記）伸びなかったり、体力が全然（周りに：筆者補記）ついていけなかったらどうしようとか、そういうのがあるんですけど。なんか走れないし、歯がゆいっていうか、どうにかしたいですね。

このように、怪我をした部員は悔しさや歯がゆさを覚えたり、練習が十分にできないことで記録が伸びなかったり、周りについていけなくなることへの不安や焦りを感じている。そして、その行き着く先に諦めの気持ちが芽生えることを彼らは危惧してもいる。戸倉が述べるように、怪我をすると「なんかテンション下がるし、やる気がなくなる」のである。では、そうした彼らを部につなぎ止めているものは一体何なのだろうか。

それは、前章で見た陸上部における「競技性」が関係している。そのなかで、彼らは今できることを自分の目標として再設定するのである。前章で犬伏は、「みんな（競技に対する：筆者補記）意識高いんで。（周りに：筆者補記）自然に合わせちゃう。合わせなきゃなって自分は思ってますね」と語っていた。

そのような部の雰囲気のなかで、彼らはできるかぎり自らを奮い立たせようと努力する。たとえば、室井は次のように述べている。

（怪我をすると：筆者補記）自分の結構足りてないところとか段々分かってきて、走り込みばっかりじゃ（だめで：筆者補記）、なんか十分にできないこととかも今やるしかないと思って。そういう（普段はできない：筆者補記）強化を逆にできるから、ラッキーではないですけど、できるだけポジティブに考えるようにしてます。

ここからは、自分にとって足りない部分を強化するきっかけとして、怪我をポジティブに捉えようとしていることが分かる。すなわち、怪我をしている状況そのものを積極的に意味づけることで、今ある自分に可能な目標を設定し直すのである。

しかし、怪我をしている部員は、室井のように自身の目標を修正し、自らの「競技性」を維持するだけではない。むしろ、自らの「競技性」のみならず、部の「競技性」を維持するために自身の目標を積極的に他者の援助へと転換するのだ。たとえば犬伏は、筆者の「怪我をしているときはどのように自分の気持ちを奮い立たせているのか？」という質問に対して次のように答えている。

自分は逆に一二〇パーセント後輩のことしか考えてないっすね。ブロック長になって凄い責任感あって、メニューも全部一人で考えて。後輩が短長にいっぱい来てくれて、それで後輩を

——成長させなきゃなっていうのが一番思うことで。練習メニューもそこは真剣に考えてるし、（後輩の：筆者補記）成長を見るのも好きだし、後輩に弱い背中を見せられないから頑張ってます。

このように、犬伏はたとえ一緒に走ることができなくても下級生を思い、練習メニューを真剣に考えることで部の「競技性」の維持に貢献しているのである。さらには、怪我を治すという実践それ自体が部の「競技性」の維持と結び付けられていく。

前章では、「なんかおごってるなって感じる上級生って、もし自分がその下だったらあんまりついていこうとは思わないっていうか。だからやっぱり今の一年よりは速くありたいし、フォームとかいろんな技術とかそういう面でも勝ってたいんですよ」という戸倉の語りを引用し、上級生も下級生の眼差しを意識しながら活動することを論じた。(2) 実は、これに続けて彼は次のように述べている。

——だけど、怪我してると全然走れなくて、あまりそういう状況の上級生が、なんか言ってもあ

（2）先の「後輩に弱い背中を見せられないから頑張ってます」という犬伏の語りからも、下級生からの眼差しを強く意識している様子がうかがえる。

まり説得力がないんじゃないかとか思うんで。でも、やっぱり自分も二年で、後輩がいる立場なんで。いろいろアドバイスとかしたいんで。そのためにも、早く治そうみたいな気持ちはありますね。

怪我をしている状態では、下級生を引っ張っていくことができない。下級生も、怪我をした上級生のアドバイスには耳を貸さないだろう。そのような、下級生からの眼差しを意識するからこそ、そして部の「競技性」を維持するためにも、自らの怪我を治すことを新たな目標に掲げるのである。

このように、怪我を負った部員は、自らの「競技性」を維持するために怪我に積極的な意味を見いだしたり、部の「競技性」を維持するために他者の援助へ目標を転換したりすることで陸上部に留まっていく。ここで重要なのは、陸上部が部の伝統を通して「競技性」が維持された場所であるということだ。なぜなら、仮に陸上部が「緩い部」であったとすれば、おそらく部員らは怪我への悔しさや不安を覚えることがないからである。それどころか、部に留まり続けるかどうかも分からない。

実際、「もし、今の状況で陸上部がやる気のない部だったら?」という筆者の問いに、彼らは次のように答えている。

犬伏　すぐ辞めてたと思いますね。
戸倉　たしかに。
犬伏　そういう（やる気のない：筆者補記）部活ってことは、結構遊んでる学校だと思うんで。すぐ辞めて、そっちの流れについていっちゃったと思いますね。

やる気のない部が即座に遊んでいる学校と結び付くかはさておき、彼らが陸上部やA高校をそうした部や学校ではないと認識していることは重要だ。ここには、陸上部が「競技性」のある部だという自負と、そうであるからこそ怪我を抱えつつも部に留まり続けられることが示されているからである。

ところで、ここに取り上げてきた部員らは、自身や部の「競技性」と関連づけることで目標を再設定し、怪我という困難を抱えつつも陸上部に留まり続けている。そして、その目標はあくまで陸上競技に向け続けられていた。言い換えれば、彼らは陸上という競技への規律化に成功している事例だと言える。

しかし、冒頭に語りを引用した三原（三年生・男子）は、彼らと根本的に異なる。というのも、三原は陸上競技を「やるのが嫌」だと語っていたからである。それでも、彼が陸上部に留まり続けている理由は何なのだろうか。

③ 目標を失った生徒が部に留まる理由

三原は、保体科に所属する中長ブロックの部員である。彼は、中学校時代にサッカー部に所属していたという異色の経歴をもっている。しかし、三原は陸上部に入りたくてA高校に入学してきた。その経緯について、彼は次のように語っている。

小学生のときにちょっと陸上やって、凄い面白かったんですよ。それで、中学、陸上やりたいなと思ったんすけど、部活がなくて。それで、三年間サッカーやったんですけど。高校行ったら陸上やるっていうのは、小学校の時から決めてたんで。陸上やるっていうのはずっと頭の隅に。（中略）それで、高校どこがいいかなと思ってたら、中学の部活の先輩がA高校どう？みたいな。最初はあんま考えてなかったんすけど、一回来てみたらすげー広くていいなと思って。

このように、彼は小学校のときから憧れていた念願の陸上部に、高校でようやく入部することができたのである。しかし、憧れを抱いていた陸上競技に対して、入学当初は高かったモチベーションが徐々に下がっていったという。

最初の一年は結構楽しかったんですけど。もともと体力あんまなかったんで、どんどん（上級生に：筆者補記）付く感じが凄い面白かったんですけど。まあ、いろいろ怪我したり、走れなくなって（中略）毎日毎日、陸上陸上って続けていくうちに、やっぱ精神的に飽きが来て、ほんと辞めてえなと思ったんすけど。そんな度胸もなかったんで。飽きです。はい、飽きです。

ここで注目したいのは、犬伏、戸倉、室井の場合、怪我をしたときに陸上競技そのものが嫌になることはなく、自身で再設定した目標を維持していたが、三原は陸上競技それ自体に嫌気がさしてしまい、彼自身の目標を失ってしまったことである。

しかし、彼は保体科であるがゆえに、陸上部を辞めるという選択肢を取りづらい。なぜなら、「周りがみんな（部活を：筆者補記）やって」おり、「辞めるっていうのは現実的じゃない」からである。彼が述べるように、部活を辞めるには「度胸」が必要なのだ。三原のような保体科の生

(3)　三原が所属する中長ブロックでは、集団で走る練習が多い。たとえば、一定のペースを守って走る「ペース走」と呼ばれる練習では、上級生が先頭を走り下級生を引っ張っていく場合がある。ここで三原が楽しかったと述べているのは、このような練習風景であると思われる。

徒は、普通科の生徒に比べて運動部活動と密接にかかわらざるを得ないのである。

では、辞めるに辞められないという消極的な理由によって、三原は目標を失ってしまった陸上部に留まり続けなければならなかったのだろうか。彼にとって、陸上部は辞めてはならない息苦しい場所だったのだろうか。結論を先取りすれば、それは事実ではない。むしろ、彼にとって陸上部は、息苦しい学校生活のなかで仲間たちと充実した時間を過ごす居場所として存在しているのである。

三原には、学校に来るのが憂鬱な時期があったという。それは、あるクラスメートとの人間関係のもつれが原因であった。そのようななか、三原は「度胸ないいんで。思い切って学校休むとかあんましないほうなんで。だから、行った」と言うように、何とか学校には通っていた。そんな彼が、学校に通い続けるのは大学に行きたいからである。

三原は、「学校の授業とかやってても意味ない。実際、意味ないですよね？　眠いだけっていうか」と、学校に意味を見いだせないなか、単位を取るために通学していた。人間関係の息苦しさや学校の空虚さを実感しながら、彼は日常を送っていたのである。では、三原にとって陸上部はどのような意味をもっていたのだろうか。クラスメートとの人間関係がもつれ、学校に行くのが憂鬱だった時期に関する彼の語りをもとに検討してみよう。

実は、このクラスメートというのは陸上部の女子部員である。つまり、クラスメートであり、陸上部の同級生でもある生徒と関係がこじれてしまったうえ、陸上競技に対する目標を失った状況に彼は陥ってしまったのだ。

「学校に行くのも嫌だったし、プラス陸上みたいな。（彼女は：筆者補記）陸上部でしかも同じクラスなんで、三乗くらいになって、学校行きたくないなって」と三原は語った。

ここで重要なのは、彼にとって嫌なのは陸上をすることであり、決して部活に出ることではないという点である。それを端的に示しているのが、本章の冒頭に記した語りである（二四九ページ）。

しかし、関係がこじれてしまったクラスメートは教室と同様、陸上部にもいるはずである。では、教室にも陸上部にも会いたくないクラスメートがいるにもかかわらず、なぜ三原にとって教室は「行きたくない場所」、陸上部は「行きたい場所」というように、異なる意味が付与されているのだろうか。その答えは、次の語りのなかにあった。

筆者 学校に行くのが嫌でも、楽しい時間を見いだせる場所というか。部活が。

三原 はい。そんな感じですかね。いや、どうだろう。部活っていうより、部活の友達がって感じですかね？（中略）部活じゃなくてもメンバーが集まっていれば何でも。

陸上部の仲間がいれば、いつ何時でも楽しい時間を過ごせる場所が彼の周りに立ちあがる。すなわち、運動部活動の時間やグラウンドという場所に限定されず、陸上部の仲間と過ごす時間と場所そのものが、彼にとっての「陸上部」なのである。このように、三原が陸上部に留まり続ける理由は、端的に部の「仲間」の存在である(4)。いかにして、陸上部の仲間がこれほどまでに特別な意味をもつ存在となるのだろうか。

4 身体的苦痛と精神的苦痛の体験

これまで、本章では陸上という競技への規律化の成功事例（怪我を負った生徒）と失敗事例（目標を失った生徒）を記述してきた。そこでは、前者が自身や部の「競技性」、後者が部の「仲間」を通して陸上部に留まり続けていることを確認した。このような結果が正反対の両者に、実は共通していることがある。それは、陸上部に留まり続ける理由が個人的に完結しているのではなく、いずれも他者との関係から生起していることである(5)。そこには、おそらく陸上部の伝統を通した規律化の体験がかかわっている。

本節では、前章で描き切れていない陸上部における規律化の過程を詳しく検討することで、競技への規律化の成功、失敗に寄らず、生徒を部に留める強固な体験が形づくられていく様相を明らかにする。とりわけ、生徒の体験を厳しい練習に見られる「身体的苦痛」と厳しい上下関係に見られる「精神的苦痛」に分け、それらに対処する仕組みや部員らの実践を記述していく。そのうえで、二つの体験が部員の間に「ヨコのつながり」を形成していくことについて論じる。

身体的苦痛を選び取る

陸上部における部員の体験の一つに、厳しい練習による身体的苦痛を挙げることができる。ここでは、夏合宿のある練習場面を取り上げて検討してみよう。

夏合宿は、毎年八月八日から一三日までの五泊六日の日程で行われている。この合宿は、二〇一二年時点で五二回目を迎える伝統的な行事となっている。(6) 合宿自体はＡ高校だけではなく、複数の高校との合同で行われている。二〇一二年は七校の合同で行われ、総勢二〇九名の生徒が参加した。

(4) 三原にとっての「仲間」は、あくまで同性の同級生に限定されている。なぜそうなるのかは次節で詳述する。
(5) ただし、怪我を負った生徒にとっての他者が部という全体性を帯びているのに対して、目標を失った生徒にとっての他者は仲のよい友達という個別性を帯びている点に違いがある。
(6) 筆者は、二〇一二年八月九日から一一日までの三日間、この夏合宿に参加した。ここでの記述は、その際に記録したフィールドノートをもとにしている。

合宿期間中は、朝六時頃から行われる「朝練習」、九時頃から行われる「午前練習」、一五時頃から行われる「午後練習」の三部制で組まれており、質量ともに厳しいメニューが課せられている。

一日の練習が終われば一八時頃から入浴、夕食の時間があり、二〇時頃から合宿施設内にある体育館において全体ミーティングが行われる。それが終われば陸上部だけの個別ミーティングが行われ、一〇時頃に就寝となる。

これが、一日のおおまかな流れである。朝から晩まで、練習一色の厳しいスケジュールであることが確認できるだろう。

この厳しい合宿のなかで、毎年中長ブロックで行われている名物練習がある。それが、「三〇〇メートル×一〇本×三セット」という、部員にとっては非常に辛い練習メニューである。この練習は、一セットにつき三〇〇メートルを一〇本、設定タイムに従って走るのだが、設定タイムは走力によって四つのグループに振り分けられている。

具体的には、Aグループ五〇秒、Bグループ五四秒、Cグループ六〇秒、Dグループ六五秒というタイム設定である。この設定に基づき、部員らは三〇〇メートルを駆け抜ける。そのタイムで走り終えたあとは、一五〇メートルの距離を九〇秒のジョギングでつなぎ、次がスタートする。このサイクルが一〇本終われば一セット終了となる。セットとセットの間には一〇分の休息が設けられていた。

以下では、二〇一二年八月九日のフィールドノートから、この練習メニューの様子を抜粋してみる。

九時一五分頃よりA高校のテントに部員が集まりはじめると、今日の中長ブロックのメニューである三〇〇M×一〇×三セットを前に、緊張感が高まっている様子。どうやら、その厳しいメニューに短距離、跳躍、混成の部員も参加するようだ。そのようななか、とあるOBと話をしていると、「合宿じゃないと三〇〇、三〇本なんてメニューやんないですよね」と語り、彼は部員たちに対して、「これ乗り切って、今後の自信にしよう！」と鼓舞している。(7) 当の部員たちの間からは、

名物練習で膝に手をつく部員たち（2012年8月9日筆者撮影）

「いや、マジきついっすよ」、「あー、集中！」などの声が聞こえてくる。厳しいメニューを目の前にした部員たちは、皆で集まって話をしたり、このような声を上げることで何とか緊張を和らげている様子である。

いよいよ、九時三〇分から練習が開始される。ウォーミングアップが行われた後、九時四五分頃からジョギング二〇〇〇Mが始まる。その間、部員の間から「頑張っていきましょー！」、「はい！」といったやり取りがなされ、他校との集団感も高められながらメインメニューに近づいていく。ついに、一〇時五分頃より三〇〇M×一〇×三セットがスタートを迎える（中略）メニューが始まる前の全体集合の際には、大木先生から「苦しいのを耐えて、最後までやり切れるように頑張りましょう」との声かけもなされた。スタート直前にも、相変わらず部員からは「あーやだ！」、「もう、どうでもいいっす。ここまで来たらやるしかない」といった発言が見られた。彼らには、「厳しいメニューをやりたくない。でも、やらなければならない」といった葛藤が垣間見える。

メニューがスタートすると、まだまだ体力に余裕のある部員たちは快調に三〇〇Mを駆け抜けていく。三〇〇Mを走り終わった後の一五〇Mのジョギング区間では、「一本一本集中していきましょー！」、「強気でいきましょー！」、「明るくいきましょー！」、「元気出していきましょー！」、「笑顔でいきましょー！」との声かけに対し、全員が「はい！」と応答しながら本数を重ねていく。(8) 一セット目は多くの部員が無事に走り抜き、一回目の休憩へ。その間、部員からは「まだ、一セットかー」、「去年、こんなきつかったっけ？」といった声も聞こえてくるが、まだ比較的余裕が感じられる。二セット目に突入すると、徐々に集団から離れてしまい、設定タイムやつなぎのジョギングが散漫になってくる部員が増えはじめる。(中略) 二セット目終了後の休憩では、「なんだよ、この練習……」といった声も漏れている。

そして、三セット目。一セット目にはよく見られた集団での声の掛け合いは少なくなり、足をつったり痛めたりしてリタイアする部員、一本間を空けてからメニューに復帰していく部員

(7) この夏合宿には、しばしばOB・OGが顔を見せる。実際、この年は第一回目の合宿時に高校二年生だったというOBと、その当時A高校の実習助手をしながら大学の夜間部に通い、陸上部の指導を行っていたというOBも見学に訪れていた。

(8) 「声出し」と呼ばれるこのような行為は、他校ではなく陸上部の部員が中心に行っていた。たとえば、合宿中の「声出し」について、「一年生心得」には「体操をする時は大きい声で『二』から数える。※基本的に合宿での時に。普段はやらない」と記されている。普段の練習では行わないが、合宿においてのみ「声出し」が必要なのである。実際、合宿中の朝練習では全員で一つの円になり体操を行うが、一年生部員は積極的に大きな声で号令をかけていた。また、ここで記述した練習中の「声出し」は上級生、下級生にかかわらずなされていた。このような行為を通して、夏合宿の練習の中心を担っていくことは、前章で触れた他校に対する優越感に連なるものである。

が増えてくる。設定タイムを守れない部員もかなり出てきた。先生の方からも、「離れたらあかん！」、「ズルズルいったらあかん！」といった、鼓舞する声が大きくなる。ある部員は、このセット七本目の途中で足をつってしまい、集団から離脱したものの「ここでやめたくないな……ちくしょー！　ラストだけいく」と、たとえ離脱したとしても最後まで走り抜く姿勢を見せる。

こうして、三〇〇Ｍ×一〇×三セットという厳しいメニューは終了した。数人の部員に、「メニューが終わった感想はどう？」と尋ねると、「いい練習でした。気持ち、強くなりました！」、「最後は意地ですよ」、「このまま死んじゃうかと思いました」といった語りが見られた。ＯＢは部員に「根性練だから、きついことやって根性つけばＯＫ！」と労っていた。このように、練習後は最後までやり切った充実感、安堵感、そこで得た強い気持ち、意地などが入り混じりながら、清々しい雰囲気が漂っている。また、辺りを見回すと、一年生の女子部員が三人ほど泣いている。彼女らのなかには、練習に最後までついていけた者、序盤で集団から離れてしまった者もいたが、安堵感、練習そのものの辛さ、悔しさなどが混じった涙なのだろう（中略）他校の先生が、「こういう充実感は、こういう練習でしか味わえないからね」と語っていたように、様々な感情が部員の間に入り乱れながらも、厳しい練習をやり終えた充実感が彼らを覆っていたように思う。午前最後の集合で、とある先生が「苦しくなってから、一歩前にいけるかどうか」と述べていたように、厳しい練習に妥協せず耐え抜き、自分との戦いに勝利し、最後までやりきることで得られる達成感、充実感が彼らには重要なのだろう。

ここで、この厳しい練習は中長ブロックのメニューだったにもかかわらず、陸上部の部員が短距離、跳躍、混成といった他ブロックから積極的に参加していたことは注目に値する。陸上部には、あえて自ら身体的苦痛を選び取っていく部員の姿を垣間見ることができるのだ。なぜ、部員らは辛く苦しい道を自ら選び取るのだろうか。また、そこからどのような意味を見いだしていくのだろうか。

まず指摘できるのは、「みんなで行動したり練習すればつらい練習ものりきれる」といったように、部員らは陸上部の仲間とともに厳しい練習を乗り越えることに意味を見いだしていることである。さらには、仲間とともに行う厳しい練習が、陸上部での活動の楽しさにもつながっている。

たとえば、質問紙を用いて部活動で楽しいことを尋ねた自由記述欄には、「みんなで一緒に声出しながら練習するとき」、「他の人と一緒に走れるところ」、「走ってるだけで楽しい。皆と走れると、もっと楽しい」、「互いに声をかけあってキツい練習をこなしていくこと」といった記述が散見される。(9)

前章で示したように、犬伏（二年生・男子）は「陸上、個人競技だけど、やっぱり応援するのもみんなだし、練習で競いあうのも、強くなるのもみんなだし、他校と比べてそういう（厳しい・・筆者補記）練習で絶対手を抜かないとか、そういう気持ちの強さがA高校の陸上部なんすよ」と語り、それを「チーム力」と称していた。このように、仲間とともに厳しい練習を乗り越える楽しさが共有されているからこそ、陸上部は「競技性」のある部として維持されているし、その逆もまた然りなのだ。また、陸上部には厳しい練習に対する共通した認識が存在する。

室井（二年生・男子）と犬伏（二年生・男子）は次のように述べている。

室井　自分が成長するのは、やっぱりその、それなりに辛いやつをこなさなきゃいけないし、中途半端に積み上げても自分は強くなれないっていう気がするので。それなりの苦労というか、苦しみはつきもんなんだなっていうか。そう思ってます。

犬伏　量こなせば速くなるのは自分で分かってるんで。やっぱり、そういうのに普通に気づいてるんで。そういう練習、辛い練習があるっていうのは好きですし、みんな、三〇〇×三〇本とか中長に混ざってみんなでやる。みんなで声出す練習なんで。途中の励ましとかも凄い力になるし、終わったあとの「お疲れさまでした」とかいうのも凄い気分よくて。なんていうか、凄い力をもらえた気分になります。

すなわち、速くなりたい、強くなりたいといった目標を達成するためには、厳しい練習を経ることが必要だと認識されているのである。ここには、努力すればするだけ速くなる、強くなるといった発想を見て取ることができる。

これは室井や犬伏だけでなく、質問紙への回答で「努力しただけ強くなる」、「練習した分記録がついてくる」、「努力と結果が比例する」、「努力すれば結果はついてくる」と多くの部員が語っているように、陸上部に広く共有された認識である。

このような認識ゆえに、夏合宿では不測の事態が生じたとしても、部員らは練習メニューを最後までやり抜こうとするのだろう。ここには、自己規律化した振る舞いにおける「自主性」に「楽しさ」を見いだすことを重視していた、近年の「指導者言説」を具体化する生徒の姿がある。厳しい練習に伴う身体的苦痛を自ら選び取り、仲間とともに最後までやり抜くことに「楽しさ」を見いだすことこそが、陸上部の部員にとってもっとも重要な体験の一つなのだ。

(9) ここでの部員たちの語りは、二〇一〇年と二〇一二年に行った質問紙調査への回答から抜粋した。以降、質問紙調査からの引用は同調査からのものである。

精神的苦痛を緩和する

陸上部の部員にとって、身体的苦痛に加えて重要なのが精神的苦痛の体験である。言うまでもなく、それは厳しい上下関係において下級生が被るものだ。しかし、身体的苦痛を積極的に選び取る姿勢を見せていた部員らにとって、精神的苦痛はむしろ緩和すべき対象となる。この、精神的苦痛を緩和する仕組みと生徒の実践について、以下では「空間的分離」と「時間的分離」という二つの側面から検討してみよう。

第一に、陸上部では試合、練習中、練習の前後において、待機場所や活動場所が学年ごとに分離されている。たとえば、試合のときに一年生が行う「場所取り」という仕事について見てみよう。

「一年生心得」に「開門したらすぐに決まった場所を取り、テントはり、旗つけをする」と記されているように、一年生部員には試合に際して特定の場所を確実に確保するという役割が課されている。(10) そのため、一年生部員は上級生の集合時間よりも一時間程度早く集合しなければならない。競技場の開門時刻の前には、他校も含めて多くの関係者が集まり、壮絶な場所取り合戦が繰り広げられるからである。(11) その開門時刻に現場を訪れると、陸上部の部員を容易に見つけることができる。一年生部員が、毎試合、開門前の最前列を見事に陣取り、ほかの部員もその近くに集合しているからだ。

このようにして、一年生部員は開門した瞬間に駆けだし、特定の待機場所を確保する。一年生のなかでも、「場所取り」の最前列を担い、毎回特定の場所を見事に確保する「場所取り名人」と呼ばれる部員がいるほどである。場所の確保ができれば、まずそこにブルーシートを敷き、上級生が腰を下ろせる状態にする。それから、ゴミ袋の設置、飲み物の準備などを行って「場所取り」は完了となる（フィールドノート・二〇一二年七月一四日）。実は、この待機場所が学年によって異なるため、下級生もその学年の待機場所にいる間は仲間と気ままに過ごすことができるのである。(12)

ちなみに、試合中の一年生の仕事は、もちろんこれに留まらない。代表的なものが上級生の「お

(10)　特定の場所は、試合会場ごとに決まっている。「テントはり」は、会場によっては必要がなくなる。また、「旗つけ」とは、応援場所に部旗を張りつける作業である。

(11)　たとえば、ある日の大会では一年生が六時三〇分、二年生が七時三〇分、三年生が八時という集合時間になっていた。ちなみに、この日の競技場開門時刻は八時であった（フィールドノート・二〇一二年六月九日）。このように、一年生が上級生よりも早い時間に集合して仕事を行うのは、日常の練習でも同様である。

(12)　ただし、三年生の多くが引退する六月頃までは、一、二年生が同じ待機場所で過ごしている。この場合、二年生は三年生がおらず、気ままに振る舞うことができる。一年生は精神的苦痛を被ることになるが、この時期は二年生に指導されながら試合時の仕事を覚える大切な時期であるため、同じ場所に待機することが重要だと部員に認識されている（フィールドノート・二〇一二年六月九日）。

付き」である。これは、上級生一名に対して、各一名の一年生部員が試合中のサポートを行う仕事である。

具体的には、ウォーミングアップ時に必要な道具の準備、移動の際の荷物運び、飲み物の準備、雨天時は傘を差して上級生の横をついて回るなどの仕事がある。ほかにも、試合に出場した部員のタイム測定、応援場所の確保、試合結果の確認など、試合中は休む暇なく奔走する。これらの仕事は、北島（三年生・女子）が「大変ですよー。気疲れです。バタバタ、ペコペコ」と語るように、精神的苦痛を伴うものである（フィールドノート・二〇一二年九月二二日）。なお、これらの仕事は、競技力の有無にかかわらず一年生全員で分担して行われていた。

日常の練習に目を向けてみると、練習中の休憩時間などに待機しておく場所も学年別に設けられている。**図6－1**はグラウンド内の見取り図を描いたものである。(13) このように、陸上部ではグラウンドに整備された走路に沿って、部室が三つと待機場所となるベンチが設置されている。三学年が揃っている間は、一年生と二年生女子がホームストレート中央付近に設置されているベンチ、二年生男子と三年生はそれぞれの部室の前で休憩中などに待機する。三年生が引退してからは、一年生はそのままの場所に留まり、二年生は三年生が待機していた場所へと移動する。また、全員でのジョギング、各自によるストレッチのあとに行われる「ドリル練習」も学年に

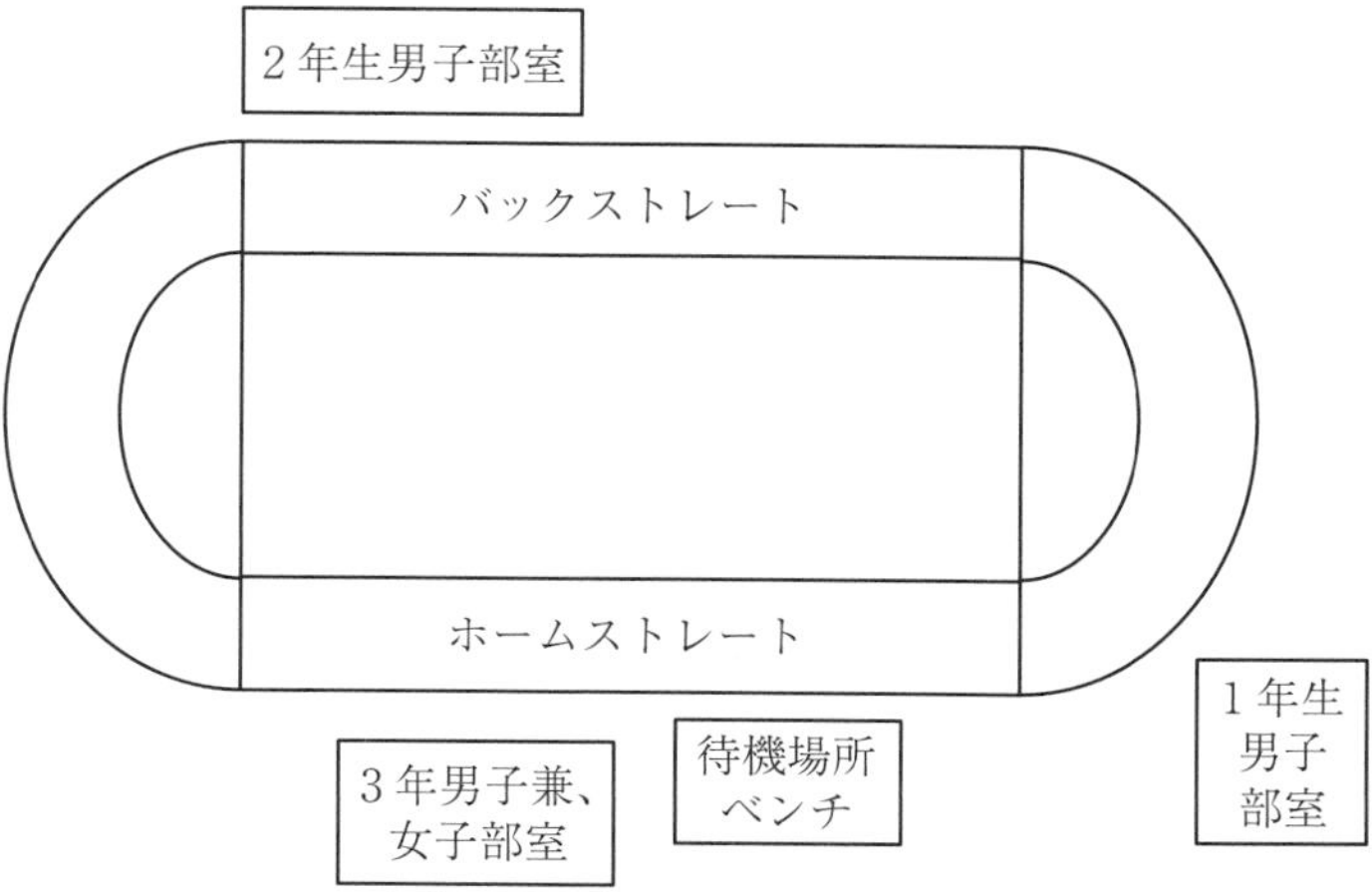

図６－１　グラウンド内の見取り図

よって行う場所が分離されている。ドリル練習とは、本格的な練習に入る前にウォーミングアップとして取り入れられているものである。具体的には、腿《もも》上げやスキップなどを取り入れつつ、反復的な動作を通して身体の軸づくりや使い方、そして足と地面の接地感覚を身につけるために行われている練習である。

三学年が揃っているときは、一年生がホームストレートとバックストレートに挟まれたスペース、二年生がバックストレート、三年生がホームストレートでドリル練習を行う。三年生が引退すると、一つ上の学年が活動していた場所にそれぞれ移動することになる。

(13)　調査対象者の匿名性を守るため、この見取り図のすべてが現実どおりに描かれているとはかぎらないことに留意されたい。

「一年生心得」によると、練習中やグラウンド内で「私語はしない」という規則が定められている。しかし、実際のドリル練習中は「結構距離があるので、喋っちゃうと思いますよ」と犬伏（二年生・男子）が語るように、部の伝統による拘束が少しばかり緩む様子もうかがえる。仮に上級生と距離がある場合、すなわち各学年に分離された空間では、下級生の間で笑顔を交えながら会話がなされたりもする（フィールドノート・二〇一二年一〇月二七日）。

そして、部員にとってもっとも重要なのが、練習前後に同学年の仲間と集う部室である。陸上部では、男子にかぎって学年毎に部室が設けられている。三年生の部室は、ホームストレート中央付近にある二階建ての建物内に設置されている。一階は、練習器具の保管とウエイト・トレーニングの実施場所として用いられており、部室はその二階に設置されている。

二年生の部室は、バックストレートのやや奥側に設置されている。(14) そして、一年生の部室は、二年生の部室とは走路を挟んで対角線上に配置されている。しかし、それは部室というよりも「器具庫」と呼ぶにふさわしい建物である。一年生は、所狭しと練習道具が並べられた一角の小さなスペースで着替えなければならないのだ。

窮屈で雨が降れば水浸しになってしまう不便な場所であるが、彼らにとってこの「部室」という名の器具庫は、仲間と練習前後に談笑したりできる憩いの場となっている。とくに、練習中のグラウンド内で上級生の動向を気遣う一年生にとっては、同学年の仲間と気ままに過ごすことの

(14) 実は、二年生の部室のほうが三年生のそれよりも広い。二年生のとある部員にその事実について尋ねると、「そうなんですよ。だからあっち（三年生の部室：筆者補記）に行きたくないんですよね。移らないといけないんですけど」と答えていた（フィールドノート・二〇一二年一〇月二七日）。彼らにとっては、部室の機能性よりも部の伝統に則り、決まった場所にいることのほうが重要なようである。多くの練習で中心的に用いられるホームストレートに近く、用具などの運搬のため下級生が頻繁に出入りする場所に三年生が鎮座していることが、おそらく陸上部の秩序を維持するうえにおいて重要なのだと思われる。

2年生男子の部室（2012年10月27日筆者撮影）

1年生男子の部室（2012年10月27日筆者撮影）

できる部室の存在は大きい。室井（二年生・男子）は、一年生のときの部室について次のように語っている。

一年の頃は、なんか張り詰めてたというか。常に上級生に見られてる感じがしたので、凄い疲れた。でもその分、「終わったー!」っていう気分で（部室に：筆者補記）行って、結構はっちゃけるというか、気楽にできたっていうのが凄いよかったので。あんなボロ倉庫にも、結構愛着が湧いたりして。

室井の発言を受けて、戸倉（二年生・男子）も次のように述べている。

そんな感じですね。結構、そうなんすよ。グラウンド内はもう、なんか戦争状態みたいな。こう、常に張り詰めてるみたいな。でも、あそこの倉庫に逃げ込んだら楽しくいられるので。そうっすね。辛さもそこでカバーできたかな。

さらに犬伏（二年生・男子）も、部室で「思ったこと全部言ったり、そういう場があったんで。苦しみを……。まぁ、辛いことも結構半減されたと思います」と語っている。

column

女子部員と女性指導者に着目する必要性

男女の部員の扱いに違いがある事実に向きあうことも重要である。言い換えれば、運動部活動におけるジェンダー秩序を問う研究の必要性である。しかし、本書ではこうした問題に答えることはできていない。端的に本書の限界である。

これまで、女子マネージャーに注目した研究はなされてきたが、女子部員は見過ごされてきた（高井［2005］、関［2018］）。庄形［2014］は、高校の女子ハンドボール部を事例に体罰受容の仕組みについて論じているが、ジェンダー秩序を問うものではない。

そうしたなか、羽田野［2004］は、中学校の柔道部におけるフィールドワークをもとに、〈身体的な男性優位〉神話が運動部活動におけるスポーツ実践を通して維持される仕組みを描いている。羽田野のように、女子部員に着目して、彼女らの実践や男子部員との相互行為を記述することは重要な作業だろう。

ちなみに、第１部で扱った「指導者言説」も、管見のかぎり女性指導者の著作は見られなかった。それ自体も、運動部活動における強固なジェンダー秩序のありようを示している。運動部活動における「女子部員」と「女性指導者」の社会学は、今後において取り組むべき重要な課題である。

このように、彼らは部室において同学年の仲間と気ままで屈託のないコミュニケーションをとることで、精神的苦痛を緩和していたのである。一年生にとって、部室は岡山（三年生時・男子）が述べるように「気を遣わずになんでもできる、落ち着ける場所」であり、谷（三年生・男子）が、「(上級生と部室が：筆者補記）一緒だったら、多分辞めて」しまうと語るほど重要な場所なのだ。

しかし、ここで注意すべきは、陸上部において上級生と部室が分けられているのは男子部員のみであるという事実である。女子部員にかぎっては、一年生から三年生までの全員が、三年生男子の部室の隣にある部屋を共同で使用している。では、女子部員の下級生、とりわけ一年生はどのように精神的苦痛に対処するのであろうか。

次に、第二の側面である時間的分離に着目し、女子部員にとっても部室が重要であることを明らかにしていこう。端的に言えば、陸上部における時間的分離とは、一年生が上級生よりも早くグラウンドに来て、練習後は上級生が帰るまで残っていることである。

しばしば、日本の運動部活動の「悪しき伝統」として批判されるこうした実践が、一年生にとっては非常に重要なものとなる。具体的には、練習前に練習用具などの準備、練習後にその片付けが一年生に課されているため、必然的に上級生とはズレる活動時間が生じる。上級生との間に生じたこの間隙《かんげき》こそが、一年生にとって有意義な時間なのだ。

その一例として、試合時に一年生が朝早くに集合することはすでに述べたが、上級生が来るまでの間は、同学年の仲間と気ままな時間を過ごすことができる。上級生が到着すれば、一年生は座ることもできず、常に直立不動で立ち、上級生の一挙手一投足に気を配らなければならない。しかし、それまでは一年生同士で座って談笑することができるのだ（フィールドノート・二〇一二年六月九日）。三原（三年生・男子）は、この時間の重要性を次のように語る。

三原　無理につくってました。その時間。朝、練習の一時間前の三〇分前みたいな。
筆者　むしろ、早く来て、一年生同士で喋ったり。
三原　そうです。

練習開始の一時間前に集まるのが通常であるにもかかわらず、そのさらに三〇分前に集まっていたというのである。また北島（三年生・女子）も、「普段の練習のときは、（部室に：筆者補記）最後まで残ってた」と述べている。すなわち、練習前後に無理をして時間をつくるほど、上級生との時間的分離は重要なのだ。

この時間的分離という実践を射程に含めば、上級生と共有の部室が女子部員にとっても意味をもっていることが理解できるようになる。その様子を、岩瀬、北島、三木（すべて三年生・女子）の会話から紹介しよう。

筆者　（上級生と：筆者補記）ズレた時間は、みんな何をしてるの？

岩瀬　基本的に爆笑してるか、なんか、ほんとにくだらないことでめっちゃ笑って。なんか、三木さんとか。

三木　え、何？

岩瀬　凄い面白いので。だから、結構ずっと笑ってた。

三木　みんな、笑ってたよね？　ずっと笑ってた。

岩瀬　で、上級生が来たらパって。

北島　うん、顔変わる。

三木　「おはようございます！」って。

岩瀬　そう。なんか、合宿のときも朝早く行って、「上級生そろそろ来るんじゃない？」みたいなときからちょっとずつ緊張感が高まって。でも、それまではふざけてエネルギーを蓄えつつ、来たらパって切り替えてやるみたいな。普段の練習のあと、上級生が帰ったあととかだったら、普通にめっちゃふざけまくって。ほんとは、部室で話しちゃいけないけど、部室でめっちゃ喋りまくって、超騒いでとか。もう、あそこで元気になってる部分はあったと思いますね。

上級生のいない場所、時間に一年生同士で他愛もない会話をして盛りあがったり、ただただふざけたり、騒いだりする。つまり、同学年の仲間とのコミュニケーションが精神的苦痛を緩和していくのである。同時に、上級生が来たらパッと顔を変えるというように、下級生は部の伝統にただ盲目に従うのではなく、状況、文脈に応じて柔軟に対応する能力を身につけていく。岩瀬が次のように述べている。

岩瀬　上級生からシメとかあって、怒られることに慣れてメンタルが強くなったっていうよりは、なんか、怒られてそこでもう嫌だってなるんじゃなくて、何か直さなきゃっていう風に、気持ちを変えられるっていう面で強くなったかなって。

筆者　それは、最初は嫌だなっていうのはあったってこと？

岩瀬　最初はやっぱり、なんでたった一個上の上級生に偉そうに言われないといけないんだっていうのを凄い思ったし、こんな苦しくて意味があるのかっていうのも凄い思ったんですけど。でも、そういう風に言われたことに対して批判的な態度を取ってても、自分にとっていいことは何もなくて。逆に、言われたことがもし間違ってても、それで気づくこともあるし。結局は、全部自分のためになるから。なんか、ネガティブに全部取るっていうのはなくなったかな。だから、強くなったっていうよりは柔軟になった。

最初は嫌だなと感じていた、苦しくて意味の見いだせない陸上部の伝統にただ耐えるのではなく、それをむしろ自らにとって有意義にしていく積極的な実践を見いだすことができる。けれども、三年生の岩瀬が語っていることには注意すべき点もある。彼女は、上級生になって過去の行為を積極的に意味づけたのであり、当時は部の伝統に対する従順さを演じていただけだとも考えられるからだ。とはいえ、このような意味づけがなされた時期は重要ではない。たとえば、岩瀬が一年生のときに従順さを演じていたとしても、その演技が部の伝統を支えたことに変わりはない。また、上級生が過去の行為の正当化を通じて部の伝統を積極的に意味づけることは、その存続の支えとなるだろう。

すなわち、重要なのは部の伝統を積極的に意味づける行為が部員に存在し、厳しい「規律」のもとで部の「競技性」が維持されていくことである。その過程で、状況や文脈に応じて臨機応変に対応したり、無意味に思える事柄を有意義なものに転換する「精神的柔軟さ」を下級生は獲得していくのである。(15)

「ヨコのつながり」を得る

陸上部の部員らは、身体的苦痛と精神的苦痛を同学年の仲間と共有しながら「ヨコのつながり」を獲得していく。(16)そして、陸上部の伝統を通して築かれる「ヨコのつながり」が、クラスメートとの関係以上に強固なものとなる。なぜなら、陸上部の活動がある放課後はもちろんのこと、日常の学校生活においても部員は陸上部の伝統から離れられないからである。それらは、学校生活の中心に埋め込まれているのだ。ここでは、北島（三年生・女子）の語りをもとに、陸上部のとある伝統について記述していく。

陸上部を引退した北島に対して、筆者が「学校生活に変化はあったか」と尋ねると、彼女から「クラスの人とのかかわりが増えた。（中略）クラスの人たちと仲良くご飯食べたりできて、それが凄くいいなって。（中略）（昼休みは：筆者補記）教室にいなかったので、今まで」という答えが返ってきた。

(15)　この「精神的柔軟さ」が、陸上部の「規律」と親和的な実践であることに注意が必要だろう。なぜなら、「精神的柔軟さ」は部の伝統に抵抗するものではなく、むしろそこに積極的な意味を見いだし、維持していく実践でもあるからだ。だからこそ、前章で岩瀬が「忍耐力」や「我慢する力」を得たと語っていたように、部員に「規律」の効果が実感されていくのかもしれない。

(16)　山本［二〇一〇］によれば、運動部活動には「指導者－選手」、「先輩－後輩」といった「タテの人間関係」と学年を中心とした「ヨコの人間関係」があり、上級生が下級生を支配するために「ヨコの人間関係」を意図的に強固にしてきたと批判する。生徒間の人間関係を理論的な考察から支配という図式に還元する山本とは異なり、本書は「タテ－ヨコの人間関係」の複雑な絡みあいのなかで、「規律」が「自主性」との関係において存続していく様相を描いている。

陸上部に所属している間、昼休みには教室におらず、クラスメートと昼食をともにすることがなかったと言うが、一体なぜだろうか。

この疑問を解く鍵は、「グラセン」という制度にある。グラセンとは、陸上部の部員の間で用いられているグラウンド整備を指す言葉である。筆者が陸上部を訪れた際、まず目にする光景はグラセンを行う部員の姿であった。このグラセンが、練習前だけでなく昼休みにも行われるため、部員は昼休みがはじまると教室で昼食を取る暇もなくグラウンドに向かわなければならない(17)。

ここからは、部員の学校生活の中心が教室ではなく陸上部にあることが理解できるだろう。学校生活において、本来はクラスメートと過ごすはずの時間ですら、部員らは陸上部の仲間と過ごすことになるのだ。こうした事情も相まって、部員は陸上部の仲間と濃密な人間関係を築いていく。

たとえば、文化祭において二年生のある男子部員らは、クラスが違うにもかかわらず陸上部の仲間と行動をともにしていた。もちろん、彼らにも教室で過ごす時間は存在するし、クラスに友人もいるだろう。さらには、この文化祭において二年生は各クラスで映像作品を作成し、それを教室で上映するという催しを行っていた。すなわち、彼らにとっては学校生活のなかでもっとも密にクラスメートとかかわる機会がこの文化祭だったはずである。それでも、彼らは陸上部の仲間と行動することを選択していた（フィールドノート・二〇一二年九月一六日）。

このような「ヨコのつながり」は、部員にとっていかなる意味をもつのだろうか。以下では、保体科の生徒であり、短短ブロックに所属する和久井（三年生・男子）を例に考えてみよう。

彼は、決して競技力の高い部員ではない。(18) また、上級生になるにつれて自身の競技に対する意欲を失っているようだった。しかし彼は、三原とは異なり、陸上という競技そのものを嫌いになったわけではなかった。

たとえばある日、高石から「最近、和久井が『何もすることがない』と言って嘆いている」という話を聞くことがあった。筆者が高石に、「和久井はもう陸上はいいのかな？」と尋ねると、「いいんじゃないっすかね。あいつ、ビデオ係でインハイ（筆者補記：インターハイ）狙ってるんで」という答えが返ってきた（フィールドノート・二〇一三年四月一〇日）。

---

(17)　グラセンは基本的に全員で行う。ただし、実際は一年生を中心に行われているというのが筆者の印象である。積極的にグラセンに参加している上級生もいるが、各々の待機場所で談笑している上級生の姿を見かけることが多かったからである。

(18)　**表５−１**（二二〇ページ）の競技レベルが不明となっているのは、その質問項目が入った質問紙調査の際、彼が用紙を提出しなかったからである。そこには、何らかの事情があると判断し、和久井との会話などで確認することはあえてしなかった。過去の競技成績を確認することはできないが、たとえば出場できる人数がかぎられた試合に彼が陸上部の代表として出場することはなかった。その意味で、彼は競技力の高い部員ではないと判断した。

和久井は、上級生になってからも試合時のビデオ撮影係を積極的に引き受けており、その撮影技術を部員は信頼していたのである。彼自身も、その役割に自負をもっている様子だった（フィールドノート・二〇一二年七月一四日）。

実際、和久井が三年生だった二〇一三年、同学年の高石をはじめとして陸上部から五名が出場した地区大会に彼の姿があった。この大会は他県で行われ、平日も含めた四日間にわたる大きな大会である。それにもかかわらず彼は学校を休んで、遠路はるばる応援に駆けつけたのだ(19)。

和久井は到着早々、「地区大会のような大きな大会ではいつも買っている」と言う大会プログラムを購入し、競技がはじまると自分のバックからビデオカメラを取りだし、競技を撮影しはじめた。陸上部所有のものではなく、「親に頼み込んで買ってもらった」というビデオカメラで、彼は陸上部の部員が出場する競技はもちろん、そのほかのさまざまな競技を撮影していた（フィールドノート・二〇一三年六月一四日）。

このように、和久井は自身の競技に対する意欲を失ってしまったものの、陸上競技そのものは好きであり続け、ビデオ撮影という役割を通して陸上部の「競技性」の維持に貢献していた部員である。そんな彼が、筆者の「陸上部は厳しいにもかかわらず、なぜ退部する部員がほとんどいないのか？」という質問に対して、次のように答えている。

やっぱり、みんなとやるのが大きいと思うんですけど。（中略）みんなで一緒に、（一年生：筆者補記）心得とか厳しいけど頑張ってやってきたんだから、途中で辞めないで最後までやりたいって思ってるのかなって。（中略）一人だと多分無理なんすけど、みんなといるからいろいろ共有したりして、頑張ろうみたいな感じですね。

ここで和久井が述べているように、厳しい規律化の過程をともに乗り越えた同学年の仲間と「最後までやりたい」という思いが彼を陸上部に留めている。陸上部の部員は、身体的苦痛と精神的苦痛の体験が育む「ヨコのつながり」を通して部に留まり続けているのだ。

5 「ヨコのつながり」の意図せざる効果

東原文郎[20]は、都立高校サッカー部を事例にして、一二〇名を超える部員たちがいかに秩序を保

(19) 和久井は、他県で行われる大きな大会に学校を休んで駆けつけることが何度かあったため、吉井先生に「なんで俺に言わないの?」と叱られていた（フィールドノート・二〇一三年六月一四日）。

(20) 現在、京都先端科学大学健康医療学部准教授。専門はスポーツマネジメント、スポーツ産業論。著書に『就職と体育会系神話』がある。

ちながら活動しているのかを描いている。同部には、「感動」という目標に向け、自ら進んでチームに貢献するよう方向づけるため、部員同士を相互評価する仕組みがあるという。

具体的には、チーム内の流動性を高めることで普段の活動グループの固定化を防ぎ、より大きなチーム単位での一体感を意識させたり、「遅刻」や「ユニホーム忘れ」などのタブーを「チームに対する責任感の欠如」と見なし、「査問会」と呼ばれる部員同士の合議で罰を与えるなどの仕組みである。

ほかにも、トップチームの選手一人に対して一〜二人の「付人」がつく制度や、試合前に全員で「一つの円」になって行う校歌斉唱、試合中の一致団結した応援などを通して、「一つのチームとして戦ったという感覚」を生みだしていることを東原は指摘している（東原［二〇〇四］二二一〜二二四ページ）。

東原によれば、「試合に出場してチームの勝利に貢献できない多くの部員たちは、応援で貢献し、『付人』で貢献し、グラウンド設営で貢献する。他にも普段から、トップチームに選ばれなかった上級生は下級生の教育係としてチームに貢献する。そうして彼らは様々な活動を通して、トップチームのプレーに『気持ちを乗り移らせる』」ことで、すべての部員が最後の公式戦において「感動」に導かれ涙することになる（東原、前掲書、二二四ページ）。つまり、レギュラーと非レギュラーの差異を越えて、一つになって試合に望むことを可能にする仕組みが大所帯の部を維持しているというのだ。

これは、部の全員が競技への規律化に成功している事例として捉えることができよう。たしかに、怪我を負った生徒の事例で見たように、自身や部の「競技性」と関連づけながら目標を再設定することで、競技への規律化から離脱しない場合があることを見て取れた。けれども、競技への規律化という側面だけが生徒を部に留めているわけではない。まさに陸上部の生徒を部に留め続けているのは、競技への規律化のみならず、日常的に実践されている部の伝統への規律化の体験である。戸倉（二年生・男子）は次のように述べている。

一番感じたのは、やっぱりヨコのつながりっていうか。一年から、それこそ辛いこととか、合宿も一緒にやってきたんで。クラスにいても楽しいんですけど、部室に入ると居心地がいいみたいな。なんというか、ヨコの団結力っていうか、連帯感は強くなったんじゃないかなっていうのがありますね。

戸倉は、「中学の頃、凄い楽な部活」に所属しており、「キツい練習とかも逃げようと思ったら全然逃げられたし、実際に結構逃げてた」と語っている。しかし、高校では「一年のときは嫌でも逃げられなかった」ため、「しんどいことから逃げなくなった」と言う。それが、彼にとっての陸上部に所属する意味である。そして、「部活の厳しいなかをくぐり抜けてきた」体験は、「一生かかわることになりそうな気がしますね」と戸倉に言わしめる「ヨコのつながり」を彼らの間に築きあげるのだ。

第2部を通じて見てきたように、陸上部には部員、とくに一年生に対して部の伝統に従順な身体を形成する規律化の過程が存在している。そこでは、「身体的苦痛」と「精神的苦痛」という二つの体験が彼らを待ち受けている。

彼らは厳しい練習を通した身体的苦痛を自ら選び取り、仲間とともに最後までやり抜くことに「楽しさ」を見いだしていく。一方で、厳しい上下関係における精神的苦痛を、下級生は上級生との空間的分離、時間的分離という仕組みを通して緩和、転換する。そして、このような規律化の過程で同学年の仲間との間に「ヨコのつながり」が生まれ、生徒は陸上部に留まり続けるのである。

この「ヨコのつながり」を生みだす身体的苦痛と精神的苦痛は、怪我を負った生徒、目標を失った生徒双方に共通した体験である。つまり、競技への規律化に成功した部員はもちろんのこと、失敗した部員にとっても部の伝統への規律化の体験と、そこで育まれた「ヨコのつながり」が有意義なものとして残り続ける。だからこそ、三原は陸上競技を「やるのが嫌」なのにもかかわらず、厳しい部の伝統が維持されている陸上部に留まり、「ちょっとの我慢」をして「部活で走る」

のだ。

しかし、この「ヨコのつながり」は、厳しい上下関係という部の伝統の根幹にかかわる「タテのつながり」を結果的に支えてもいる。部員らにとって重要な「ヨコのつながり」は、「タテのつながり」をもとにした規律化の体験によって生みだされるからだ。すなわち、運動部活動における「規律」は、一見その過程から逸脱している生徒にとっても有意義な体験を形づくるからこそ強固で消え難いのである。

ある研究報告によると、約三割の中高生が部活動で楽しみにしているのは「部員同士のおしゃべり」であり、もっとも期待しているのは「友達が得られる」ことだと指摘されている（西島編［二〇〇六］）。また、部活動が自己の成長を約束してくれる「活躍の場」と、羽を休めることのできる「避難所」という、ポジティブ、ネガティブ両方の意味で「居場所」としての機能を果たしていると指摘する研究報告もある（比山［二〇〇九］）。

これらを鑑みれば、陸上部のように厳しい「規律」を課し、「競技性」を保つ部であっても、ある種の居場所としての機能が担保されていなければ活動の維持ができないことが分かる。本章では、運動部活動で同学年の仲間との間に築かれる「ヨコのつながり」が居場所として機能することを経験的に記述し、それが部の伝統を通した「規律」を支えていることについても明らかにしたと言える。

終章　権力装置としての運動部活動

1 「規律」と「自主性」の関係論——本書のまとめ

本書は、近年そのネガティブな側面に注目が集まりながらも「妖しい魅力」を携えて私たちを魅了し続けている運動部活動が、日本社会においていかなる権力装置であるのかを明らかにしようと試みてきた。その際、フーコーの権力論、統治性論を補助線に、「規律」と「自主性」を「教育的価値」ではなく人々の振る舞いを導く「教育的技法」として捉え、両者の関係性を踏まえた記述を行うことに留意した。

このような立場のもと、第1部では「指導者言説」への歴史社会学的アプローチ、第2部では

A高校陸上競技部における生徒の実践への解釈的アプローチから、「規律」と「自主性」の関係性とそのありようを描いてきた。ここでは、本書の結論に向けて各章の議論を簡潔に振り返っておきたい。

第2章では、一九七五年から一九九六年までの「指導者言説」を対象に、なぜこの時期に指導者は書籍を通じて冗長に語りはじめたのかという問いのもと、彼らの語りを検討した。そこには、三つの特徴的な語りがあった。

第一に、三無主義のような生徒の問題が認識されるなかで、「人間教育」としての運動部活動という主題が浮上していたこと。第二に、自己規律化した振る舞いにおける「自主性」が要請されていたこと。第三に、「規律」一辺倒の指導に限界を感じていた指導者たちは、「規律」と「自主性」を練習と試合ですみ分けるという技法に活路を見いだしたことである。

ここには、「規律」と「自主性」の配分という新たな問題設定の発見があった。これらを踏まえ、指導者たちが冗長に語れるようになったのは、当時の子どもや若者の問題に接続されたからではないかと論じた。

第2章が、一九七〇年代半ばから一九九〇年代半ばにおける「指導者言説」の社会的位置づけとその内容を記したとすれば、第3章は後者の変容について明らかにしたと言える。そこでは、一九九八年から二〇一三年までの「指導者言説」を対象として、「規律」と「自主性」の配分問題のその後を論じた。その結果、両者の配分は練習と試合のすみ分けから、日常とスポーツのすみ分けへと変化していた。

この時期の指導者は、日常における生活習慣の「規律」を徹底的に説きながら、スポーツで自己規律化した振る舞いにおける「自主性」を求めた。彼らは、厳しさや苦しさを乗り越えた先にある「楽しさ」を感受しつつ、「自立」した人間を育てることを目指したのだ。これらを踏まえ、「指導者言説」は「規律のなかの自主性」から「自主性のなかの規律」を語るものへと変容を遂げたと総括した。とはいえ、「規律」よりも「自主性」が重視されるようになったと単純に理解してはならない。議論のポイントは、それでも運動部活動に根深く居座り続ける「規律」の消え難さである。

第4章では、一九九〇年代後半以降に「指導者言説」が獲得した社会的位置づけについて論じた。この時期、「心の闇」が語られることによって子どもや若者の理解不可能性が亢進し、大人たちに不安が広がっていた。そのとき、「指導者言説」は子どもたちに夢と希望を語りながら、心の教育を施す場所として運動部活動を肯定していた。

しかし、それ以上に特徴的なのは、「指導者言説」が子ども・若者のみならず、彼らを教え導く大人たち自身を問題化していたことである。実際、「指導者－選手」の関係性を越えて、「親－子ども」、「教師－生徒」、「上司－部下」といった多様な関係性における振る舞いが大人たちに教示されていた。さらには、自らの人生や生き方を問い直す道具としても「指導者言説」が位置づいていた。

その背景には、「生きる力」や「人間力」といった全人的な能力が要請される時代状況もあった。すなわち、「指導者言説」は運動部活動の内部に留まらない多様な関係性における「人間教育」の指針と同時に、「人間であること」の指針をも私たちに授けるようになったのである。

第5章では、陸上部において「自主性」の理念が部員に事実化される過程を記述した。そこでは第一に、厳しい上下関係における部員同士の「パノプティコン」的な眼差しのなかで、「A高校らしさ」を表出する部の伝統に従順な身体が育まれること。第二に、「競技性」を維持していく過程で、「自主性」の理念が部の「規律」と親和的な実践として事実化されること。第三に、「競技性」の維持をめぐって、部の伝統を自らに利する形へ組み替える生徒の実践が存在することが明らかになった。

これらを踏まえ、「自主性」がはらむ両義性のなかに、生徒の自由な実践の可能性があることを指摘した。それと同時に、部員は「自主性」を発揮しながらも、「忍耐力」のような「規律」の効果をこそ認識してしまっていることを示唆した。「指導者言説」と同様、生徒の意識のなかにも「規律」は消え難く根付いているのである。

第6章では、部員を陸上部に留め続ける仕組みについて怪我を負った生徒、目標を失った生徒に着目しながら記述した。両者に共通するのは、部の伝統を通した規律化の過程における身体的苦痛と精神的苦痛を体験していることである。彼らは、厳しい練習に伴う身体的苦痛を自ら選び取り、そこに「楽しさ」を見いだしていく一方で、厳しい上下関係に伴う精神的苦痛は、上級生との空間的分離、時間的分離という仕組みを通して緩和、転換する。この過程で生まれる「ヨコのつながり」によって、彼らは部に留まり続けることが可能となるのだ。

けれども、部員の間に有意義なものとして残り続ける「ヨコのつながり」は、部の伝統の根幹にかかわる「タテのつながり」を結果的に支えもする。すなわち、運動部活動における「規律」は、一見その過程から逸脱している生徒にも有意義だからこそ、消え難く残り続けることがここでも明らかとなった。

こうした各章の議論を踏まえ、次節では本書の含意について総括していく。

2 私たちの不安を埋めあわせる運動部活動

運動部活動と「人間教育」

本書の最大の知見は、運動部活動に「規律」が根深く居座り続ける様相を、これまでの研究とは異なる視角から描いた点に見いだすことができる。第1章で確認したように、従来の議論では

「規律」を「自主性」の抑圧に寄与するものとして退けるか、その存在にそれほど注意を払わずに「自主性」の機能に焦点化するかのいずれかに偏った議論を展開してきた。要するに、「規律」と「自主性」の関係に踏み込んだ分析を行ってこなかったわけである。

それに対して本書は、「規律」と「自主性」の配分問題を発見し、時代状況に応じてその配分のバランスが変容してきたこと、そして、現在においても両者が不可分な形で生徒の実践に組み込まれていることを明らかにした。すなわち、「自主性」は決して抑圧されてきたわけではなく、むしろ「規律」との関係において常にすでに生みだされてきたことを一貫して描いてきたわけである。

ここで注意すべきは、「規律」と「自主性」が決して並列の関係にはなかったことである。それは、自己規律化した振る舞いにおける「自主性」のありようから理解することができる。当初、「指導者言説」において主流でなかったそれは、近年「楽しさ」が見いだされながらよりソフトな形で「規律」を運動部活動の根底に据えることを可能にしている。

陸上部の事例には、それを具体化する生徒の実践も見て取ることができた。このように、運動部活動における「規律」と「自主性」の配分の歴史は、前者が後者を巧みに用いつつ人々の振る舞いを導く教育的技法として洗練されていく歴史であったと言い換えることが可能である。

だからこそ、運動部活動において「規律」は決して手放されることなくその根底に居座り続けている。それが、「指導者言説」では「規律」の日常化に帰結し、陸上部では部の伝統への規律化の過程で育まれる「忍耐力」や「我慢する力」に意味を見いだす生徒の認識を形づくっていた。繰り返せば、運動部活動において「規律」は消え難く、その奥深くに根付いているということだ。これは、日本社会において私たちが、いまだ「規律」への欲望を捨て去ることができないでいる証左でもあるだろう。

重要なのは、そうした「規律」と「自主性」が分かち難く結び付くことによって、日本社会における運動部活動はその確固たる位置づけを築いているという事実である。第1部で見たように、運動部活動が常に抱えてきた「人間」の処遇をめぐる「規律」と「自主性」の葛藤は、両者の配分を柔軟に変えることで解消されてきた。また、一九九八年以降の「指導者言説」は、多様な関係性における振る舞いを大人が学ぶ道具として位置づけられるのみならず、自己の生や人生のあり方を学ぶ道具でもあった。「指導者言説」は、運動部活動に留まらない多様な人間関係や人間のあり方における、「規律」と「自主性」の葛藤をも含み込むことが可能な社会的位置に埋め込まれたのである。

ここに至って、第2章の末尾で運動部活動を「子どもや若者への不安を埋めあわせる権力装置」とした仮説には、若干の修正を施さなければならない。すなわち、運動部活動は子ども・若者をめぐる不安に留まらず、彼らに対峙《たいじ》する大人自身の不安をも埋めあわせる権力装置として位置づいてきたのではないだろうか。運動部活動に内在する論理や、そこで育まれる心性、思考様式が日本社会に生きる私たちの不安を埋めあわせる。それは、私たちに「人間教育」や「人間であること」の指針を授ける羅針盤なのだ。

ではなぜ、運動部活動はこのような社会的位置に埋め込まれたのだろうか。それはまさに、運動部活動がスポーツを「人間教育」として実践しているからである。そもそも教育とは、結果が予見できないにもかかわらず、試行として行為せざるをえない営みであり、その結末は確率論的な「賭け」でしかない（広田［二〇〇九］六三～七〇ページ）。結果として求められる個人の能力、とくに未来の達成に関する能力も、実のところ分かりようがない（広田［二〇一五］七九～一〇九ページ）。

そして、そこに生じる能力不安は「人間力」や「生きる力」といった「新しい能力を求めなければならない」という出口のない議論それ自体を招聘する。ところが、そこで求められるのは最大公約数的な陳腐な能力でしかなく、人々の不安は先送りされていく（中村［二〇一八］）。言い換えれば、どのような「人間」であるべきか、どのような「人間」を育てるべきかという問いに対して、明確な答えをもち得ていない時代に生きる私たちは、「人間教育」への不安を抱かざるを得ないのである(1)。

これらを鑑みたとき、運動部活動にはそれを一時的にでも止揚する独自の機能が備わっているように思える。(2)というのも、スポーツは「勝ち／負け」という非常に明確なコードを内包しており、それを他領域のコードに転換することが可能な制度であるからだ。

スポーツは、政治、経済、教育、法といった各機能システムに内包されつつ、各領域の複雑性を縮減する機能を備えたミニシステムとして捉えることができる。つまり、他領域のあり得るコミュニケーションを、スポーツがはらむ「勝ち／負け」というコードを用いて単純化すれば、その複雑性が縮減されるということだ。

たとえば、スポーツは教育システムの「よい／よくない」というコードを「勝ち／負け」というコードに置き換えることで単純化し、勝つための規律訓練がそのまま教育に転化されていく(渡・ト部［二〇二二］)。(3)

ここからは、運動部活動が「人間教育」の複雑性を縮減する機能を発揮していると捉えること

---

(1)　こうした現代社会の傾向を、教育社会学者の中村高康は「メリトクラシーの再帰性」と呼んで警鐘を鳴らしている。ちなみに、彼は日本で「メリトクラシーの再帰性」が徹底して作動する時期を一九六〇年代から現代としている(中村［二〇一八］二〇八〜二一七)。これは、本書で扱った「指導者言説」が見られるようになる時期とほぼ重なっているが、おそらく偶然ではない。以下で考察するように、運動部活動には「人間教育」に伴う不安を止揚する機能が備わっているように思えるからである。このような教育の状況をめぐる批判と提言については神代［二〇二〇］も参照のこと。

(2)　もちろん、運動部活動が目的に適う「人間」を本当に育めるかどうかは別の問題として存在している。

ができよう。どのような「人間」であるべきか、どのような「人間」を育てるべきかが曖昧ななかで、結果を残した指導者の語りや生徒の実践が運動部活動、ひいては日本社会における有用な「人間教育」へと横滑りしていく。(4) まさに、運動部活動における「人間教育」は、現代社会を生きる私たちの不安を埋めあわせる権力装置として機能するのである。

運動部活動の「妖しい魅力」は、ここに賭けられていると言っても過言ではない。しかし、そうであるがゆえに運動部活動はその領分を超えて、社会問題化するほど肥大化してきたのではないだろうか。

運動部活動の「外部」を求めて

従来の議論のなかには、運動部活動で「競技」の論理が「教育」の論理に優先されてきたことを批判する言説の系譜がある。たとえば、中村敏雄（元広島大学教授）は、スポーツが「より速く、より高く、より強く」というオリンピック標語が示すとおり本質的に「行き過ぎ」るものであり、そうした「スポーツの論理」を「教育の論理」に優先させていることが運動部活動の問題を生むと指摘する。そのうえで、運動部活動が「行き過ぎ」ているか否かを判断できるのは指導者であり、彼らが勝利至上主義に取り込まれていなければ問題は発生しないと示唆している（中村［一九九五］一五九ページ）。

森川貞夫(5)も同様に、勝敗を競い、記録を追求する競争性という性格がスポーツにあるかぎり、その高度化と専門化は避け難いとしたうえで、運動部活動の問題は「教育の一環」としての学校スポーツと、トップレベルを目指すアスリートが同じ「器」で活動していることに起因すると指摘する。そこで森川は、一方で運動部活動における「教育の一環」としてのスポーツ活動を担保しつつ、他方でトップアスリートを育成、支援していくためのシステムを各競技団体が構築する必要性を説いている（森川［二〇〇七］）。

また、運動部活動を選手養成の場と捉える「競技」の論理と、教科の活動では得られない生徒の自治能力や主体性を涵養する場と捉える「教育」の論理の間に葛藤の歴史があり、それは前者が後者を押し切ってきた過程であるという指摘がある（友添［二〇一六］三〜五ページ）。内田

（3）なお、渡・ト部によれば、教育システムでは「体育」という教科によってスポーツが制度的に内包されている点に独自性があるという（前掲論文、一八六ページ）。運動部活動は課外活動であるため正式な制度とは言えないが、その影響力は経験的に理解できるだろう。指導者たちが「体育の教師」ではなく、運動部活動の「指導者」として語り得ることが何よりの証である。ここで参照した渡・ト部の記述も、「体育」ではなく「運動部活動」を想定しているように見える。

（4）このことは、本書の対象である「指導者言説」の語り手の多くが、全国大会での優勝、出場経験を有していた事実にも端的に表れている。

（5）現在、市民スポーツ＆文化研究所代表。日本体育大学名誉教授、前日本スポーツ法学会会長。

column

運動部活動を媒介に

運動部活動の「外部」を求めていくことは、従来議論されてきた運動部活動の「外部化」とは根本的に異なる。なぜなら、これまでの議論は運動部活動が果たす機能を問わないまま、地域や民間といった「外部」に移行する発想だからだ。機能がそのまま温存されれば、ほかの場所でも運動部活動と同様の問題を抱えることになるだろう（内田編［2021］201～206ページ）。だからこそ、運動部活動の「外部化」はうまくいかなかったのかもしれない。

中澤によれば、1990年代～2000年代の運動部活動をめぐる議論は、「外部化」に加えて競技力向上のための一貫指導が求められるなど、「多様化」に関しても検討が進められた（中澤［2014］135～139ページ）。

このような当時の議論が、皮肉にも運動部活動に多様な機能を背負わせることになったと捉えることもできる。その点、運動部活動の「外部」を模索し、その機能を縮減していく視点は、「なぜ他領域で運動部活動の機能を担うことができないのか？」と問うことを可能にする。言い換えれば、他領域が抱える問題について運動部活動を媒介にして考えていくことにもつながるはずである。

もちろん、同時に「これまで運動部活動が担ってきた機能は必要か？」と問わなければならないことは言うまでもない。

良も同様に「競技」と「教育」の論理を区別し、学校教育が支えるべきは「競技」ではなく、「自主的な活動」としての「教育」の側面であると主張している（内田［二〇一五］）。[6]

これらは、運動部活動に「教育」の論理を取り戻そうとする試みである。そして、その「教育」における本質的な価値の中心に位置づけられながら、常にその不十分さが嘆かれてきたのが「自主性」だったと言えよう。しかし、本書の結果を踏まえれば、こうした主張をそのまま受け入れることはできない。なぜなら、その善し悪しは別にして、運動部活動は常に「自主性」を生みだしながら「人間教育」を施す場だったからである。

すなわち、運動部活動に「教育」を取り戻すという主張は、単なる同語反復でしかない。運動部活動は「教育」が過小なのではなく、あまりに過剰だったのだ。そこで、運動部活動に期待されている「教育」の機能それ自体の縮減が図られる必要があるだろう。

そのために重要なのは、運動部活動の「外部」への眼差しである。つまり、運動部活動がこれまで担ってきた機能を代替することができるほかの領域がないか模索するのである。[7] この視点から本書を振り返ってみると、運動部活動に託された「規律」の機能を問い直すことができる。

（6）現在、名古屋大学大学院教育発達科学研究科准教授。専門は教育社会学。学校リスクの研究に従事し、部活動に関する著書も多い。
（7）この視点は、堤・齋藤［二〇一三］に示唆を得た。

第3章で見たように、近年の運動部活動では、「規律」の日常化という形で掃除や挨拶などの生活習慣に対する指導が求められていた。また、陸上部では陸上競技というスポーツそのものではなく、部の伝統への規律化の過程にこそ効果や意味が見いだされてもいた。

すなわち、スポーツを実践する運動部活動でなくとも担うことが可能な機能が、現状のそれには仮託されているのである。けれども、日常の生活習慣や上下関係に伴う敬語などの礼儀、マナーの教育は、本当に運動部活動で担うべき機能なのだろうか。それが本当に必要ならば、家庭や地域、あるいは学校教育全般が担ってもよいはずである。仮に日本社会において「人間教育」と呼ばれる何かが必要なのだとしても、それを運動部活動が過剰に担う必然性はない。何が「人間教育」として必要なのかを問うと同時に、どこで「人間教育」を行うべきかについても問わなくてはならないのだ。

このように、運動部活動が担っている機能を「外部」に求めていけば、その機能を縮減するとともに運動部活動が担うべき固有の機能を問えるようになる。では、運動部活動が担うべき固有の機能とは一体何だろうか。最後にこの問いを考察することで、運動部活動の未来を考えるためのささやかな手がかりを示しておこう。

3 「スポーツ経験」から問い直す運動部活動の未来

実は、先に挙げた内田は、「競技」と「教育」から「競争」と「居場所」の論理の対比へと議論を発展させている。内田が「教育」の論理を「居場所」の論理と言い換えるようになったのは、「教育」の論理を隠れ蓑にした「競争」の論理に基づく活動が展開されてきたからである。具体的には、「教育」の意味を拡大解釈して競争に勝つために土日も練習させたり、身体的暴力を振るうことさえ「教育」や「指導」と称されてきたという現実があった(8)。

そこで内田は、「居場所」の論理に基づく部活動と「競争」の論理に基づく民間のクラブ活動のすみ分けを提案している。「居場所」の論理は、部活動が授業以外でスポーツや文化活動の機会を生徒に低額で提供するという「機会保障」をもっとも重視する。内田は、最低限の機会保障のために活動量の「総量規制」に取り組みつつ、生徒自身の意志で選択できるスポーツ・文化活動としての「ゆとり部活動」を学校教育に残すべきだと主張しているのである（内田［二〇一七］）。

---

(8) 内田は、「競技」の論理も「競争」の論理と言い換えているが、これは「競技」が基本的に運動部を想定した表現だからである。内田の議論は、運動部だけでなく文化部も射程に含んでいる（内田［二〇一七］六八ページ）。ただし、表現が変わっても、両者が指し示す意味に変化はない。

また中澤篤史（早稲田大学准教授）は、部活動を貫く論理を「必要」ではなく「欲望」だと捉え、「自主性」の理念の脱構築を図っている。中澤は、「自主性」を存分に保証した結果、部活動が肥大化し、いつしか生徒や教師が強制的に巻き込まれている事態を「自主性の罠」と呼んでいる。そこで、部活動への高すぎる期待値を下げていく方途として提案されるのが、「楽しむ練習」としての部活動である。人生に「必要」なことは、授業で満たしてくれるはずだ。だからこそ、その「必要」を超えた「欲望」を満たすことは、自由を謳歌することにつながる。「楽しむ練習」としての部活動には、「自由の使い方」を学ぶという新しい教育的意義があると中澤は言うのである。そこでは、生徒の自己決定権が守られたうえで、与えられた自由を使うための知識や方法を試行錯誤しながら学ぶ。さらには、他者もまた与えられた自由を使おうとするため、自分の自由と他者の自由がぶつかる。すなわち、部活動は「自由の使い方」のみならず、「自由と自由の共存の仕方」を学ぶ場にもなるのだ。これが、「楽しむ練習」としての部活動という中澤の提案である（中澤［二〇一九］）。

両者の議論は、「居場所」と「楽しむ練習」という着眼点の差異があるものの、部活動の機能それ自体を縮減しようとする方向性で一致している。(9) この点において、内田と中澤の提案は示唆に富む。しかし、あえて両者の議論に共通する問題点を指摘することで、運動部活動の未来を考えるための異なる視点を開いておきたい。

その問題とは、彼らが論じている対象が「部活動」であって、スポーツを実践する場としての「運動部活動」ではないという点である。そこでは、運動部活動における「スポーツ経験」の固有性が捨象《しゃしょう》されてしまっている。(10) 運動部と文化部という二つの活動形態をひと括りに議論することの利点はあるかもしれないが、ここではその固有性、とりわけ「スポーツ経験」に焦点化する利点について検討してみよう。

渡正《わたりただし》(11) は、スポーツを質的に研究する試みにおいて、そのスポーツ実践がもつ固有の論理を描くべきだという。これは、「スポーツ経験」の記述にどこまでも内在し、その固有性を明らかにする立場である。

ここで言う「スポーツ経験」とは、個々のスポーツ実践とその実践に与える意味づけの総体を

---

(9) たとえば、「そこに居てもいい」(内田［二〇一七］二〇八ページ) というように、受動的な主体までをも包含可能な内田の「居場所」の論理に対して、「楽しむ練習」という中澤の提案には非常に能動的な主体が想定されていると見ることもできる。しかし、生徒向けに共同執筆した著書のタイトルに示されているように、彼らの議論の合流点は誰もが悩み苦しむことのない「ハッピーな部活」にあるのだろう（中澤・内田［二〇一九］）。

(10) たとえば、制度としての「部活動」を論じる際は、運動部と文化部を分けずに議論する必要が生じるかもしれない。

(11) 現在、順天堂大学スポーツ健康科学部准教授。専門はスポーツ社会学、障害者スポーツ論。著書に『障害者スポーツの臨界点』がある。

指している。つまり、「スポーツ経験」を社会学するうえで重要なのは、個々の実践がどのようなものであるのか、その実践がどのように意味づけられているのかを検討し、スポーツ実践のなかに／から研究対象の「社会的なるもの（the social）」を描くことだというのである（渡［二〇一四］）。

この指摘を踏まえつつ本書を振り返れば、それは運動部活動の「スポーツ経験」がさまざまな社会状況や問題といった「外部」と結び付きながら、その固有性を剥ぎ取られていく過程を描いたと言える。とくに、「指導者言説」はそのようにあったはずだ。また、陸上部には厳しい練習に伴う身体的苦痛のような「スポーツ経験」が、部の伝統への規律化の過程で「忍耐力」に代表される「規律」の効果へと矮小化されていく様子が見て取れた。

本書は、運動部活動における「スポーツ経験」の固有性の一端に触れたにすぎない。それが本書の限界でもある[12]。しかし、この視点は僅かながらの実践的含意を含んでいると筆者は考えている。なぜなら、現場で運動部活動に携わる指導者や生徒にとって、その固有性に注意を向ける視点は自らの実践を問い直す契機になるからである。

自分が行っている指導の意味や目的は、運動部活動でしか達成できないものなのか。また、自分が運動部活動で実感している意味や効果は、その「スポーツ経験」に固有のものなのか（もちろん、保護者も我が子の経験を同様に問うことができる）。

このように自らの実践に問いかけることは、少なくとも運動部活動に何ができ、何ができないのかを考える起点となる。運動部活動の「外部」を求めていくことは、運動部活動でしか得られない「スポーツ経験」の固有性とは何かを問うことからはじまる。それは、部活動ではなく運動部活動における「スポーツ経験」の固有性について考え、運動部活動だからこそ可能となる経験や意味、目的を模索していく試みなのである。

では、運動部活動における「スポーツ経験」の中心には、一体何が位置づくのだろうか。少しばかりの理想と期待を込めて、最後に記しておくことにしよう。

本書の冒頭で紹介した、『風が強く吹いている』の主人公カケルの行く末にそのヒントがある。箱根駅伝に出場を果たしたカケルは、アンカーのハイジが待つ中継地点に向かってこれまでにない身体感覚のなかで疾走する。その最中、高校時代の記憶が頭をよぎる。

---

(12)「スポーツ経験」の固有性を剝ぎ取られること自体が、運動部活動に固有の論理だとも言える。なお、運動部活動の「スポーツ経験」を考える際、身体的苦痛に着目することが今後の課題になるかもしれない。スポーツ実践には、必然的に身体的苦痛が伴うからである。たとえば、いくら不合理な練習を科学的な練習に置き換えても、四五分ハーフのサッカーの試合やマラソンは身体的苦痛を伴うはずだ。マラソンを走るという体験と、それに伴う「労苦」の意味づけについては原田［一九九四］が論じている。運動部活動という「教育」の場で、身体的苦痛の体験が何と関連づけられ、どのように意味づけられていくのかを詳細に分析することは重要だろう。

監督や上級生に怒られないように、従順に「部活動」をこなすチームメイトが、走《カケル》には理解できなかった。走はもっと自分の心身に正直に、走るという行為に没頭していたかった。（三浦［二〇〇九］五九七ページ）

自分のやり方を貫くことと引き換えに、高校時代のカケルは走れば走るほど一人になった。走ることは、人と交わる喜びをカケルから奪い、孤立を深めるものだったのだ（三浦、前掲書、五九七～五九八ページ）。走りそのものに向きあうカケルと、走り以外の何かにとらわれている監督やチームメイトとの間には、埋めることのできない大きな溝があるのだろう。そして、走りに没頭しようとするカケルですら、高校時代の記憶によって身体をふいに縛られるのは、スポーツと無関係の「規律」から逃れることの難しさを例示している。

しかし、「好みも生きてきた環境もスピードもちがうもの同士が、走るというさびしい行為を通して、一瞬だけ触れあい、つながる喜び」を、ハイジはカケルに身をもって示した。ただ自然に湧きあがる仲間への信頼は、走りと同じく理由や動機を必要とせず、ただ呼吸するのにも似た、生きるために必要な行為だとカケルは気づくのである（三浦、前掲書、五九九ページ）。仲間たちと純粋に走りを追求する過程で、カケルはようやく高校時代の「規律」という束縛から自由になることができたのだ。

走りはもう、走を傷つけない。走を排除したり、孤立させたりしない。走がすべてをかけて求めたものは、走を裏切らなかった。走るという行為は、走の思いに応えて強さを返した。呼べば振り向き、近づいてきてくれる大切な友人のように、走りは走のかたわらに寄り添う。征服し、ねじ伏せるべき敵としてではなく、いつまでもともにあり、走を支える力となって。（三浦、前掲書、五九九ページ）

カケルは、走ることそのものと純粋に向きあうことで孤独を乗り越え、かけがえのない仲間と走る喜びを知った。ここで、仲間を得られることが運動部活動にとってもっとも重要だ、と言いたいわけではない。カケルが、何よりも走るという単純な行為を追求する過程で大切な経験を得たという事実に注目しよう。

スポーツそのものに何かを見いだすことは、きっと運動部活動に固有のかけがえのない経験である。おそらく、それは結果にすぎないのであって、決して目的ではないことが重要だ。スポーツそのものから自ずと生みだされる固有の経験が、社会のような「外部」と接続された有用性に漂白されることなく、運動部活動をめぐる多くの場で蓄積されていくことを筆者は願ってやまない。

あとがき

筆者は、一九八八年、「昭和」という時代の最後に生まれた(同学年の早生まれは「平成」になる)。ゆえに、昭和のど真ん中で育ったわけではなく、物心をついたころにはバブルもはじけており、「失われた三〇年」と呼ばれることになる暗い時代がはじまっていた。とはいえ、「平成」という時代は、良くも悪くもある種の自由さが拡大した時期でもあったと思っている。いわゆる「ゆとり世代」に属する筆者は、昭和という時代の雰囲気がまだ色濃く残る時期を経験しつつ、それが徐々に時代遅れとされていく過程を、平成という変化の著しい時代とともに生きてきた。

小学生のころは、夕飯時にそろってクイズ番組や歌謡番組を見るなど、昭和的な家族団らんが当たり前であった。学校も、今のように完全週休二日制ではなく、土曜日の登校が隔週にあり、悪さをすれば先生からゲンコツが飛んできた。もちろん、インターネットや携帯電話などは我が家になく、音楽はお気に入りの曲を母親にダビングしてもらったカセットテープで聴いていた。

中学生になると土曜日の登校がなくなり、携帯電話を持つ同級生も現れるようになった。それに乗り遅れまいと、携帯電話を両親にねだったことを覚えている。音楽は、いつの間にかＭＤで聴くようになっていた（若い世代の人は知っているだろうか……）。田舎の学校だったせいか、昭和の「ツッパリ」を思わせる奇抜な制服を着て学校内を闊歩する同級生もいた。

　高校に入ると、携帯電話やインターネットが当たり前となり、ＭＤはあっという間に消え去って、音楽はiPodで聴くようになった。その高校時代、同学年のスターにのしあがったのが、先日プロ野球を引退した斎藤佑樹投手である――筆者は「ゆとり世代」だけでなく「ハンカチ世代」にも属している。二〇〇六年の「夏の甲子園」、斎藤投手と田中将大投手が延長一八回を投げあった末、再試合となった決勝戦を記憶している人も多いだろう。筆者も、同学年の高校球児が繰り広げる熱戦を、固唾を飲んで見守っていた。

　高校野球では、今や投手の怪我のリスクが考慮され、球数制限がなされるようになった。延長戦は、タイブレイクが導入されたことで斎藤・田中のような投げあいは制度的に不可能となっている。運動部活動においては、体罰が発覚するたびにマスコミで報じられ、そうした指導方法は「時代遅れだ」という認識がもはや当たり前である。スマホを用いて録音・録画された体罰の様子がＳＮＳを通じて拡散されるなど、新たな展開も見られるようになった。誰もが、ＳＮＳを通じて気軽に自らの意見を表明できる時代になった昨今、筆者もスマホを手放せないでいる。

　このように、昭和から平成、アナログからデジタルへ、という急激な時代変化の狭間で生きてきたからこそ、「規律」と「自主性」の間に留まりながら運動部活動について考えることができたのではないかと、本書を書き上げた今、改めて感じるようになった。昭和という時代の良し悪しを肌身で理解してしまっているがゆえに、平成という時代を全面的に肯定できない感覚、とでも言えばいいだろうか。運動部活動において、「体育会系」という言葉で想起されがちな昭和の雰囲気と、平成という時代の空気がまとっていた自由さの狭間で、多くの言葉や経験が蓄積されてきたことは本書に記したとおりである。

本書は、現在進行中である部活動改革以前の時期を中心に論じてきた。現在進行形の部活動改革や、未来の運動部活動の具体的なあり方に興味をもった読者もきっといることだろう。実際、そのような内容を期待して、本書を手に取った人もいたと思う。しかし、未来に向けて一歩を踏みだすために、これまでのあり方を総括するという作業を避けて通ることはできない。過去に真正面から向きあわないかぎり、運動部活動の未来について考えることは決してできないはずだ。

だからこそ、過去の指導者が語ってきたこと、伝統という過去と向きあいながら活動する生徒の姿を書き残すことには意味がある——それらが過去になるかどうかは、これからの私たち次第だけれども。このような思いで本書を書いた。運動部活動にかかわるみなさんにとって、本書が少しでも役に立ち、意味のあるものになったとすれば望外の喜びである。

本書は、二〇二〇年に筑波大学大学院人間総合科学研究科に提出した学位論文、「権力装置としての運動部活動に関する社会学的研究――『規律』と『自主性』という教育的技法に着目して」に大幅な加筆修正を加えたものである。また、本書の一部は、JSPS科研費JP17H06539の助成を受けている。言うまでもなく、多くの方々の支えによって本書を出版することができた。すべての方々のお名前を挙げることはできないが、ささやかなお礼の言葉を記しておきたい。

まずは、調査にご協力いただいたA高校陸上競技部の関係者のみなさんに感謝を申し上げる。素性の分からない一介の学生だった筆者を、みなさんは快く迎えてくださった。大学教員となった現在の立場ではなく、論文を書くのに苦慮する学生であったことも少なからず影響したのだと思っている。あのとき、あの場所で、偶然にも調査できたことは本当に幸運であった。みなさんの当時の実践を、ここに書き残すことができて素直にうれしい。

学部時代からの指導教員である清水諭先生には大変お世話になった。清水先生は、本書の冒頭に記した蔦文也が野球部の監督を務めていた池田高校において、フィールドワークをされていたこともある。筆者が蔦の著作を読み進めることになったのは偶然だが、先生が書かれた『甲子園野球のアルケオロジー』（新評論、一九九八年）にどこかで連なる論点を、本書も含み込んでいるのだろう。辛抱強く見守っていただいたおかげで、何とか学位論文を仕上げることができた。

その学位論文の副査を引き受けていただいた、菊幸一先生、深澤浩洋先生、中澤篤史先生にも感謝を申し上げる。お忙しいなか、菊先生と深澤先生には、学位論文を練りあげるうえで適切なコメントをいただいた。また、中澤先生の研究がなければ本書を書くことはできなかった。また、石坂友司さん、有元健さん、山本敦久さんには、共著書を執筆する機会をいただいた。今後の研究活動を通じて、その恩に報いていきたいと思っている。

筑波大学スポーツ社会学研究室の先輩、後輩のみなさんにもお礼を述べたい。稲葉佳奈子さん、渡正さん、高尾将幸さん、山崎貴史さんには、研究者としてだけではなく、大学教員としての姿をいつも後ろから学ばせていただいている。とくに高尾さんには、筆者が論文の草稿についてアドバイスを求めた際、本書のモチーフとなった運動部活動の「妖しい魅力」に連なるコメントをいただいた。後輩である大学院生のみなさんには、本書の草稿を読んでいただいた。本書を書くことが、みなさんのこれからの研究活動にとって、何らかの励みになることを願っている。

ともに、運動部活動と向き合ってきた栗山靖弘さんにもお世話になった。出版に向けて大幅に書き直した原稿を読み、勇気づけていただいたおかげで、ここまでたどり着くことができた。

高校の恩師である大窪俊之先生にもお礼を伝えたい。現代文の教員だった先生の型破りな授業のなかで、筆者はフーコーという人物に初めて出会った。当時は、まったく理解できていなかったが、筆者が研究者の道に進むことになったのは、少なからずその授業が影響していると思う。

大学の同期である古谷健人さん、大村祐大さんは、筆者の苦しい大学院生時代から現在まで、話し相手になってくれている。まったく違う道で仕事に向きあう友人との会話は、いつも楽しく救いである。何より、株式会社新評論の武市一幸さんが出版を引き受けてくださらなければ、本書は日の目を見ることはなかった。実は、本書を書くうえで重要となった『風が強く吹いている』を読むべきだ、とすすめてくださったのも武市さんである。不勉強にも同書を読んでいなかったことには恥じ入るばかりだが、それは本書に欠かすことができない導きの糸となった。

研究会でお世話になっている方々など名前を挙げるべき人はまだ大勢いるが、本書をもってお礼に代えさせていただきたい。今後もお付き合いいただければ幸いである。

最後に、家族への感謝を。横須賀、愛媛の叔父叔母、両親、祖母の支えなしには本書を書きあげることはできなかった。とくに両親は、長い学生生活を送る筆者に対して、一言の文句も漏らさず温かく見守ってくれた。本当にありがとう。

そして、妻の真理子へ。同学年で平成生まれの彼女も、時代の挟間を生きてきた一人であり、筆者の最大の理解者として伴走してくれている。ともに楽しく、人生を積み重ねていければと思う。いつもありがとう。これからもよろしくお願いします。

二〇二二年一月

下竹亮志

フーコー思考集成Ⅷ――政治／友愛』筑摩書房、2001a、193～268ページ）
・―――, 1982, *The Subject and Power.*（渥海和久訳「主体と権力」、蓮實重彦・渡辺守章監修『ミシェル・フーコー思考集成Ⅸ――自己／統治性／快楽』筑摩書房、2001b、10～32ページ）
・―――, 1984, *L'éthique du souci de soi comme pratique de la liberté.*（廣瀬浩司訳「自由の実践としての自己への配慮」、蓮實重彦・渡辺守章監修『ミシェル・フーコー思考集成Ｘ――倫理／道徳／啓蒙』筑摩書房、2002年、218～246ページ）
・―――, 2004, *Sécurité, territoire, population*, Seuil/Gallimard.（高桑和巳訳『安全・領土・人口』筑摩書房、2007年）
・―――, 2004, *Naissance de la Biopolitique*, Seuil/Gallimard.（慎改康之訳『生政治の誕生』筑摩書房、2008年）
・―――, 2012, *Du Gouvernement des Vivants*, Seuil/Gallimard.（廣瀬浩司訳『生者たちの統治』筑摩書房、2015年）
・Merton, R, K., 1957, *Social Theory and Social Structure - Toward the Codification of Theory and Research,* The Free Press.（森東吾・森好夫・金沢実・中島竜太郎訳『社会理論と社会構造』みすず書房、1961年）
・Miller, J., 1993, *The Passion of Michel Foucault*, Simon & Schuster.（田村俶・雲和子・西山けい子・浅井千晶訳『ミシェル・フーコー／情熱と受苦』筑摩書房、1998年）
・Miller, L, A., 2013, *Discourses of Discipline - An Anthropology of Corporal Punishment in Japan's Schools and Sports,* Institute of East Asian Studies.（石井昌幸・坂元正樹・志村真幸・中田浩司・中村哲也訳『日本の体罰――学校とスポーツの人類学』、共和国、2021年）
・Walters, W., 2012, *Governmentality - Critical Encounters*, Routledge.（阿部潔・清水知子・成実弘至・小笠原博毅訳『統治性――フーコーをめぐる批判的な出会い』月曜社、2016年）

・山口季音［2013］「『被害者』による暴力の肯定的な受容に関する考察——異年齢の生徒集団における「通過儀礼」としての暴力」、『教育社会学研究』92、241〜261ページ。
・山口良治・平尾誠二［2008］『気づかせて動かす——熱情と理のマネジメント』PHP 研究所。
・山田昌弘［1999］『パラサイト・シングルの時代』筑摩書房。
・———［2004］『パラサイト社会のゆくえ——データで読み解く日本の家族』筑摩書房。
・山本順之［2010］「スポーツ文化の再生産に関する社会学的研究——学校運動部を中心に」、『社会文化研究所紀要』66、69〜86ページ。
・渡辺元智［2014］『野球監督・コーチ入門』池田書店。
・渡　正［2014］「スポーツ経験を社会学する——実践の固有な論理に内在すること」、『スポーツ社会学研究』22（2）、53〜65ページ。
・渡　正・卜部匡司［2012］「スポーツは社会の機能システムたりうるか？」、『徳山大学総合研究所紀要』34、181〜189ページ。

・Deleuze, G., 1986, *FOUCAULT*, Les Editions de Minuit.（宇野邦一訳『フーコー』河出書房新社、2007年）
・Eribon, D., 1989, *MICHEL FOUCAULT*, Flammarion.（田村俶訳『ミシェル・フーコー伝』新潮社、1991年）
・Foucault, M., 1969, *L'Archéologie du savoir*, Gallimard.（慎改康之訳『知の考古学』河出書房新社、2012年）
・———, 1975, *Surveiller et Punir - Naissance de la Prison*, Gallimard.（田村俶訳『監獄の誕生——監視と処罰』新潮社、1977年）
・———, 1976, *La volonté de savoir (Histoire de la sexualité, Volume 1)*, Gallimard.（渡辺守章訳『性の歴史Ⅰ——知への意志』新潮社、1986年）
・———, 1977, *Le jeu de Michel Foucault*.（増田一夫訳「ミシェル・フーコーのゲーム」、蓮實重彦・渡辺守章監修『ミシェル・フーコー思考集成Ⅵ——セクシュアリテ／真理』筑摩書房、2000年、409〜452ページ）
・———, 1980, *Conversazione con Michel Foucault*.（増田一夫訳「ミシェル・フーコーとの対話」、蓮實重彦・渡辺守章監修『ミシェル・

・———— ［2015］『日常に侵入する自己啓発——生き方・手帳術・片づけ』勁草書房。
・正高信男［2003］『ケータイを持ったサル——「人間らしさ」の崩壊』中央公論新社。
・舛本直文［2001］「学校運動部論——『部活』はどのような身体文化を再生産してきた文化装置なのか」、杉本厚夫編『体育教育を学ぶ人のために』世界思想社、262～280ページ。
・松尾哲矢［2015］『アスリートを育てる〈場〉の社会学——民間クラブがスポーツを変えた』青弓社。
・メディア・リサーチ・センター編［2012］『雑誌新聞総かたろぐ二〇一二年版』メディア・リサーチ・センター株式会社。
・三浦しをん［2009］『風が強く吹いている』新潮文庫。
・三輪定宣・川口智久編［2013］『先生、殴らないで！——学校・スポーツの体罰・暴力を考える』かもがわ出版。
・元森絵里子［2009］『「子ども」語りの社会学——近現代日本における教育言説の歴史』勁草書房。
・百瀬恵夫・篠原勲・葛西和恵［2012］『体育会系はナゼ就職に強い？——努力と挑戦を重ねたタフな精神力』創英社／三省堂書店。
・森　清［2006］「しなやかな忍耐力を」、『公評』43（7）、20～27ページ。
・森　真一［2000］『自己コントロールの檻——感情マネジメント社会の現実』講談社。
・森川貞夫［2007］「特待生問題を考えるもう一つの視点」、『現代スポーツ評論』17、132～140ページ。
・———— ［2013］「日本的集団主義と学校運動部——不祥事の温床としての運動部を問う」、『現代スポーツ評論』28、75～83ページ。
・森川貞夫編［2013］『日本のスポーツ界は暴力を克服できるか』かもがわ出版。
・森川貞夫・遠藤節昭編［1989］『必携スポーツ部活動ハンドブック』大修館書店。
・文部科学省［2009］『高等学校学習指導要領解説——保健体育編・体育編』東山書房。
・安田雪［2003］『働きたいのに…——高校生就職難の社会構造』勁草書房。

・平井秀幸［2015］『刑務所処遇の社会学——認知行動療法・新自由主義的規律・統治性』世織書房。
・広田照幸［1995］「教育・モダニティ・歴史分析——〈習作〉群の位置と課題」、『教育社会学研究』57、23～39ページ。
・————［2001］『教育言説の歴史社会学』名古屋大学出版会。
・————［2009］『ヒューマニティーズ　教育学』岩波書店。
・————［2015］『教育は何をなすべきか——能力・職業・市民』岩波書店。
・藤田英典［1991］「学校化・情報化と人間形成空間の変容——分節型社縁社会からクロスオーバー型趣味縁社会へ」、『現代社会学研究』４、１～33ページ。
・保城広至［2015］『歴史から理論を創造する方法——社会科学と歴史学を統合する』勁草書房。
・堀紘一・久保利英明［2008］「若者をインドで鍛錬させよ——日本の未来を支えるエリート養成法」、文春新書編集部編『論争　若者論』文藝春秋、55～71ページ。
・本田由紀［2005a］『多元化する「能力」と日本社会——ハイパー・メリトクラシー化のなかで』NTT 出版。
・————［2005b］『若者と仕事——「学校経由の就職」を超えて』東京大学出版会。
・————［2008］『「家庭教育」の隘路——子育てに強迫される母親たち』勁草書房。
・本田由紀・内藤朝雄・後藤和智［2006］『「ニート」って言うな！』光文社。
・牧野智和［2006］「少年犯罪報道に見る『不安』——『朝日新聞』報道を例にして」、『教育社会学研究』78、129～146ページ。
・————［2008］「少年犯罪をめぐる『まなざし』の変容——後期近代における」、羽渕一代編『どこか〈問題化〉される若者たち』恒星社厚生閣、３～24ページ。
・————［2012］『自己啓発の時代——「自己」の文化社会学的探求』勁草書房。
・————［2014］「『人間力』の語られ方——雑誌特集記事を素材にして」、『日本労働研究雑誌』56（９）、44～53ページ。

教育に結び付けられるのか』青弓社。
・———— ［2017］『そろそろ、部活のこれからを話しませんか——未来のための部活講義』大月書店。
・———— ［2019］「『ブラック部活』を乗り越えて」、『現代思想』47（７）、35〜51ページ。
・中澤篤史・内田良［2019］『「ハッピーな部活」のつくり方』岩波書店。
・中村高康［2018］『暴走する能力主義——教育と現代社会の病理』筑摩書房。
・中村哲也［2010］『学生野球憲章とはなにか——自治から見る日本野球史』青弓社。
・中村敏雄［1995］『日本的スポーツ環境批判』大修館書店。
・———— ［2009］『中村敏雄著作集４——部活・クラブ論』創文企画。
・西島央編［2006］『部活動——その現状とこれからのあり方』学事出版。
・西山哲郎［2014］「体罰容認論を支えるものを日本の身体教育文化から考える」、『スポーツ社会学研究』22（１）、51〜60ページ。
・人間力戦略研究会［2003］「若者に夢と目標を抱かせ、意欲を高める——信頼と連携の社会システム」（2019年８月14日取得、https://www5.cao.go.jp/keizai1/2004/ningenryoku/0410houkoku.pdf）
・箱田徹［2013］『フーコーの闘争——〈統治する主体〉の誕生』慶應義塾大学出版会。
・橋爪大三郎［2006］「知識社会学と言説分析」、佐藤俊樹・友枝敏雄編『言説分析の可能性——社会学的方法の迷宮から』東信堂、183〜204ページ。
・羽田野慶子［2004］「〈身体的な男性優位〉神話はなぜ維持されるのか——スポーツ実践とジェンダーの再生産」、『教育社会学研究』75、105〜125ページ。
・波頭亮［2003］『若者のリアル』日本実業出版社。
・馬場信浩［1985］『スクール・ウォーズ——落ちこぼれ軍団の奇跡』光文社。
・原田達［1994］「マラソンの現象学——ある心情の編成」、『追手門学院大学文学部紀要』29、57〜74ページ。
・比山園恵［2009］「『居場所』としての『部活動』についての考察」、『人文論究』59、209〜223ページ。

草書房。
・玉木正之［2013］『スポーツ　体罰　東京オリンピック』NHK 出版。
・中央教育審議会［1996］「二一世紀を展望した我が国の教育の在り方について――子供に［生きる力］と［ゆとり］を」(2019年８月14日取　得、http://www.mext.go.jp/b_menu/shingi/old_chukyo/old_chukyo_index/toushin/attach/1309590.htm)。
・立木宏樹［2014］「少年期スポーツにおけるクラブと学校運動部の関係性に関する社会学的研究――Ｊユースクラブと高校サッカー部の意識形成の比較より」、『九州保健福祉大学研究紀要』15、13～22ページ。
・――――［2018］「学校運動部とクラブチームにおける『競技力の育成』と『人間教育』をめぐる今日的諸相――中学生年代のサッカー指導者から得られた会話データの質的検討をもとに」、『九州体育・スポーツ学研究』32（２）、９～19ページ。
・束原文郎［2004］「高校運動部のフィールドワーク」、寒川恒夫編『教養としてのスポーツ人類学』大修館書店、220～224ページ。
・堤孝晃・齋藤崇徳［2013］「日本の教育社会学における近代教育／教育学批判の展開とその反省――森重雄を中心として」、『ソシオロゴス』37、20～44ページ。
・天童睦子編［2016］『育児言説の社会学――家族・ジェンダー・再生産』世界思想社。
・苫野一徳［2011］『どのような教育が「よい」教育か』講談社。
・友添秀則［2016］「これから求められる運動部活動とは」、友添秀則編『運動部活動の理論と実践』大修館書店、２～15ページ。
・友添秀則編［2016］『運動部活動の理論と実践』大修館書店。
・豊泉周治［2010］『若者のための社会学――希望の足場をかける』はるか書房。
・永井洋一［2010］『賢いスポーツ少年を育てる――みずから考え行動できる子にするスポーツ教育』大修館書店。
・中川靖彦・新井肇［2006］「『生きる力』の育成と中学校における運動部活動の教育的価値の研究」、『生徒指導研究』18、55～66ページ。
・中小路徹［2018］『脱ブラック部活』洋泉社。
・中澤篤史［2014］『運動部活動の戦後と現在――なぜスポーツは学校

学研究』22（1）、21〜33ページ。
・鈴木智之［2013］『「心の闇」と動機の語彙——犯罪報道の1990年代』青弓社。
・鈴木秀人［2020］「我が国の運動部に見られる『体罰』に関する一考察——『軍隊起源説』の検討を視点にして」、『体育学研究』65、205〜223ページ。
・鈴木譲［2006］「言説分析と実証主義」、佐藤俊樹・友枝敏雄編『言説分析の可能性——社会学的方法の迷宮から』東信堂、205〜232ページ。
・スポーツ庁［2018］「運動部活動の在り方に関する総合的なガイドライン」（2018年4月11日取得、https://www.mext.go.jp/sports/b_menu/shingi/013_index/toushin/__icsFiles/afieldfile/2018/03/19/1402624_1.pdf）。
・関めぐみ［2018］『〈女子マネ〉のエスノグラフィー——大学運動部における男同士の絆と性差別』晃洋書房。
・関守章子［2007］「規範としての『人間力』——現代日本における人間育成言説をもとに」、『名古屋大学社会学論集』28、181〜192ページ。
・高井昌吏［2005］『女子マネージャーの誕生とメディア——スポーツ文化におけるジェンダー形成』ミネルヴァ書房。
・高木英樹・真田久・坂入洋右［2006］「スポーツマンに必要な人間力とは何か？」、『大学体育研究』28、33〜42ページ。
・高木英樹・緒形ひとみ・真田久・坂入洋右・嵯峨寿［2008］「大学生アスリートの持つ人間力の特徴——情動知能尺度（ESQ）からみた一考察」、『大学体育研究』30、23〜33ページ。
・高橋均［2011］「称揚される『開かれた住まい』——居住空間における子どもをめぐる新たな『真理の体制』の成立」、『子ども社会研究』17、55〜68ページ。
・高村梨江・高橋豪仁［2006］「学校運動部と地域スポーツクラブとの融合——ソレステレージャ奈良2002を事例にして」、『奈良教育大学紀要』55（1）、165〜176ページ。
・多木浩二［1995］『スポーツを考える——身体・資本・ナショナリズム』筑摩書房。
・田中智志［2009］『教育思想のフーコー——教育を支える関係性』勁

・———— ［2013］「部活での暴力はいつから始まったか」、三輪定宣・川口智久編『先生、殴らないで！——学校・スポーツの体罰・暴力を考える』かもがわ出版、40〜60ページ。
・佐藤博志・朝倉雅史・内山絵美子・阿部雅子［2019］『ホワイト部活動のすすめ——部活動改革で学校を変える』教育開発研究所。
・澁谷知美［2013］『立身出世と下半身——男子学生の性的身体の管理の歴史』洛北出版。
・島沢優子［2014］『桜宮高校バスケット部体罰事件の真実——そして少年は死ぬことを決めた』朝日新聞出版。
・———— ［2017］『部活があぶない』講談社。
・———— ［2020］「休校中の『闇部活』コロナ禍でも強行される異様——安全より『インターハイを優先する大人たち』」東洋経済 ONLINE（2021年5月26日取得、https://toyokeizai.net/articles/-/340980）。
・清水　諭［1998］『甲子園野球のアルケオロジー——スポーツの「物語」・メディア・身体文化』新評論。
・———— ［2001］「係留される身体——身体加工の装置としての学校と消費社会における身体」、杉本厚夫編『体育教育を学ぶ人のために』世界思想社、81〜101ページ。
・庄形篤［2014］「運動部活動における体罰受容のメカニズム——A高等学校女子ハンドボール部の事例」、『スポーツ人類學研究』15、97〜122ページ。
・城丸章夫［1963］『集団主義と教科外活動』明治図書。
・———— ［1980］『体育と人格形成——体育における民主主義の追求』青木書店。
・城丸章夫・水内宏編［1991］『スポーツ部活はいま』青木書店。
・慎改康之［2019a］『フーコーの言説——〈自分自身〉であり続けないために』筑摩書房。
・———— ［2019b］『ミシェル・フーコー——自己から脱け出すための哲学』岩波書店。
・しんぶん赤旗「部活って何」取材班［2017］『部活動って何だろう？——ここから変えよう』新日本出版社。
・鈴木明哲［2014］「日本スポーツ界における暴力指導への『自己反省』——体育・スポーツ史研究と教員養成の観点から」、『スポーツ社会

・大内裕和・今野晴貴［2017］『ブラックバイト［増補版］――体育会系経済が日本を滅ぼす』堀之内出版。
・大竹弘和・上田幸夫［2001］「地域スポーツとの『融合』を通した学校運動部活動の再構成」、『日本体育大学紀要』30（2）、269〜277ページ。
・大多和直樹［2014］『高校生文化の社会学――生徒と学校の関係はどう変容したか』有信堂。
・尾見康博［2019］『日本の部活――文化と心理・行動を読み解く』ちとせプレス。
・重田園江［2003］『フーコーの穴――統計学と統治の現在』木鐸社。
・香川めい・児玉英靖・相澤真一［2014］『〈高卒当然社会〉の戦後史――誰でも高校に通える社会は維持できるのか』新曜社。
・加藤廣志［1998］『「改訂版」高さへの挑戦――こうしてつかんだ栄光の全国Ｖ33』秋田魁新報社。
・――――［2007］『日本一勝ち続けた男の勝利哲学』幻冬舎。
・神谷拓［2008］『戦後わが国における「教育的運動部活動」論に関する研究』筑波大学大学院人間総合科学研究科平成一九年度博士論文。
・――――［2015］『運動部活動の教育学入門――歴史とのダイアローグ』大修館書店。
・――――［2016］『生徒が自分たちで強くなる部活動指導――「体罰」「強制」に頼らない新しい部活づくり』明治図書。
・神谷拓監修［2020］『部活動学――子どもが主体のよりよいクラブをつくる24の視点』ベースボール・マガジン社。
・川本信正［1981］『スポーツ賛歌――平和な世界をめざして』岩波書店。
・久保正秋［1998］『コーチング論序説――運動部活動における「指導」概念の研究』不昧堂出版。
・神代健彦［2020］『「生存競争《サバイバル》」教育への反抗』集英社。
・小杉礼子［2010］『若者と初期キャリア――「非典型」からの出発のために』勁草書房。
・小杉礼子編［2002］『自由の代償／フリーター――現代若者の就業意識と行動』日本労働研究機構。
・小谷敏編［1993］『若者論を読む』世界思想社。
・坂上康博［2001］『にっぽん野球の系譜学』青弓社。

参考文献一覧

・青柳健隆・岡部祐介編［2019］『部活動の論点――「これから」を考えるためのヒント』旬報社。
・赤川学［2006］『構築主義を再構築する』勁草書房。
・赤羽由紀夫［2013］「なぜ『心の闇』は語られたのか――少年犯罪報道に見る『心』の理解のアノミー」、『社会学評論』64（1）37〜54ページ。
・浅野智彦［2006］「若者論の失われた十年」、浅野智彦編『検証・若者の変貌――失われた10年の後に』勁草書房、11〜32ページ。
・荒川葉［2009］『「夢追い」型進路形成の功罪――高校改革の社会学』東信堂。
・有元健［2014］「『体罰』試論」、『日本研究のフロンティア』国際基督教大学日本研究プログラム、19〜37ページ。
・有山輝雄［1997］『甲子園野球と日本人――メディアのつくったイベント』吉川弘文館。
・市川伸一編［2003］『学力から人間力へ』教育出版。
・稲垣恭子［1990］「教育社会学における解釈的アプローチの新たな可能性――教育的言説と権力の分析に向けて」、『教育社会学研究』47、66〜75ページ。
・今橋盛勝・林量俶・藤田昌士・武藤芳照編［1987］『スポーツ「部活」』草土文化。
・上野耕平・中込四郎［1998］「運動部活動への参加による生徒のライフスキル獲得に関する研究」、『体育学研究』43（1）、33〜42ページ。
・内海和雄［1998］『部活動改革――生徒主体への道』不昧堂出版。
・内田良［2015］「学校の部活動――消え失せた『自主性』と『教育の論理』」（2017年7月8日取得、http://synodos.jp/education/14732）。
・――――［2017］『ブラック部活動――子どもと先生の苦しみに向き合う』東洋館出版社。
・内田良編［2021］『部活動の社会学――学校の文化・教師の働き方』岩波書店。
・江刺正吾・小椋博編［1994］『高校野球の社会学――甲子園を読む』世界思想社。

出版年	著者	タイトル	出版社	資料番号
2013	佐藤和也	新潟明訓野球の秘密——高校野球監督29年で教えられたこと	草思社	143
	蒲原弘幸	野球導	日刊スポーツ出版社	144
	指崎泰利	宝物はグラウンドのなかに——「人間愛が人をつくる」…金原至の世界	グローバル教育出版	145

出版年	著者	タイトル	出版社	資料番号
2012	小倉全由	お前ならできる——甲子園を制した名将による「やる気」を引き出す人間育成術	日本文芸社	129
	迫田義次監督の本編集委員会	人間力勝負——迫田テニス論	鉱脈社	130
	高橋秀実	「弱くても勝てます」——開成高校野球部のセオリー	新潮社	131
	田渡優	バスケットボール監督・コーチ入門	池田書店	132
	鵜飼真	尾藤魂	日刊スポーツ出版社	133
	渡辺元智	高校野球って何だろう	報知新聞社	134
2013	畑喜美夫	子どもが自ら考えて行動する力を引き出す魔法のサッカーコーチング——ボトムアップ理論で自立心を養う	カンゼン	135
	伊藤耕平	最強チーム勝利の方程式——能代工バスケ部物語	日刊スポーツ出版社	136
	加藤三彦	努力が結果につながらない人に気づいてほしいこと	新潮社	137
	元川悦子	全国制覇12回より大切な清商サッカー部の教え	ぱる出版	138
	宗方貞徳	ソフトボール監督・コーチ入門	池田書店	139
	野々村直通	強育論——悩める大人たちに告ぐ！「いじめの芽を摘む」特効薬	講談社	140
	小川良樹	下北沢成徳高校は，なぜ多くの日本代表選手を輩出できるのか	洋泉社	141
	大八木淳史	ラグビー校長、体罰と教育を熱く語る	小学館	142

出版年	著者	タイトル	出版社	資料番号
2011	デイリースポーツ社編	尾藤公——一期一会一球	神戸新聞総合出版センター	115
	藤井利香	幻のバイブル	日刊スポーツ出版社	116
	我喜屋優	逆境を生き抜く力	WAVE 出版	117
	我喜屋優・田尻賢誉	非常識——甲子園連覇監督に学ぶ勝ち続ける強いチームのつくり方	光文社	118
	楠本繁生	今この瞬間に全力をつくせ！——洛北高校でのハンドボール指導23年	スポーツイベント	119
	松下茂典	奇跡の采配術——箕島・尾藤公の人間力野球	ベースボールマガジン社	120
	両角速	「人間力」で闘う——佐久長聖高校駅伝部　強さの理由	信濃毎日新聞社	121
	鈴木康夫	野球心得書——普遍の名言・格言八十ケ条	日刊スポーツ出版社	122
2012	我喜屋優	日々，生まれ変わる——人生に大輪の花を咲かせるための“七つの力”	光文社	123
	本田久朔	チョーコーイレブン——大阪朝鮮高校サッカー部の奇跡	文芸社	124
	松永多佳倫	沖縄を変えた男栽弘義——高校野球に捧げた生涯	ベースボールマガジン社	125
	野々村直通	やくざ監督と呼ばれて——山陰のピカソ・野々村直通一代記	白夜書房	126
	野々村直通・勝谷誠彦	にっぽん玉砕道——「子供が主役」で甲子園に10回も行けるかっ！	産経新聞出版	127
	小川良樹	バレーボール監督・コーチ入門	池田書店	128

出版年	著者	タイトル	出版社	資料番号
2007	久保克之・政純一郎	鹿実野球と久保克之	南方新社	102
	富永俊治	阿波の「攻めダルマ」蔦文也の生涯――たった11人で甲子園に出場し，負けても負けても挑戦し続けた元池田高校野球部監督の実像	アルマット	103
	蔦宗浩二	日本一への挑戦――伝説の釜利谷高校男子バレーボール部の秘密	バレーボールアンリミテッド	104
	渡辺元智	ひたむきに――松坂大輔，“超一流”への道	双葉社	105
2008	田尻賢誉	公立魂――高校野球の心を求めて～鷲宮高校野球部の挑戦～	日刊スポーツ出版社	106
	田中國明	見て見ぬふりか、ゲンコツか	主婦の友社	107
	山口真一	全員野球――中村良隆監督物語	一草舎	108
2009	本田裕一郎	高校サッカー勝利学――“自立心”を高める選手育成法	カンゼン	109
	伊藤和之	広島観音サッカー部は，なぜ強くなったのか――知将畑喜美夫監督の育成システムを大公開	ザ メディアジョン	110
	岡崎敏	北の球人――～元氣，本氣，一氣～佐藤茂富の高校野球	日刊スポーツ出版社	111
2010	畠山準・水野雄仁・江上光治	蔦文也と池田高校――教え子たちが綴る“攻めだるま”野球の真実	ベースボールマガジン社	112
	川嶋与四郎	房総を駆けぬけた柔道――習志野高校柔道部と共に	東銀座出版社	113
	宇和上正	白球有情――高校野球なればこそ	愛媛新聞サービスセンター	114

出版年	著者	タイトル	出版社	資料番号
2005	鈴木康夫	新高校野球心得帖——野球に対する「心構え」そして技術	日刊スポーツ出版社	87
	田中弘倫	古角イズム——野球王国・和歌山の中興の祖古角俊郎伝	彩流社	88
	田中耕	小嶺忠敏——情熱サッカー主義	西日本新聞社	89
2006	神田憲行	八重山商工野球部物語	ヴィレッジブックス	90
	小橋洋	ゼロから始めた甲子園——教師としての38年	新風舎	91
	元川悦子	古沼貞雄　情熱——全国制覇９度帝京サッカーの真実	学習研究社	92
	下川裕治	南の島の甲子園——八重山商工の夏	双葉社	93
	鈴木康夫	言葉から学ぶリーダーの行動学——自分を変え，人を動かす200の言葉	学事出版	94
	辰濃哲郎	ドキュメント　マイナーの誇り——上田・慶応の高校野球革命	日刊スポーツ出版社	95
	上田誠	エンジョイ・ベースボール——慶応義塾高校野球部の挑戦	日本放送出版協会	96
	渡辺元智	いつも滑り込みセーフ	神奈川新聞社	97
	渡辺元智	若者との接し方——デキない子どもの育成力	角川書店	98
	山本佳司	野洲スタイル	角川書店	99
2007	磯部修三	バントからフルスイングへ——高校球児たちと目指した栄光の甲子園	ひくまの出版	100
	久保弘毅	当たって砕けろ！～じゃあじゃあ～——大分国際情報高校ハンドボール部監督・冨松秋實の35年	スポーツイベント	101

出版年	著者	タイトル	出版社	資料番号
2003	加藤廣志	日本一勝ち続けた男の勝利哲学	幻冬舎	73
	常陽新聞新社編	木内流子供の力の引き出し方——「できない子供」はひとりもいない	ゴマブックス	74
	松本育夫	松本育夫のサッカースーパー監督学	郷土出版社	75
	松下茂典	心が変われば——山下智茂・松井秀喜を創った男	朝日新聞社出版	76
	坂口拓史	銀髪鬼——泉勝寿と阿蘇高校剣道部の軌跡	スキージャーナル	77
	山口良治・平尾誠二	気づかせて動かす	PHP 研究所	78
2004	橋本圭史	とことん情熱や!——鬼教師の型破り痛快教育論	三起商行	79
	木内幸男・田尻賢誉	木内語録——子供の力はこうして伸ばす！	二見書房	80
	小嶺忠敏	国見発——サッカーで「人」を育てる	日本放送出版協会	81
	近藤欽司	夢に向かいて——インターハイとともに歩んだ卓球指導人生40年	卓球王国	82
	力武敏昌	あと１秒の壁破った！——須磨学園陸上競技部・長谷川重夫監督　全国高校女子駅伝悲願達成の軌跡	神戸新聞総合出版センター	83
	澤宮優	炭鉱町に咲いた原貢野球——三池工業高校・甲子園優勝までの軌跡	現代書館	84
	山口良治	熱き思いが壁を破る——スクール・ウォーズ流，涙の教育論	PHP 研究所	85
	山口良治	生きる力を伝えたい——泣き虫先生の熱血教育論	幻冬舎	86

出版年	著者	タイトル	出版社	資料番号
2000	平野隆彰	心の監督術――兵庫県立西脇工業高校陸上部・渡辺公二監督　全国高校駅伝 V7の軌跡	せせらぎ出版	59
	菊間崇祠	道は開ける――現代っ子を「やる気」にさせる法	ふこく出版	60
	森嶋哲也	常勝への挑戦――岐阜女商ホッケー部の軌跡	岐阜新聞社	61
	小笠原真司	青き誇りを花園へ――県立長崎北陽台高校ラグビー25年の軌跡	近代文芸社	62
2001	井上眞一	勝利にひそむ運と必然	六法出版社	63
	中村順司	中村順司の野球はうまくなる！	宝島社	64
	大川公一	攻めダルマ蔦さん――池田高校・蔦文也監督遠望	アーバンプロ出版センター	65
	佐藤久夫	普通の子たちが日本一になった！――仙台高校の「心技体」	日本文化出版	66
	(株)スポーツイベント編集部特別取材班	一秒一生　ゼロからの日本一――横浜商工高等学校・渡辺靖弘の挑戦	スポーツイベント	67
	渡辺元智	育成力――ダメなやつほどよく伸びる	角川書店	68
	山口良治・大八木淳史	夢を活かす！――熱血師弟の実践的子育て	講談社	69
2002	荻野滋夫	たすきがくれた奇跡――豊川工業高校陸上部物語	郷土出版社	70
	井上光成	遥かなる甲子園――大分県立日田三隈高校野球部	海鳥社	71
	(財)青少年交流振興協会編	17歳を語る山口良治――伏見工業高校ラグビー部総監督	アートヴィレッジ	72

出版年	著者	タイトル	出版社	資料番号
1995	喰田孝一	監督一代	海鳥社	43
	鈴木康夫	人生のことば帖——勇気と知恵が湧く	東洋経済新報社	44
	安田辰昭	雪深し——中越高校・鈴木春祥監督30年の軌跡	ベースボールマガジン社	45
1996	小笠原真司	青い旋風 in 甲子園——県立長崎北陽台高校野球部の熱い夏	近代文芸社	46
	脇浜義明	ボクシングに賭ける——アカンタレと夜学教師の日々	岩波書店	47
1998	佐藤道輔	ふたたび甲子園の心を求めて——白球，その春夏秋冬	報知新聞社	48
	高梨直英	山形・ぼくの山物語——ある高校教師の登山随想	無明舎出版	49
	山口良治	信は力なり——可能性の限界に挑む	旬報社	50
1999	北原遼三郎	蔦文也の IKEDA 行進曲	洋泉社	51
	志波芳則	勝つために何をしたか——高校サッカー史上初！三冠を達成した男が歩んだ22年のクライマックス	日刊スポーツ出版社	52
	手束仁	都立城東高校甲子園出場物語——夢の実現	アリアドネ企画	53
	脇浜義明	教育困難校の可能性——定時制高校の現実から	岩波書店	54
	渡辺元智	白球は奇跡を喚んだ——松坂大輔と青春群像	報知新聞社	55
	渡辺元智	もっと自分を好きになれ！——迷っているより，歩き出せ！胸を張れ！	青春出版社	56
	永井洋一	監督術	白夜書房	57
	安田辰昭	飯豊に誓う——雪国の農業高校　夢の甲子園物語	恒文社	58

出版年	著者	タイトル	出版社	資料番号
1987	楠本博一	医者が診断する高校野球——球児たちの体と心	日本エディタースクール出版部	28
1988	松戸健	夢はるか，甲子園	清水書院	29
	渡辺高夫	心でつないだ都大路——埼玉栄挫折から栄光への軌跡	講談社	30
1989	鈴木康夫	高校野球心得帖——野球に対する「心構え」そして技術	日刊スポーツ出版社	31
1990	石本哲禅	スピリチャル・ゲーム——高校野球勝利を導くイメージトレーニング	郁朋社	32
1992	福田精一	球児にかけた夢——柳川高校野球部	葦書房	33
	加藤廣志	高さへの挑戦——こうしてつかんだ栄光の全国V33	秋田魁新報社	34
	大貫哲義	動！小嶺忠敏のサッカー熱い風	日本テレビ	35
	佐藤道輔	新・甲子園の心を求めて——夢と友情が海を渡った	報知新聞社	36
	鈴木康夫	野球心得書——“考える能力”へのヒント集	日刊スポーツ出版社	37
	安田辰昭	負けてたまるか——甲子園の心と技術	ベースボールマガジン社	38
1993	真喜志忠男	青畳だけが知っている——沖縄商学高校柔道日本一への道のり	那覇出版社	39
	大貫哲義	プロ育てはオレにまかせろ！——井田勝通監督の選手育成20年のノウハウ　サッカー王国静岡学園	PHP研究所	40
	田村泰	卓球に生きる——中・高校コーチ40年	明石書店	41
	山口公也	山ほがい，酒ほがい——ある高校登山部顧問の30年	リーベル出版	42

出版年	著者	タイトル	出版社	資料番号
1983	古沼貞雄	サッカーで学べ！おまえたち	講談社	13
	森彰英	松田野球の哲学――グラウンドは人生の道場だ	広池学園出版部	14
	西窪登志夫	これが蔦（池田高監督）野球だ――風雪三十年の辛苦と夏・春連覇の秘密	徳島出版	15
	白川進	俺たちの蔦野球――子供たちはついてきた	サンケイ出版	16
	津田康	池田高校野球部監督蔦文也の旅――やまびこが甲子園に響いた	たる出版	17
	蔦文也	攻めダルマの教育論――蔦流・若者の鍛え方	ごま書房	18
	蔦文也・山際淳司	強うなるんじゃ！――ブンと生徒たちの泣き笑い高校野球	集英社	19
	吉住友一	お山の大将三十年――ある高校山岳部顧問の現場レポート	山と渓谷社	20
1984	篠宮幸男	負けからの出発――池田高校野球部蔦監督の素顔	日本放送出版協会	21
	須崎勝弥	蔦文也池田高校監督の「男の鍛え方」	プレジデント社	22
1985	木内幸男	オレだ!! 木内だ!! ――甲子園優勝監督のブチャまけ“野球いいとも”	双葉社	23
	吉川良・佐藤道輔	オウッス！高校野球――練習・発見・出会い	同成社	24
1986	加藤秀雄	火・水・風――天理高校柔道部のこころ	五月書房	25
	佐藤道輔・吉川良	続・オウッス！高校野球――なぜか負けない	同成社	26
	鶴谷邦弘	主役は君らだ！――高校駅伝三連覇への苦闘と愛の記録	講談社	27

巻末資料：「指導者言説」に関する書籍一覧

出版年	著者	タイトル	出版社	資料番号
1975	佐藤道輔	甲子園の心を求めて――高校野球の汗と涙とともに	報知新聞社	1
1976	松戸健	われら、夢の甲子園――成東高校汗と涙の十四年	新潮社	2
1979	尾藤公・大隈秀夫	わが野武士野球――技術篇から監督術まで	蒼洋社	3
	大隈秀夫	白球に賭ける青春――尾藤式箕島高校野球の秘密	蒼洋社	4
	佐藤道輔	続・甲子園の心を求めて――高校野球の現場から	報知新聞社	5
1981	馬場信浩	落ちこぼれ軍団の奇跡――伏見工高“ラグビー日本一”に見る教育の原点	光文社	6
	山口良治	俺がやらねば誰がやる――高校ラグビー日本一監督熱血教育論	講談社	7
1982	軍司貞則	落ちこぼれの甲子園――横浜高校野球部の奇跡	講談社	8
	稲原幸雄・福島幸雄・篠宮幸男	たかが野球されど野球――蔦監督のふるさとを訪ねる	教育出版センター	9
	西山昌扶	甲子園へ――ぼくの野球秘術	神戸新聞出版センター	10
	渡辺元	立ち上がれふり向くな――“横浜野球”に捧げた熱情の半生記	報知新聞社	11
	安田辰昭	心の甲子園	ベースボール・マガジン社	12

著者紹介

下竹亮志（しもたけ・りょうじ）

1988年、徳島県生まれ。

筑波大学大学院人間総合科学研究科体育科学専攻単位取得退学。

現在、筑波大学体育系助教。博士（体育科学）。

専門は、スポーツ社会学、運動部活動論。

共著書として、『一九六四年東京オリンピックは何を生んだのか』（青弓社、2018年）、『日本代表論――スポーツのグローバル化とナショナルな身体』（せりか書房、2020年）がある。

他の業績として、「運動部活動における『指導者言説』の歴史社会学序説――教育的技法としての『規律』と『自主性』に着目して」（スポーツ社会学研究第27巻1号、2019年）などがある。

運動部活動の社会学
――「規律」と「自主性」をめぐる言説と実践――

（検印廃止）

2022年2月15日　初版第1刷発行

著　者　下　竹　亮　志
発行者　武　市　一　幸

発行所　株式会社　新　評　論

〒169-0051 東京都新宿区西早稲田 3-16-28
電話　03(3202)7391
振替・00160-1-113487

落丁・乱丁はお取り替えします。

定価はカバーに表示してあります。

http://www.shinhyoron.co.jp

印刷　フォレスト
製本　中永製本所
装丁　星野文子

ISBN978-4-7948-1202-5